经典作家如是说系列

经典作家谈

人与人性

刘文荣 主编

文汇出版社

图书在版编目（CIP）数据

经典作家谈人与人性/刘文荣主编. —上海：文汇出版社，2015.7
（经典作家如是说系列）
ISBN 978－7－5496－1493－6

Ⅰ.①经… Ⅱ.①刘… Ⅲ.①散文集－世界 Ⅳ.①I16

中国版本图书馆 CIP 数据核字（2015）第 120198 号

经典作家谈人与人性

主　　编／刘文荣

责任编辑／陈今夫
封面装帧／陆震伟

出版发行／文汇出版社
　　　　　上海市威海路 755 号
　　　　　（邮政编码 200041）
经　　销／全国新华书店
排　　版／南京展望文化发展有限公司
印刷装订／江苏省启东市人民印刷有限公司
版　　次／2015 年 7 月第 1 版
印　　次／2015 年 7 月第 1 次印刷
开　　本／890×1240　1/32
字　　数／190 千
印　　张／9.25

ISBN 978－7－5496－1493－6
定　　价／25.00 元

前言

人是什么？人性是什么？这是自古以来人们一直谈论的问题。不仅哲学家在谈论，宗教家、历史学家、文学家，乃至科学家，也时常予以关注。因为不管是哲学、宗教，还是历史学、文学，乃至科学，归根结底都是"人学"，都是人自己认识自己的学科；所以，人与人性的问题，历来是人们最感兴趣的问题——同时，也是最具争议的问题。本书所选28篇出自中外经典作家之手的文章，就旨在于展示这方面的情况。

当然，这些文章不仅对研究这一问题的学者具有指导意义或者参考价值，更是极好的读物，因为它们不仅有思想，而且有个性、有趣味，读来不仅使人受益，还令人愉悦，即便是普通读者，也值得一读。

本书分为两个部分，即"外国篇"和"中国篇"。在第一部分"外国篇"里，选入了15位外国作家的相关文章。这些作家均为历代名人大家，如16世纪的思想家蒙田和培根、17世纪的科学家帕斯卡、18世纪的启蒙学者卢梭、19世纪的哲学家叔本华和爱默生、小说家马克·吐温,以及20世纪的哲学家罗素、教育家杜威、历史学家汤因比和宗教家池田大作等。这些著名人物虽属不同时代和不同专业,个性与风格也各不相同,但却汇聚于此,谈论同一个话题——人与人性。

乍看之下,这些作家的文章一定是五花八门的,因为时间相隔那么长,国家又那么多(有法国的、有英国的、有德国的、有美国的,还有日本的);其实并非如此。因为从16世纪文艺复兴到20世纪(乃至今天),西方文化一直有一条主线贯穿其中,即:广义的理性主义。也就是说,从16世纪的蒙田和培根,到20世纪的罗素和杜威,西方思想家几乎全都一脉相承地遵循着理性主义原则。尽管19世纪上半叶和20世纪上半叶先后出现过浪漫主义和非理性主义思潮,但理性主义始终是西方文化的中坚,尤其是在思想界(文艺界或许有所不同)——这只要从科学在这两百年间的发展即可看出,因为科学就是理性主义的代表。所以,把蒙田的随笔和杜威的论文放在一起看,并不会使人觉得有很大的时代隔阂。

换言之,关于人与人性,可以概括地说,所有这些西方作家都在谈论这样一些问题:为什么人的行为常常自相矛盾?人有天性吗?如果有,该不该压制?人性是高贵的还是卑劣的?所谓"人性"是不是指人的欲望?人性会不会改变?人的定义是什么?人是羊还是狼?如此等等。

在第二部分"中国篇"里,选入的10位作家,既有古代大儒文豪,如孟子、荀子、韩愈、苏轼等,又有近现代名家学者,如王国维、梁启超、胡适、林语堂等。

我们知道,孔子并未论定人性,只是说"性相近也,习相远也"。所谓儒家的两种对立的人性论，其实是由孟子和荀子创立的，即孟子的性善论和荀子的性恶论；可以说，是孟荀二人，定下了两千多年来中国人论人性的基调。对于这两种人性论，尽管后世一直存有争议，但事实是，孟子的性善论后来被官方奉为正统，所以影响极大。这从中国最通俗、因而影响最大的《三字经》中即可看出："人之初，性本善"是首句，第二句才是"性相近，习相远"——可见，孟子的影响比孔子还大。

情形仿佛是，中国的传统人性观和西方的传统基督教人性观正好相反：基督教人性观基于基督教"原罪说"（即认为人"生来有罪"，人生就是"赎罪"，以期"灵魂得救"），因而认定人性本恶；中国的传统人性观基于孟子的性善论（即认为"仁义礼智，人皆有之"，而仁义礼智就是善），故而认定人性本善。既然中西传统相反，"反传统"当然也相反：在西方，质疑性恶论是反传统；在中国，质疑性善论是反传统。

不过，尽管近代以前极少有人公开质疑孟子的性善论，但有主见的论者却常常会把它和荀子的性恶论相提并论，同时还会提出所谓"扬子性混论"①。对这三者，他们要么予以修辞方面的批评（如董仲舒，见其《实性》一文），要么认为三者都有不周全的地方（如韩愈，见其《原性》一文）；要么认为，还是"性混论"比较可以接受（如苏轼，见其《扬雄论》一文）。用今天的话来说，古代学者（尤其是汉唐两朝的学者）其实并不怎么"看好"孟子的性善论，甚至还有点不屑。至于它为何会在民间

---

① 扬子即汉代玄学家、辞赋家扬雄，所谓"性混论"，就是在其《法言》一书中有一句话——"人之性也，善恶混。修其善，则为善人；修其恶，则为恶人。"——此外，他似乎并没有对人性作过更多的直接表述。

那么"吃香",那可能是宋朝以后的事情,大概是后来明清两朝积极宣传的缘故吧。

不管怎样,到了近代,尤其是到了新文化运动时期(20世纪20年代前后),传统的人性论,不管是性善论,还是性恶论,均遭到不同程度的批判。原因是,当时的中国学者开始接受西方理性主义,因而开始从不同的角度(如从生物学、社会学、心理学等方面)审视人性。在他们看来,对人性仅作道德方面的善恶判断,不是幼稚(即对人的行为和心理了解有限),就是另有所图(如出于政治目的)。这方面的情况,从本书所选王国维、梁启超、胡适等人的文章中即可看出。

总之,中国两年多年来的人性论,概括起来,可以说是在谈论这样一些问题:人之初,性本善?还是性本恶?抑或,善恶兼有?抑或,无所谓善恶?抑或,这本来就是个伪命题①?如此等等。

以上是关于本书的一些背景材料,虽然比较简略,仍希望对读者有所帮助。

刘文荣

2015年4月于上海

---

① "善"与"恶"只能用来指称人的行为,用来指称任何其他事物都是不恰当的;人的行为固然出自人的本性,但本性不是行为,不能用"善"与"恶"来指称,就如不能用"黑"与"白"来指称一样——从这个意义上说,关于人性善恶的问题,很可能是个伪命题。此外,人的行为固然出自人的本性,但行为的善与恶,却不是由人的本性决定的,而是取决于人的行为方式。譬如,性行为,有善(如结婚生子)有恶(如强奸),但决定其善恶的,不是性本能有善恶之分,而是性行为的方式不同。

目录

- 外国篇

　　［法］米歇尔·德·蒙田
　　　论人的行为变化无常　　3

　　［英］弗朗西斯·培根
　　　论人的天性　　14
　　　论善与性善　　17

　　［法］布莱士·帕斯卡
　　　人心的自私、不安与无聊
　　　　　　21

　　［法］让-雅克·卢梭
　　　人性与风俗　　39

　　［英］大卫·休谟
　　　关于人性高贵还是卑劣的
　　　问题　　49

　　［德］亚瑟·叔本华
　　　人性之弱点　　56

　　［美］拉尔夫·爱默生
　　　论灵魂　　65

［英］伯纳德·鲍桑葵
　　关于人性的观念　　74

［英］伯特兰·罗素
　　论人性与政治　　81

［美］马克·吐温
　　论人　　89

［美］约翰·杜威
　　人性会改变吗？　　94

［德］恩斯特·卡西尔
　　以人类文化为依据的人的
　　　定义　　104

［美］埃里希·弗洛姆
　　人——是羊还是狼？　　118

［英］阿诺德·汤因比
［日］池田大作
　　性善说与性恶说　　127

· 中国篇

　孟轲
　　告子（上）　　137

　荀况
　　性恶　　155

董仲舒
实性 173

韩愈
原性 177

苏轼
扬雄论 182

王国维
论性 187

胡适
孟子性善论及其他 213
荀子性恶论与教育学说 227

梁启超
儒家人性观及其政治论 234

傅斯年
孟子之性善论 251
荀子之性恶论 260

林语堂
关于人的观念 272

外国篇

论人的行为变化无常

[法] 米歇尔·德·蒙田

米歇尔·德·蒙田（Michel de Montaigne 1533—1592），法国思想家、散文家，曾在法院任职多年，后归隐田园，潜心著述，以多卷散文集《随笔》闻名于世。

本文选自《随笔》（中卷），如题目所示，通篇都在谈论人的行为（蒙田随笔中常有文不对题之作，但本文不是），其要义是：尽管古人教导说，做人要行为一致，但实际情况是，人的行为常常是自相矛盾的——不仅言行不一致，就是行为本身也常常是前后不一致的。为什么会这样呢？他认为，其实绝大部分人本来就是这样，都是随波逐流的，可说是人的常态，所以不必大惊小怪——再说，你想想，你自己的行为是否总是前后一致？从无犹豫不决、反复不定的时候？而他就承认，他自己的言行、思想、感情也常常是自相矛盾的，时而这样，时而那样。总之，他认为，人的行为"是由零星的行动组成的"，"人人都是由零件散片组成的，通体的组织是那么复杂多变，而每个零件无时无刻不在起作用"。所以，做人的原则是"就事论事"，不要太计较别人的反复无常，不要太相信别人会信守某种准则——因为，那些所谓准则，不过是古代圣贤们的理想，而实际上，古代圣贤们自己也未必完全遵守。

记住，蒙田是西方最有名的怀疑论者，他的名言是："我知道什么？"

对于惯常观察人的行为的人，最难的莫过于去探索人的行为的连贯性和一致性，因为人的行为经常自相矛盾，难以逆料，简直不像是同一个人的所作所为。盖乌斯·马略①忽而是马尔斯②的儿子，忽而又是维纳斯③的儿子。据说，教皇博尼费斯八世当权时像只狐狸，办事时像头狮子，死时像条狗。谁会相信残暴的象征——尼禄④皇帝，当有人按照惯例把一份死刑判决书递给他签字时，竟会说："上帝啊，我真愿意不会写字！"判处一个人的死刑，叫他心里那么难过？

在这件事上，在每个人身上，这类例子不胜枚举，以致使我感到奇怪的是，有些聪明人居然费心把这些碎片拼凑一起。因为我觉得优柔寡断是人性中最普遍、最明显的缺点，这有滑稽诗人普布利厄斯的著名诗句为证：

只有坏主意才一成不变。

根据一个人的日常举止来评论他，那是一般的做法；但是，鉴于人的行为和看法天生不稳定，我经常觉得，即使是

---

① 盖乌斯·马略，古罗马将军、政治家，以行为古怪著称。
② 马尔斯，古罗马神话中的战神。
③ 维纳斯，古罗马神话中的爱神。
④ 尼禄，罗马帝国皇帝（54—68 在位），以残暴著称。

杰出的作家也往往失误，说什么我们有始终如一、坚韧不拔的心理组织。他们选择一种公认的模式，然后按照这个模式，归纳和阐述一个人的行为，如果无法自圆其说，就说这个人虚伪矫饰。奥古斯都①这人他们就无法评判，因为他一生中变化多端，出尔反尔，叫人无从捉摸，最大胆的法官也不敢妄下结论。我相信人最难做到的是始终如一，而最易做到的是变化无常。若把人的行为分割开来，就事论事，经常反而更能说到实处。

从古史中很难找出十个人来，他们一生的行为是有恒专一的。而有恒专一，却是智慧的主要目的。因为，为了把生活归结为一个词，把生活的种种规则归结为一条规则。一位古人说："同样的东西要或不要，必须前后一致。"我想再加上一句："但愿这种意愿是正确的；因为，意愿不正确的话，就不可能坚定不移。"确实，我从前听说，恶行只不过是放纵和缺乏节制，因而也就不可能始终如一。据说，这是迪莫斯西尼②说的话："讨教与审慎是一切德行的开端，而始终如一是德行的圆满完成。"我们在言词中要选择某一条道路，总是去选择一条最好的道路，但是没有人想去实践：

他不做自己要求做的事；
他却又要求做自己已经放弃的事，

---

① 奥古斯都，即屋大维·奥古斯都，罗马帝国开国皇帝。
② 迪莫斯西尼，古希腊雅典城邦领主（前344至前339在位）。

> 他摇摆不定，一生充满矛盾。
>
> ——贺拉斯①

我们一般的行为，都是根据我们的心意，忽左忽右，忽上忽下，听任一时的风向把我们吹到哪儿是哪儿。我们只是在要的时候才想到自己要的东西，然后却像变色龙一般，躺到什么地方就变成什么颜色。我们在那时想到要做的事，一会儿又改变了主意，一会儿又回到那个主意，优柔寡断，反复无常：

> 我们是木偶，听任强劲的手操纵和摆布。
>
> ——贺拉斯

我们不是在走路，而是在漂流，受到河水的挟制，根据潮水的涨落，时而平静，时而狂暴：

> 我们不是总看到：人不知道自己要什么，永远在探索，在寻求一片土地，仿佛能够放下他的包袱？
>
> ——卢克莱修②

天天有新鲜事，我们的情绪也随时间的推移而变换：

---

① 贺拉斯（前65—前8），古罗马诗人、批评家。
② 卢克莱修（约前99—前55），古罗马哲理诗人。

> 人的思想闪烁不定,犹如神圣的朱庇特布满大地的雷电。

——荷马

我们在不同的主意之间游移不定。我们对什么都不愿意自由地、绝对地、有恒心地作出决定。谁若能以自己的想法制订和颁布某些规范和准则,我们就可以看到他生活中一切的一切自始至终矢志不渝,行为与原则丝毫不会相悖。然而,恩培多克勒①看到阿格里根特人②的这种矛盾性:他们纵情作乐,仿佛第二天就是他们的死期,却又大兴土木,好似可以天长地久活下去。

小加图③这个人的性格是很容易说清楚的;拨动他的一根心弦,也就是拨动他的每一根心弦,因为声音都是非常和谐协调,绝不会发出一点杂音。然而我们呢,有多少次行动,就有多少次不同的评论。依我的看法,把这些行动放到相似的环境中去比较最稳妥,不要前后对照,也不要借题发挥。

在我们这个穷乡僻壤,有一次纵情的欢庆,听说住在我家不远的地方有一名少女,从窗里纵身往下跳,不让她的主人,一个兵痞子——暴力得逞;她没有摔死,不甘心,又用一把刀刺自己的喉咙,被人阻止了,但还是伤得很重。她自己承认,那个兵痞子没有逼迫她,只是哀求她,挑逗她,送礼物打动她,但她害怕

---

① 恩培多克勒(前490—前430),古希腊哲学家。
② 阿格里根特人,即西西里岛的岛民。
③ 即马尔库斯·加图·乌地森西斯(前95—前46),古罗马政治家和演说家,又称"小加图",以区别他的祖父"老加图"(马尔库斯·加图)。

他最后会强迫她。此外,还有她的言词、她的端庄、她的贞烈,都证明她的品德,不啻是另一位柳克丽希亚①。可是,我知道,事实上,不论从前还是后来,她绝不是那种拒人于千里之外的少女,就像一则故事说的:"不论你是多么光明磊落,当你在恋爱中完全绝望时,不要认为你的恋人是神圣不可侵犯的;这也不意味哪个赶车的马夫不会碰上好运气。"

安提戈诺斯②看到他的一名士兵道德高尚、作战勇敢,非常宠爱,还命令他的医生给他治好了一种长期使他受尽折磨的病痛。看到他治愈后做事的热情远远不及从前,就问他是什么使他变成了一个懦夫。他回答说:"阁下,是您自己治好了我的病,原来我因有了病才不计较自己的性命。"卢库卢斯③的一个士兵被敌人抢走了钱包,为了夺回钱包,他和敌人奋力打斗,非常勇敢,最后夺回了钱包。卢库卢斯见此很器重他,就派他去完成一项危险而重要的任务,还对他谆谆教导:

即使是懦夫听了也会勇气骤增。

——贺拉斯

但那个士兵却回答说:"你还是派一个被他们抢了钱包的人去吧,我的钱包已经夺回来了。"

---

① 柳克丽希亚(死于前508),罗马女子,她被罗马王子强奸后自杀;此事引发罗马动乱,罗马王国遂成罗马共和国。
② 安提戈诺斯(前382—前301),亚历山大大帝帐下率军征服小亚细亚的名将。
③ 卢库卢斯(约前110—约前57),古罗马名将。

我们还在书中读到，穆罕默德二世①看到土耳其近卫军司令沙桑的部队被匈牙利人冲垮后贪生怕死，逃了回来，便把他狠狠地训斥了一顿。沙桑二话不说，转过身，单枪匹马迎着敌人的先头部队不顾死活地冲过去，立刻陷在里面脱不了身。这种做法，可能不是为自己辩白，而是回心转意；也可能不是天性勇敢，而是狠上加狠。

前一天你见一个人视死如归，第二天你见他胆小如鼠，那也不必奇怪。或许是愤怒、是形势、是情面，是美酒下肚，或者是号角声响，又会使他鼓起勇气。他的心不是靠头脑可以鼓动的，而是环境激起了他的勇气。若是不同的环境又使他变成了另一个人，那也不要认为意外。

我们那么容易表现出矛盾与变化，以至有的人认为我们身上有两个灵魂。另有一些人认为我们身上有两种天性，永远伴随我们而又各行其是：一种鼓励我们行善，一种鼓动我们作恶；若只有一个灵魂或天性，绝不可能有这样大的变化。

不仅偶然事件的风向吹得我任意摇摆，就是位置的更换也会骚扰我的心境。任何人略加注意，就会发现自己绝不会两次处于同一种心境。按照观测的角度，一会儿看到灵魂的这一面，一会儿看到灵魂的那一面。如果我谈到自己时常常有所不同，这是因为我看到自己时确也常常有所不同。所有这一切不同，都是从某个角度和由某种方式而来的。怕羞、傲慢；纯洁、放纵；健谈、沉默；勤劳、懒惰；机智、愚钝；忧愁、乐观；虚伪、真诚；博

---

① 穆罕默德二世（1432—1481），奥斯曼土耳其帝国第七代君主。

学、无知；慷慨、吝啬；挥霍、节俭……这一切，我在自己身上都看到一点，这要根据我朝哪个角度旋转。任何人仔细考察自己，就会看到自己身上，甚至自己对事物的判断，都有变化无常、互不一致的情况。我说不出我自己身上哪一点是纯正的、完整的、坚定的，我对自己也无法自圆其说。我的逻辑中的普遍信条是"就事论事"。

我一直主张把好事说成是好事，还把可以成为好事的事也往好里说，只是人的处境非常奇怪，如果好事不仅仅是指出于好的意图的话，我们经常还会出于邪恶的意图而在做好事。因此，不能从一次英勇行为就作出那个人是勇士的结论。真正的勇士在任何场合都会有英勇行为。如果有一种英勇的美德，而不只是一种英勇的冲动，就会使一个人在任何时候都会表现出同样的品质：不论是独自一人，还是与人共处；不论在私宅，还是在战场；因为，无论如何都不会有一种英勇是表现在大街上的，另一种勇敢是表现在战场上的。他应该具有同样的胆量，在床上忍受病痛，在战场上忍受伤痛。在家里或在冲锋陷阵时同样视死如归。我们不会看到同一个人，在攻城时勇冠三军，在输掉一场官司或失去一个孩子时却像女人似的痛苦不堪。

一个人害怕别人的羞辱，却勇敢地面对贫困；担心会被理发师的剃刀割伤，而在敌人的刀剑面前奋不顾身，可敬可贺的是这种行为，而不是那个人。

西塞罗[①]说："许多希腊人不敢正视敌人却能忍受疾病，而

---

① 西塞罗（前106—前43），古罗马政治家、雄辩家。

辛布赖人和凯尔特人则恰恰相反。"

亚历山大①的勇敢可以说是无出其右。但这仅是就他的那种勇敢而言的,而不是在任何场合下的勇敢,也不是包罗一切的勇敢。尽管他的这种勇敢超群绝伦,但还是可以发现其中瑕疵。我们看到他怀疑他的左右企图谋害他时就惊慌失措,为了弄清内情竟然那么不讲正义、狠毒冒失,害怕到了失去平时的理智的程度。他还事事疑神疑鬼,其实是色厉内荏的表现。他对谋害克利图斯②一事过分自责自弃,这也说明他的勇气不是始终一贯的。

我们的行为是由零星的行动组成的。"他们漠视欢乐,却怕受苦难;他们不慕荣华,却耻于身败名裂。"③ 我们追求一种虚情矫饰的荣誉。为美德而美德才能维持下去;如果我们有时戴上美德的面具去做其他的事,马上会暴露出真面目。美德一旦渗透灵魂,便与灵魂密不可分,若失去美德,必然伤害到灵魂。所以,要判断一个人,必须长期地、好奇地追寻他的踪迹;如果坚定不移不是建立在自身的基础上("对于那个已经审察和选择了自己道路的人"④),如果环境的不同引起他的步子变化(我的意思是道路,因为步子可以轻快或滞重),那就由着他去跑吧;这么一个人,就像我们的塔尔博特⑤说的箴言:只会随风飘荡。

---

① 亚历山大,古希腊马其顿国王。
② 克利图斯,亚历山大麾下的马其顿将军。
③ 西塞罗语。
④ 西塞罗语。
⑤ 塔尔博特(Talbot)是中世纪一个古老的贵族世系,其中有许多名人,此处不知是指哪一位。

一位古人说，我们的出生完全是偶然的，所以偶然对我们产生的影响再大，也是不足为奇的。一个人不对自己的一生确定一个大致的目标，就不可能有条有理地安排自己的个别行动。一个人在头脑里没有一个总体形状，就不能把散片拼凑到一起。对一个不知道要画什么的人，给他看颜色又有什么用呢？没有人可以对自己的一生绘出蓝图，那就让我们确定分阶段的目标。弓箭手首先必须知道目标在哪里，然后搭弓引箭，调整动作；我们的忠告所以落空，是因为没有做到有的放矢。不知道船要驶往哪个港口，就是有风也是徒然。我不同意人们对索福克勒斯①的看法。我认为读了他的一部悲剧，可以驳斥他的儿子对他的指控，索福克勒斯完全是有能力处理家务的②。

我同样不同意佩里伊赛人根据推断作出的结论。佩里伊赛人被派去整顿米利都③，他们到了岛上，看到田地耕种良好，农舍井然有序，就记下那些主人的名字；然后召集城里全体公民，宣布任命这些主人当新总督和官员，认为善于处理私事的人也善于管理公务。

我们人人都是由零件散片组成的，通体的组织是那么复杂多变，而每个零件无时无刻不在起作用。我们跟自己不同，不亚于跟其他人不同。"请想一想，做个一成不变的人是一件了不起的

---

① 索福克勒斯，古希腊三大悲剧家之一。
② 据西塞罗《回忆录》记载，索福克勒斯受到儿子的指控，说他已经丧失理智。索福克勒斯要求法官阅读他的最后一部悲剧《科洛诺的俄狄浦斯》，为自己申辩。
③ 米利都，古希腊一城邦。

大事。"① 因为雄心可以让人学到勇敢、节制、自由，甚至正义；因为贪婪也可使躲在阴暗角落偷懒的小学徒奋发图强，不惜背井离乡，在人生小船上听任风吹浪打，学得小心谨慎；就是爱情也可以给求学的少年决心和勇气，给母亲膝下的少女一颗坚强的心，

> 少女受着维纳斯的指引，
> 偷偷在熟睡的看守中间穿过，
> 单独进入黑暗里去寻找那个青年。
> ——提布勒斯②

只从表面行为来判断我们自己，不是聪明慎重的做法；应该探测内心深处，检查是哪些弹簧引起反弹的；但这是一件高深莫测的工作，我希望尝试的人愈少愈好。

方静之　译

---

① 塞涅卡语。塞涅卡（前3—65），古罗马哲学家、悲剧家、雄辩家。
② 提布勒斯（前55—前19），古罗马诗人。

论人的天性

[英]弗朗西斯·培根

弗朗西斯·培根(Francis Bacon 1561—1626),英国文艺复兴时期著名哲学家、散文家,曾任大法官,晚年隐退,从事研究和著述,重要著作有哲学论著《学术的进展》《新工具》《论事物的本性》、文集《随笔集》和《新大西岛》等。

本文选自《随笔集》,题为"论人的天性",其实是论如何改变人的天性——或者,说得准确一点,是如何"压制"人的某些天性;因为,既然是天性,就是不可改变的。那么,为什么要"压制"人的某些天性呢?因为作者认为:"天性好比种子,它既能长成鲜花,也可能长成毒草。"这倒和我国汉代大儒扬雄的观点很相似。扬雄说:"人之性也,善恶混。修其善,则为善人,修其恶,则为恶人。"这就是著名的"性混论"。当然,这样的观点今天看来并不十分准确。但基本上还是正确的。

人的天性虽然是隐而不露的,但却很难被压制,更不可能被根绝。即使勉强施以压抑,也只会使它在压力消除后更加强烈。

甚至道德和教育的力量也很难完全将他约束，只有长期养成的习惯才能多少改变一些人的天生气质和性格。

如果你想改变你的某种天性，那么你开始时制订的目标既不要太大也不要太小。目标太大会由于受到挫折而灰心；目标太小则会由于收效缓慢而泄气。在努力中不妨做些能鼓励自己情绪的事情，犹如初学游泳者借助漂筏一样。在取得成效以后，就要从严克制自己，就好比练功的人缚着重物走路一样。其实苦练比实用还难，但其效果却更好。如果某种天性太顽强，太难克服，那么可以考虑以下的办法：

一、要长时间严格地约束自己。比如每当你想生气时，就在心中暗诵 26 个字母以制怒。

二、一点一滴地逐渐做起。比如有人在戒酒时，会采用每天都比前一天少喝一点的办法，最后戒绝。

当然，如果一个人有毅力和决心，能断然强制自己彻底根除不良天性，那是最令人钦佩的：

　　灵魂最自由的人，就是那种一举挣断锁链的人。①

此外古人还遗训说，矫枉不妨过正，用相反的习惯来改造天性，收效也很不错。只是要注意，另一极端最好不要是又一种不良习惯才好。

在建立某种好习惯的过程中，不宜过于紧张，以便有机会可

---

① 古罗马诗人奥维德语。

以时时回顾一下努力中的成绩和失误。人不能过分相信可以克服一种天性。因为天性是狡猾的，它可以在你警惕时潜伏下来，当你放松时又偷偷溜回来。就像伊索寓言中那只猫一样，虽然变成一个女人，安安静静地坐在餐桌前，但当看到老鼠出现的时候，它就会情不自禁地扑上去。对于一个人来说，应该有自知之明地避免这种现原形的机会，或者干脆高度警惕地多用这种机会考验自己。人在独处时要谨慎。只有在面对自我的时候，人的真性才最容易显露出来。因为那时你不必掩饰。在激动的情况下，也易于显露天性，因为激动使人忘记了自制。另外在脱离了所习惯的环境，而处于一种不适应的新环境时，人的真性也可能显露出来。

有些人的天性与他的职业要求相适合，这当然是很幸福的事。但是，那些能使自己做与其天性不相合的事业的人，则更需要毅力。因为在这时，"我的灵魂与我的存在不分离"①。因此在治学方面，对于最难读的书，可以订一个时间表，强制自己按规定时间和进度去读。当然，对于你所爱好的学科，就不必如此，因为思想会自然带着你向前跑的。天性好比种子，它既能长成鲜花，也可能长成毒草。人应当时时检查，以培养前者而拔除后者。

何 新 译

---

① 直译为"我与所憎者同在"。

论善与性善

[英] 弗朗西斯·培根

本文选自《随笔集》。首先是论善与行善,认为善是人性固有的,但行善时要有理智,不能仅凭感情。这里值得注意的是,他竟然对《圣经》里的话予以实质上的否定,说上帝其实并不公平对人,还说除非你想成为圣徒,否则不要放弃自己的财产,尽管耶稣基督是这么说的——显然,他把"理智"看得比《圣经》和耶稣基督还要"神圣"。要知道,那是在16世纪!

其次是论性善。这里值得注意的是,在西方谈性善,是有反基督教之嫌的,因为基督教"原罪说"认定人"生来有罪",即人性本恶。所以,尽管本文也多处引用《圣经》,但在当时实属不伦之论,有意无意地偏离了正统。而反过来说,也就是新思想正在萌芽,新时代行将到来。

我认为善良的定义就是有利于人类。这也就是古希腊人所谓"仁"(philanthropia),或者"人道精神"(humanity),但意义还要深。

善良,还不仅是一种慈善的行为。前者反映本质,后者则只是现象。善良,这是人类的一切精神和道德品格中最伟大的一种,因为上帝本身就是"善良"。如果人不具有这种品格,他就不过只是卑贱的鼠辈,既可憎又可怜。这种行善的品格也许会看错对象,但永远不会过分。过分的权势欲曾使得撒旦堕落成魔鬼①,过分的求知欲也曾使人类的祖先失去乐园②,但唯有善良的品格,无论对于神或人,都永远不会成为过分的东西。

善良的倾向可以说是人性所固有的。如果这种仁爱之心不施于人,也会施之于其他生物的。例如,土耳其人虽然似乎是一个野蛮民族,但他们对狗和鸟等动物却很仁善。据伯斯贝丘斯③的记述,有一个欧洲人在君士坦丁堡④由于戏弄一只鸟,险些被当地人用石块打死。

但人性中这种仁善的倾向,有时也会犯错误。所以,意大利有句嘲讽话:"过分善良,就是傻瓜。"马基雅弗利⑤曾写道:"基督教的教义使人成为软弱的羔羊,以供那些暴君享用。"他所以这样说,是因为确实没有任何其他法律、宗教或学说,比基督教更鼓励对人类的博爱了。为了不做滥施仁爱的傻子,我们就要注意,不要受有些人的假面具和私欲的欺弄,而变得太轻信和软心肠。轻信和软心肠常常诱使老实人上当。比如我们就绝不应该把一颗珍珠赠给伊索那只公鸡——因为它本来只配得到一颗麦粒⑥。《圣

---

① 《圣经》中的故事。传说撒旦(Satan)本是神,为了篡夺上帝之位,而坠入地狱,成为魔鬼。
② 《圣经》中的故事。传说人类的始祖亚当、夏娃在天堂中,受蛇的引诱,偷吃了知识之树上的果子,于是被神逐出天堂。
③ 伯斯贝丘斯(Busbechius,1522—1592),荷兰旅行家。
④ 君士坦丁堡,即今土耳其伊斯坦布尔。
⑤ 马基雅弗利(Machiavelli,1469—1527),文艺复兴时代意大利著名政论家,著有《君主论》等。
⑥ 《伊索寓言》中的一个故事。

经》中曾说:"天父使太阳照好人,也同样照坏人。降雨给行善的,也给作恶的。"① 但上帝绝不把财富、荣誉和才能对人人平均分配。一般的福利应该人人均沾,而特殊的荣耀就必须有所选择。另外要小心,我们在做好事时,不要先毁了自己。神告诉我们:要像别人爱你那样爱别人——"去卖掉你所有的财产,赠给穷人,把财富积存在天上,然后跟我来。"② 但除非你已决意要跟神一道走,否则还是不要把你的一切都卖掉。不然你就等于以溪流去灌注大河,溪流很快就干涸,而大河却未必增加许多。所以,人心固然应该善良,而行善却不能仅凭感情,还要靠理智的指引。

在人性中既有天然向善的倾向,也有天然向恶的倾向。那种虚荣、急躁、固执的性格还不是最坏的,最恶的乃是嫉妒以至祸害他人。有一种人专靠落井下石,给别人制造灾祸来谋生——他们简直还不如《圣经》里那条以舔疮为生的恶狗③,而更像那种吸吮死尸汁液的苍蝇。这一种"憎厌人类者"(misanthropi)与雅典的泰门正好相反④——虽然他们的园子里并没有一棵能供他人使用的树,却也要引诱别人去上吊。这种人也许倒是做政客的材料,他们犹如弯曲的木头,可以造船,却不能做栋梁。因为船是注定要在海里颠簸的,栋梁却是必须能立定脚跟的。

善的天性有很多特征。对于一个善人,我们可以由此去认识

---

① 《新约·马太福音》,第5章,第45节。
② 同上,第10章,第21节。
③ 《新约·路加福音》,第16章,第21节。
④ 泰门,古希腊人。由于愤世嫉俗而看不起人类,曾对雅典人说:我园中有一棵树,我就要砍掉它了,谁愿意上吊请赶快去。

他。如果一个人对外邦人也能温和有礼,那么他就可以被称作一个"世界的公民"——他的心与五洲四海是相通的。如果他对其他人的痛苦不幸有同情之心,那他的心必定十分美好,犹如那能流出汁液为人治伤痛的珍贵树木——宁可自己受伤害也要助人。如果他能原谅宽容别人的冒犯,就证明他的心灵乃是超越于一切伤害之上的。如果他并不轻视别人对他的微小帮助,那就证明他更重视的乃是人心而不是钱财。最后,如果一个人竟能像《圣经》中的圣保罗那样,肯为了兄弟们的得救甘于忍受神的诅咒——甚至不怕被逐出天国,那么他就必定超越了凡世,而具有主耶稣的品格了。

何新　译

人心的自私、不安与无聊

[法] 布莱士·帕斯卡

布莱士·帕斯卡（Blaise Pascal 1623—1662），法国数学家、物理学家、哲学家、散文家，重要著作有《圆锥曲线专论》《关于真空的新实验》《算数三角形》《致外省人书》《几何的精神》和《思想录》等。

本文选自《思想录》（1662），题目为编者所加。

在读本文前，有两点须注意：一、帕斯卡是一位杰出的科学家、思想家，但又是一名虔诚的天主教徒，他坚信人是生来有罪的；二、《思想录》不是帕斯卡生前出版的一部著作，而是他去世后，人们根据他留下的手稿汇编而成的一本书，其中都是他的思想片断。

本文共选取了19个片断：（按原书顺序）前4个片断思考人心的自私，中间8个片断思考人心的不安，最后7个片断思考人心的无聊。

另要说明的是，帕斯卡虽是一名虔诚的天主教徒，但他对人与人性的思考并不局限于天主教教义，下面这一被人引用得最多的经典片断，就足以说明他的思想广度与深度："人只不过是一根苇草，是自然界最脆弱的东西；但他是一根能思想的苇草。用不着整个宇宙都拿起武器来才能毁灭他；一口气、一滴水就足以致他死命了。然而，纵使宇宙毁灭了他，人却仍然要比致他于死命的东西高贵得多；因为他知道自己要死亡，知道宇宙对他所具有的优势，而宇宙对此却一无所知。因而，我们全部的尊严就在于思想。正是由于思想，而不是由于我们无法掌控的空间和时间，我们才必须提高自己。因此，我们要努力好好地思想；这就是道德的原则。"

实际上，整部《思想录》里到处都有这样的广度与深度。本文当然也不例外。

自爱——自爱与人类的自我，其本性就是只爱自己并且只考虑自己。然而，他又能做什么呢？他无法防止他所爱的这个对象不充满错误和可悲：他要求伟大，而又看到自己渺小；他要求幸福，而又看到自己可悲；他要求完美，而又看到自己充满着缺陷；他要求能成为别人爱慕与尊崇的对象，而又看到自己的缺点只配别人的憎恶与鄙视。他发现自己所处的这种尴尬，便在自己身上产生了一种人们所可能想象的最不正当而又最罪过的感情；因为他对于在谴责他并向他肯定了他的缺点的那个真理怀着一种死命的仇恨。他渴望能消灭真理，但既然是摧毁不了真理本身，于是他就要尽可能地摧毁他自己认识中的以及别人认识中的真理；这就是说，他要费尽苦心既向别人也向他自己遮蔽其自己的缺点；他既不能忍受别人使他看到这些缺点，也不能忍受别人看到这些缺点。

毫无疑问，充满了缺点乃是一件坏事，但是充满了缺点而又不肯承认缺点，则是一件更大的坏事；因为它在缺点之上又增加了一项故意制造幻觉的缺点。我们不愿意别人欺骗我们；他们若想要得到我们的尊崇有甚于他们的应分，我们就会认为是不正当的；因而我们若是欺骗他们，我们若是想要他们尊崇我们有甚于我们的应分，那也是不正当的。

因此，显然可见，当他们不外是发现了我们确实具有的缺陷和罪恶的时候，他们根本就没有损害我们，因为成其为损害原因的并不是他们；并且他们还对我们做了一件好事，因为他们帮助我们使我们摆脱一件坏事，即对于这些缺陷的无知。他们认识到这些并且鄙视我们，我们不应该生气：无论是他们认识到我们的真实面貌，还是他们鄙视我们——假如我们是可鄙的——全都是正当的。

这就是一颗充满公道与正义的心所应产生的情操。可是，当我们看到自己的心中有着一种全然相反的倾向时，我们对于自己的心又该说什么呢？难道我们不是真的在仇恨真理和那些向我们说出了真理的人吗？我们不是真的喜欢为了我们的利益而让他们受欺骗，并且愿意被他们评价为我们事实上所并不是的那种样子吗？

这里面有一个证明使我恐惧。天主教并不规定我们不加区别地向一切人都坦白自己的罪过；它容许我们向其他所有的人保守秘密；但其中只有一个唯一的例外，对于这个唯一者①，它却要求我们坦白出自己的内心深处并且让他看到我们的真实面貌。世上只有这个唯一的人，他要求我们不得欺骗他，而他有义务保

---

① 指忏悔神父。天主教忏悔制规定，信徒必须定期在忏悔神父面前如实说出自己内心的所有想法，而忏悔神父给予忏悔者以忠告后，必须忘掉自己听到的所有的话（即为忏悔者严守秘密）。

守一种不可侵犯的秘密，使他知道的事情对他自己仿佛也是根本不存在的。难道我们还能想象有什么更加慈爱、更加美好的事吗？然而，人类却是那么腐败，以至于他们还觉得这条法律太严苛；而这就是使得一大部分欧洲都要背叛教会的主要原因之一。

人心是何等不公正而又不讲理啊！——我们只须对一个人做出在某种程度上本来是该向所有的人都做出来才能算公正的事，而我们却还觉得不好。因为，难道我们要欺骗所有的人才是公正吗？

这种对于真理的反感可以有各种不同的程度；但是我们可以说，它在某种程度上是人人都有的，因为它和自爱是分不开的。正是这种恶劣的娇气，才迫使那些有必要责备别人的人采取那么多的曲折婉转，以免激恼别人。他们一定要缩小我们的缺点，一定要做得好像是原谅我们的缺点，并且要在其中掺进称赞以及爱护与尊重的凭据。尽管有这一切，这副药对于自爱仍然不会是不苦口的。自爱会尽量可能地少服药，而且总是带着厌恶的心情，甚至于往往暗中忌恨那些为他们开药方的人。

因此，就出现了这种情形：如果有人有某种兴趣想讨我们的喜欢，他们就会避免向我们做出一种他们明知是我们所不高兴的事；他们对待我们就正像我们所愿意受到的那样：我们仇恨真理，他们就向我们隐瞒真理；我们愿意受奉承，他们就奉承我们；我们喜欢被蒙蔽，他们就蒙蔽我们。

这就是形成了每一步使我们在世界上得以高升的好运道都会使我们越发远离真理的原因，因为人们最担心的就是怕伤害那些其好感是极为有用而其反感又是极其危险的人物。

一个君主可以成为全欧洲的话柄,但唯有他本人却对此一无所知。我对这一点并不感到惊讶:说出真话来,对于我们向他说出真话来的人是有利的,但是对于那些说出真话来的人却是不利的,因为这使我们遭人忌恨。可是与君主相处的人既然爱其自身的利益更有甚于爱他们所侍奉的那位君主的利益,因而他们就谨防给君主谋求一种利益而有损于他们自己。

这种不幸毫无疑问在最富贵的人们中间要来得更大而又更常见,然而就在下层人中间也并不能避免,因为讨别人喜欢总归是有某些好处的。因而人生就只不过是一场永恒的虚幻罢了;我们只不过是在相互蒙骗相互阿谀。没有人会当着我们的面说我们,像是他背着我们的面所说我们的那样。人与人之间的联系只不过建立在这种互相欺骗的基础之上而已;假如每个人都能知道他的朋友当他不在场的时候都说了他些什么,那就没有什么友谊是能持久的了,哪怕当时说这些话都是诚恳的而又不动感情的。

因此,人就不外是伪装,不外是谎言和虚假而已,无论是对自己也好还是对别人也好。他不愿意别人向他说真话,他也避免向别人说真话;而所有这些如此之远离正义与理智的品性,都在他的心底里有着一种天然的根源。

* * * * * *

我认为这是事实:如果所有的人都知道他们彼此所说对方的

是什么，那么全世界就不会有四个朋友。根据人们对此所作的流言蜚语一再引起种种纠纷看来，这一点是显而易见的。

* * * * * *

亚历山大①的贞操的范例所造就的贞洁，远不如他的酗酒的范例所造就的恣纵那么多。比不上他那样有德，并不可耻，而没有比他更为罪恶，则又似乎情有可原。当我们看到自己也陷于这些伟大人物的罪恶时，我们就相信自己并非全然陷于普通人的罪恶；可是我们并没有注意到，伟大的人物在这方面也是普通人。我们与他们相连接的正好是他们与群众相连接的那一端；因为无论他们是多么高明，他们总还有某些地方是与最卑贱的人连在一起的。他们并没有悬在空中，完全脱离我们的社会。不，不是的；如果他们比我们伟大的话，那乃是他们的头抬得更高，然而他们的脚还是和我们的脚一样低。它们都是在同一个水平上，都站在同一个地面上；根据这一端，他们就和我们、和最渺小的人、和小孩子、和野兽都是同样的低下。

* * * * * *

知道了一个人的感情，我们就有把握讨他喜欢；可是，每个

---

① 亚历山大，史称"亚历山大大帝"，古代马其顿国王，三十几岁时便统一希腊半岛，继而建立幅员广大的亚历山大帝国。

人都有自己的幻想，而且就在他自己对幸福所抱有的观念上违反了自己的幸福；这就真是一件无从捉摸的怪事了。

* * * * * *

尽管有人对于他们所说的事情根本没有利害关系，可是并不能由此就绝对得出结论说，他们绝没有说谎；因为有人是仅仅为了说谎而说谎的。

* * * * * *

变化无常——我们触及人的时候，自以为是在触及一架普通的风琴。他的确是架风琴，但他是一架奇特的、变动着的、变化着的风琴（他那乐管并不是按照连续的音阶排列的）。那些只懂得触及普通风琴的人，在这上面是奏不出和音来的。我们必须懂得（音触）在哪里。

* * * * * *

变化无常——事物有各种不同的性质，灵魂有各种不同的倾向；因为没有任何呈现于灵魂之前的东西是单纯的，而灵魂也从不单纯地把自己呈现于任何主体之前。因此就出现了我们会对同一件事又哭又笑。

* * * * * *

思想——一切是一，一切又各不相同。人性之中有多少种天性，有多少种禀赋啊！每个人通常之选择他自己听到别人所尊重的东西，又是出于多么偶然啊！

* * * * * *

时间治好了忧伤和争执，因为我们在变化，我们不会再是同一个人。无论是侵犯者或是被侵犯者都不会再是他们自己。这就好像我们触犯了一个民族，但隔上两个世代之后再来看它一样。它还是法国人，但已不是同样的法国人了。

* * * * * *

他不再爱十年以前他所爱的那个人了。我很相信：她已不再是同样的那个人了，他也不再是的。他当时是年轻的，她也是的；她现在完全不同了。她若像当时那样子，也许他还会爱她。

* * * * * *

不仅我们是从不同的方面在观看事物，而且还是以不同的眼光在观看；我们根本不愿看到事物的相似性。

* * * * * *

相反性——人天然是轻信的、不信的、畏缩的、鲁莽的。

* * * * * *

人的状况：变化无常、无聊、不安。

* * * * * *

无聊——对于一个人，最不堪忍受的事莫过于处于完全的安息，没有激情，无所事事，没有消遣，也无所用心。这时候，他就会感到自己的虚无、自己的沦落、自己的无力、自己的依赖、自己的无能、自己的空洞。从他灵魂的深处马上就会出现无聊、阴沉、悲哀、忧伤、烦恼、绝望。

* * * * * *

消遣——有时候当我从事考虑人类各种不同的激动时，以及他们在宫廷中、在战争中所面临的种种危险与痛苦、并由此而产生了那么多的争执、激情、艰苦的而又往往是恶劣的冒险时，我就发现，人的一切不幸都来源于唯一的一件事，那就是不懂得安安静静地待在屋里。一个有足够的财富可以过活的人，如果懂得快快乐乐地待在家里，他就不会离家去远渡重洋或者是攻城伐地了。假如不是因为他们觉得一步也不能出城是难于忍受的，他们就不会购买一个如此昂贵的军职了；假如不是因为他们不能快快乐乐地待在自己家里，他们就不会去寻求交际和娱乐消遣了。

但是，当我再进一步思索，并且已经找到了我们一切的不幸的原因之后，还想要发现它的理由时；我就发现它具有一个非常实际的理由，那理由就在于我们人类脆弱得要命的那种状况的天然不幸；它又是如此之可悲，以至于当我们仔细地想到它时，竟没有任何东西可以安慰我们。

无论我们能为自己描绘出什么样的状况，如果我们能把一切可能属于我们的好处都加在一起，那么王位总是世界上最美好的位置了吧。然而，让我们想象一个国王拥有他所能得到的一切满足，但假如他没有消遣，假如我们只让他考虑和思索他的实际状况，那么这种乏味的幸福就把持不住他了，他必然会由于那些在威胁着他的前景、可能临头的叛乱、最后还有那种不可避免的死亡和疾病而垮下来；从而假如他没有人们所谓的消遣，他就要不幸了，而且会比他的最卑微的臣民——他们是会寻欢作乐的——还要更加不幸。

正是因此，赌博、交女朋友、战争、显赫的地位才是那么样地为人所追求。并不是那在实际上有什么幸福可言，也不是人们想象着有了他们赌博赢来的钱或者在他们所追猎的兔子里面会有什么真正的赐福；假如那是送上门来的话，他们是不愿意要的。人们所追求的并不是那种柔弱平静的享受（那会使我们想到我们不幸的状况），也不是战争的危险，也不是职位的苦恼，而是那种忙乱，它转移了我们的思想并使我们开心。

* * * * * *

人们之所以喜爱打猎更有甚于猎获品的理由。

正是因此，人们才那么喜爱热闹和纷扰；正是因此，监狱才成为那么可怕的一种惩罚；正是因此，孤独的乐趣才是一桩不可理解的事。因而人们要不断地极力使国王开心并为国王搜求各式各样的欢乐——这件事就终于成为国王状况之下的幸福的最重大的课题了。

一个国王是被专门使国王开心并防止他想到他自己的那些人们包围着。因为尽管他是国王，但假如他想到自己，他也会不幸的。

这就是人们为了使自己幸福所能发明的一切了。而在这一点上，成为哲学家的那些人却相信世人花一整天工夫去追逐一只自己根本不想购买的兔子是没有道理的，这就是不认识我们的天性了。这只兔子并不能保证我们避免对死亡与悲惨的视线，然而打猎——它转移了我们的视线——却可以保证我们。

向皮鲁斯劝告，要他享受一下他以极大的劳顿在追求着的安宁，那确实是难之又难。

（祝一个人生活得安宁，也就是祝他生活得幸福，也就是劝他要有一种完全幸福的状况，这种状况他可以自由自在地去思索而不会发现其中有任何苦痛的主题。然而这却是不了解天性。

（既然凡是自然而然在感受其自身状况的人，躲避什么事都比不上躲避安宁；所以他们为了寻找麻烦，就什么事都做得出来。这倒不是他们具有一种可以使自己认识真正幸福的本能。……虚荣，那种向别人炫耀它的乐趣。

（因此，我们若责难他们，我们就错了。他们的错误并不在于追求乱哄哄，假如他们只是作为一种消遣而加以追求的话；过错在于他们之追求它竟仿佛是享有了他们所追求的事物就会使他们真正幸福似的，而正是在这一点上我们才有理由谴责他们是在追求虚荣。从而在整个这个问题上，无论是责难人的人还是被责难的人，都没有了解真正的人性。）因此，当我们谴责他们说，他们那样满怀热情所追求的东西并不能使他们满足的时候；假如他们回答说："正如他们若是好好地思想过之后所应该回答的那样，他们在那里面所追求的只不过是一种猛烈激荡的活动，好转移对自己的思念，并且正是为了这一点他们才向自己提供一种引人强烈入迷的对象；那么他们就会使得他们的对方无言可对了。"然而，他们并没有这样回答，因为他们自己并不认识自己。他们并不知道他们所追求的只是打猎而不是猎获品。

（跳舞：必须好好地想着我们该把步子往哪里迈。一个绅士真诚地相信打猎是一大乐趣，是高贵的乐趣，但是一个猎户可并没有这种感受。）

他们想象着，如果获得了那个职位，他们就会从此高高兴兴地安宁下来，而并未感觉到自己那贪得无厌的天性。他们自以为是在真诚地追求安宁，其实他们只不过是在追求刺激而已。

他们有一种秘密的本能在驱使他们去追求消遣和身外的活动，那出自于尤怨自己无穷无尽的悲惨；同时他们又有另一种基于我们伟大的原始天性的秘密本能，那使他们认识到，幸福实际上只在于安宁，而不在于乱哄哄。而这两种相反的本能便在他们身上形成了一种混乱的意向，它隐蔽在他们灵魂的深处而不为他们所见，但又驱使着他们力求通过刺激去得到安宁；并且永远使他们在想象着他们所根本不会有的那种心满意足终将来到，——假如克服了他们所面临的某些困难之后，他们能够从此打开通向安宁的大门的话。

整个的人生就这样地流逝。我们向某些阻碍作斗争而追求安宁；但假如我们战胜了阻碍的话，安宁就会又变得不可忍受了；因为我们不是想着我们现有的悲惨，就是想着可能在威胁我们的悲惨。而且即使我们看到自己在各方面都有充分的保障，无聊由于其秘密的威力也不会不从内心的深处——它在这里有着天然的根苗——出现的，并且会以它的毒害充满我们的精神。

因此，人是那么地不幸，以至于纵令没有任何可以感到无聊的原因，他们却由于自己质量所固有的状态也会无聊的；而他又是那么地虚浮，以至于虽然充满着千百种无聊的根本原因，但只要有了最微琐的事情，例如打中了一个弹子或者一个球，就足以使他开心了。

然而，请你说说，他的这一切都是什么目的呢？无非是明天好在他的朋友们中间夸耀自己玩得比另一个人更高明而已。同样地，也有人在自己的房间里满头大汗，为了好向学者们显示自己已经解决了此前人们所一直未能发现的某个代数学问题。还有更多的人冒着极大的危险，为的是日后——而在我看来也是极其愚蠢的——好夸耀自己曾经攻打过某个地方。最后，还有人耗尽自己毕生的精力在研究这一切事物，并不是为了要变得更有智慧，而仅仅是为了要显示自己懂得这些事物；而这种人则是所有这帮人中最愚蠢的了，因为他们是有知识而又愚蠢的，反之我们却可以想到另外的那些人假如也有这种知识的话，他们就不会再是这么愚蠢。

每天都赌一点彩头，这样的人度过自己的一生是不会无聊的。但假如你每天早晨都给他一笔当天他可能赢到的钱，条件是绝不许他赌博；那你可就要使他不幸了。也许有人要说，他所追求的乃是赌博的乐趣而并非赢钱。那么就让他来赌不赢钱的博，他一定会感到毫无趣味而且无聊不堪的。因此，他所追求的就不仅是娱乐；一种无精打采的、没有热情的娱乐会使他无聊的。他一定要感到热烈，并且要欺骗他自己，幻想着获得了在根本不赌博的条件之下他绝不会想别人能给他的那些东西自己就会幸福；从而他就得使自己成为激情的主体，并且为了向自己所提出的这个目标而在这方面刺激自己的愿望、自己的愤怒和恐惧，活像是小孩子害怕自己所涂出来的鬼脸一样。

几个月之前刚丧失了自己的独生子并且今天早上还被官司和诉讼纠缠着而显得那么烦恼的那个人，此刻居然不再想到这些事情了；这是什么缘故呢？你用不着感到惊讶：他正一心一意在观察六小时以前猎狗追得那么起劲的那头野猪跑到哪里去了。他别的什么都不再需要。一个人无论是怎样充满忧伤，但只要我们能掌握住他，使他钻进某种消遣里面去，那么他此时此刻就会是幸福的；而一个人无论是怎样幸福，但假如他并没有通过某种足以防止无聊散布开来的热情或娱乐而使自己开心或沉醉，他马上就会忧伤和不幸的。没有消遣就绝不会有欢乐，有了消遣就绝不会有悲哀。而这也就是构成有地位的人之所以幸福的那种东西了，他们有一大群人在使他们开心，并且他们也有权力来维持自己的这种状态。

请注意这一点吧！作了总监、主计大臣或首席州长的人，要不是其所处的地位就是从一清早就有一大群人来自四面八方，为的就是不让他们在一天之内可以有一刻钟想到他们自己；还会是什么别的呢？可是，当他们倒台之后，当他们被贬还乡的时候——回乡之后，他们既没有财富，又没有仆从来伺候他们的需要——他们就不能不是穷愁潦倒的了，因为已经再没有人来阻止他们想到自己。

* * * * * *

（那个因为自己的妻子和独子的死亡而那么悲痛的人，或是一件重大的纠纷使得他苦恼不堪的人，此刻却并不悲哀，我们看到他居然能那么摆脱一切悲苦与不安的思念；这又是什么缘故呢？我们用不着感到惊异；是别人给他打过来一个球，他必须把球打回给对方，他一心要接住上面落下来的那个球，好赢得这一局；他既是有着这另一件事情要处理，你怎么能希望他还会想到他自己的事情呢？这是足以占据那个伟大的灵魂的一种牵挂，并足以排除他精神中的其他一切思念。这个人生来是为了认识全宇宙的，生来是为了判断一切事物的，生来是为了统御整个国家的，而对捕捉一头野兔的关心就占据了他并且整个地充满了他。而假如他不肯把自己降低到这种水平，并且希望永远都在紧张着,那么他无非是格外地愚蠢不堪而已,因为他在想使自己超乎人类之上;而归根到底,他也不外是一个人,那就是说,他既不能做什么又能做得很多,既能做出一切又不能做任何事:他既不是天使,也不是禽兽,而只是人。)

* * * * * *

人们可以专心一意地去追一个球或者一只野兔;这甚至于也是国王的乐趣。

* * * * * *

消遣——君王的尊严是不是其本身还不够大得足以使享有这种尊严的人仅仅观照自己的所有,就可以幸福了呢?他是不是一定也要排遣这种思念,就像普通的人一样呢?我确实看到过有人排遣了自己家庭的困苦景象而一心想念着好好跳舞以便把自己的全部思想充满而使自己幸福。然而,一个国王也会是这样的吗?他追逐这些虚浮的欢乐,是不是要比鉴赏自己的伟大更加幸福呢?人们还能向他的精神提供什么更加称心满意的目标吗?使自己的灵魂专心一意按着曲调的拍子来调节自己的步伐,或者是准确地打出一个(球),而不是使之安详地享受观赏自己周围的帝王气象;这难道不会有损他的欢娱吗?让我们做个试验吧:假设我们让国王是独自一个人,没有任何感官上的满足,没有任何精神上的操心,没有伴侣,一味悠闲地只思念着自己;于是我们便会看到，一个国王缺少了消遣也会成为一个充满了愁苦的人。因而人们才小心翼翼地要避免这一点，于是在国王的身边便永远都少不了有一大群人，他们专门使消遣紧接着公事而来，他们无时无刻不在注视着国王的闲暇，好向国王提供欢乐和游戏，从而使他绝不会有空闲；这也就是说，国王的周围环绕着许多人，他们费尽心机地防范着国王不要是单独一个人而陷到思念其自身里面去，因为他们很知道尽管他是国王，但假如他思想其自身的话，他仍然会愁苦的。

我谈到基督教国王的这一切时，绝不是把他们当作基督徒，而仅仅是当作国王。

* * * * * *

消遣——我们使人从小就操心着自己的荣誉、自己的财富、自己的朋友，甚而至于自己朋友的财富和荣誉。我们把业务、学习语言和锻炼都压在他们身上；并且我们还使他们懂得，除非是他们的健康、他们的荣誉、他们的财富以及他们朋友的这些东西都处境良好，否则他们就不会幸福，并且只要缺少了任何一项就会使他们不幸。我们就这样给他们加以种种担负和事务，使得他们从天一亮起就苦恼不堪。

你也许说，这就是一种奇异的方式，可以使他们幸福！那我们还能做什么使他们不幸呢？——啊！我们还能做什么呢？我们只要取消这一切操心就行了；因为这时候他们就会看到他们自己，他们就会思想自己究竟是什么，自己从何而来，自己往何处去；这样我们就不能使他们过分地分心或者转移注意了。而这就是何以在为他们准备好那么多的事情之后，假如他们还有时间轻松一下的话，我们就还要劝他们从事消遣、游戏并永远要全心全意地有所事事的缘故了。

人心是怎样地空洞而又充满了污秽啊！

秦穆仁　译

人性与风俗

[法] 让-雅克·卢梭

让-雅克·卢梭（Jean-Jacques Rousseau 1712—1778），法国启蒙思想家、哲学家、教育家、文学家，法国大革命的思想先驱，重要著作有《论人类不平等的起源和基础》《爱弥儿》《忏悔录》《新爱洛漪丝》《社会契约论》和《论科学与艺术》等。

本文是卢梭准备写《风俗史》一书时所作的笔记。不知何故，此书后来并没有写，但这些笔记却留存下来，并在他去世后被编入《卢梭全集》，题目和序号均系《全集》编者所加。

从这些笔记中，大体可看出卢梭对人性与风俗的基本思路，即：人性从本质上说就是人的欲念，而不是理性，而人的欲念是人的自然属性，所以从根本上说是善的（因为你不能说，属于自然的东西是恶的，整个宇宙是恶的）。所以，所谓风俗、所谓法律，都要以自然为前提，因为只有这样的风俗、这样的法律，才是真正善的风俗、善的法律。然而，现实生活中的风俗和法律，却有诸多不合人性的东西。这和风俗乃至法律形成的历史有关。所以，有必要研究风俗形成和演变的历史，写一部《风俗史》。

当然，除了这一主线索，这些笔记中还提到许多具体事例，还有许多令人眼前一亮的思想闪光。

一

大多数道德家的错误是：他们认为人本质上是一个有理性的生物。其实，人只是一种有感觉的生物，他只按照他的欲念进行活动，人的理性只是用来减少他的欲念使他产生的愚蠢的想法①。

二

当我们用哲学家的眼睛来观察这浩瀚的宇宙的各个部分的动态时，我们立刻发现，宇宙的每一个组成部分的最大的美，不在于它本身，而且，它的形成，不是为了要单独存在，而是为了和其他各个部分一起使整个宇宙达到完善的境地。

就道德问题来说，也是如此。每个人身上的善和恶，都不只是与他一个人有关。它们都关系到社会，关系到普遍的秩序；善和恶的性质，要由普遍的秩序来定。

---

① 卢梭在《爱弥儿》第五卷中说："至高的上帝在任何事情上都希望人类具有荣誉心，他在把无限的欲望赐予人类的同时，又赐予调节欲望的法则，以便使人类既能自由，又能自己控制自己。"（卢梭《爱弥儿》第五卷，商务印书馆1978年版第529页）

三

大自然给我们撒播的种子都是平等的，但我们每个人收获的多寡就不一样了。

四

首先，就善和恶的形成来说，情况就不一样。一件事情是不是好，不仅要看它想要达到的目的，而且还要看它与各方面的关系。反之，任何恶行，即使单从某一方面来说它有什么可称道之处，但它本身总是一件恶行。有些事情好坏两方面的效果都有，但是，如果它们想要达到的目的太多，其结果，必然是达到的坏的目的比达到的好的目的多。何况……

五

就人的行为来说，如果不看手段而单看目的的话，我们发现，好的行为比坏的行为简直是多得数不清。每种行为，只要它的动机是好的或善良的，不采取犯罪的手段去达到目的，则它无论在近期或远期都将为采取这一行为的人带来利益。有许多人由于纯洁的道德的驱使而做好事。他们除了做好事以外，便别无其他目的；很难相信有什么人做坏事的目的纯粹是为了以做坏事为乐。我由此得出结论：在我们的各种行为中，盲目从事的地方多于存心为恶的地方。单单一个善良的人给人类带来的光荣,就比所有的坏人给人类造成的污点还多。我觉得,我本人就丝毫未受卡里古拉①、尼禄②或厄里奥加巴尔③的恶行的影响,反之,在我读到有关安托尼罗斯④的美德的故事时,我的灵魂就变得很高尚,得到了升华。

六

法律的作用只涉及形之于外的事情,只能约束人的行为;唯有善良的风俗才能浸透人心,引导人的意志。

七

在任何一个国家,只要风俗成为该国宪法的一个组成部分,则该国法律总是维护人民风俗习惯的条文多于惩罚或奖励公民行为的条文。宪法只须定明公众应尽的义务就行了;在这样的国家,公众的义务是绝不会被人轻视的,而在风俗败坏的国家,人们向来是不把公众的义务当一回事情的。

---

① 卡里古拉(12—41),古罗马暴君(37—41 在位)。
② 尼禄(37—68),古罗马暴君(54—68 在位)。
③ 厄里奥加巴尔(204—222),古罗马皇帝,以耽于逸乐著称。
④ 安托尼罗斯(86—161),古罗马皇帝(138—161 在位),以为人谦逊和勤于国政受民众的拥戴。

八

对于后世的人们，难道说你们就不给他们留下一套哲学，不留下几首诗，不写几部戏或造几座雕像吗？请你们想一想，万一不幸，希腊人都来学你们的样子，他们留传给后世的那些美好的东西，岂不会完全毁灭。请你们记住：在你们为荣誉工作的同时，也应当为道德工作……

赶快把那些只能使你们这一代人享福的法律通通抛弃；想一想如何让人家在你们已经不在人间的时候还念叨你们。切莫忘记，如果大家都不纪念伟人了，当伟人就没有用了。

九

人们之所以爱好文学，是因为人们懒懒散散，喜欢悠闲。就一个民族来说，有了文化，腐败现象也随之发生，而且来势很猛。除懒散悠闲以外，"自由七艺"① 的出现，也是财产不平等的结果。财产不平等、对无聊的事情的爱好和奢侈的风气，这三者乃社会罪恶丛生的根源。至于用机器制造用品，这固然减少了我们生活中的许多麻烦，但也使我们的身体变衰弱了，心思变迟钝了，而且还产生其他非常危险的害处；它们的危害之大，我尚

---

① "自由七艺"指中世纪修道院的七门学科：文法、修辞学、辩证法、音乐、算术、几何、天文。

未谈到，等以后有机会时才谈。

十

早先的哲学家都宣讲道德，这对他们有好处，因为，如果他们宣讲别的东西的话，会招人家扔石头打他们的。然而，当人们受到了启发，并认为自己也是哲学家的时候，他们也不知不觉地养成了习惯，爱发表奇怪的主张；有一种主张竟荒谬绝伦到硬说只有与众不同，才能受到人们的支持。

甚至道德和神也遭到人的疑问；哲学家之取笑人们所尊敬的事物，是出于不得已而为之，因为他们要和人们的想法不一样，才能表示他们是哲学家。

十一

大人物、大富翁，以及社会上那一部分有名气的人（大家称他们为雅士）他们花了许多心思硬要使自己的言行和别人不一样，他们的穿着硬要和一般人不同，走路的姿势和吃饭喝水的样子也要和一般人有区别；他们说话的方式，他们的思想方法，他们的一举一动和生活的方式，都要和一般人不一样。倒是有一件事情使他们大伤脑筋，那就是：自然界的"四行"① 他们不能不和我们共同使用。难道我们就找不到某种有礼貌的方式把他们当

---

① "自然界的四行"，指水、土、风、火。

中的大部分人请走吗？因为，他们吐出的污浊之气将败坏我们呼吸的空气。

十二

在开始他们行程的时候，如果使用的力量太悬殊的话，则力量上的差别将使这个人比另一个人一路之上花更多的力气。

十三

舆论的巨大力量，古代的立法人是运用得非常巧妙的，然而，如今的各国政府却一点也不知道如何利用；他们自己对着舆论干，又怎么能教育公民尊重舆论呢？

十四

如果他们少给我们说几句应当如何做好事的话，而多亲自动手做好事，你还认为他们的榜样不如他们的教训有用吗？他们应当把时间用来尽他们的义务，却为何硬要用来对我们讲如何尽我们的义务？

十五

现代史中并不是没有可敬的事例的，但那也只是事例而已；

我在其中看到某些伟大的事，但没有看到什么伟大的人。

十六

每一种身份的人，每一个行业的人，都有他们特有的词汇，用好听的字眼儿表达他们所干的坏事。谈到大臣时，他们不说他欺压百姓，而是说他处置有方；谈到税收承包人时，他们不说他贪污了国王的钱，而是说他做了一笔好交易；骗子说他的钱是"挣来的"，妓女说她干她这一行是投身社会。为人要诚实成了一句空话；一个人的心灵愈是浑浊，谈起话来却愈是字斟句酌，表明他的清白。我倒是衷心希望有一个人来勇敢地对我说他曾经出卖过他的恩人和他的朋友。

十七

处置有方的大臣、会做交易的税收承包人、会挣钱的骗子，他们干的事情差不多都是一模一样的，不过，他们每个人都尽量用他们的行话来轻描淡写地讲。如果有一个恬不知耻的人跑来对我直截了当地说他最近诈取了一笔巨款，也许我会发现他话中狂妄的口气比较多，但可以肯定的是，他说话时卑怯的表现是比较少的。

十八

不管你怎么说，偷窃和抢劫二事只要改变了关系，事情的性质也将随之改变。小偷小摸的人不仅丢脸,而且还可能被人们吊起来打一顿甚或处以极刑,而大强盗不仅平安无事,而且还会获得光荣。

十九

在有些国家,公家的财产已毫无收益。只要盗窃公款之事受到极大的称赞,以致全国的上流社会中人都正大光明地彼此效尤,并把他们过去称之为强盗的行为说成是他们的权利,这种情况就会发生。

二十

有句格言说:盗窃国王的钱,毫无坏处。有些人竟根据这句话,不分青红皂白,什么人的钱都偷,而且偷得心安理得,这真是天大的怪事。

二十一

大路上的强盗,大多数都是从走私开始的。起初,他们杀人是为了保他们的命,可是后来竟发展到为了抢劫钱财而乱杀行人。

二十二

他们为了活命便牺牲了他们的自由,就好比一个旅客为了不被强盗杀死便把钱包交给强盗,这两种情况是相似的。不过,是不是因此就可以说:钱包既然已归强盗,钱包的主人即使将来有能力收回,也无权把它收回。

二十三

在羞耻心极强的日本,刑罚之酷烈,已经到了愚蠢的程度。参见曼德尔索的著作①第424页。

二十四
(《风俗史》写作要目)

卷一。第一章,风俗通论;第二章,风俗不同的原因。洪荒时代的人;——野蛮人;——文明人;——手工匠人;——有道德的人;——论宗教。

卷二。第一章,埃及人;——波斯人;——西塞人;——希腊人;——迦太基人;——高卢人;——日耳曼人;——罗马人②

李平沤 译

---

① 指让-阿尔贝·曼德尔索的《亚当·阿尔亚西乌斯在莫斯克维、鞑靼和波斯等国的旅游见闻》(巴黎1659年版卷一)。
② 原稿到此为止,以下章节目录已散失。

关于人性高贵还是卑劣的问题

[英] 大卫·休谟

大卫·休谟（David Hume 1711—1776），英国哲学家、经济学家、历史学家、"不可知论"代表人物，重要著作有《人性论》《道德原则研究》《人类理解研究》和《宗教的自然史》等。

本文选自《人性论》（1740），题目中的"高贵"与"卑劣"，也就是善与恶。对于这个问题，文中主要是在驳斥主张人性恶的哲学家，但也没有主张人性是善的，而只是承认，人的行为确实有善恶之分（这其实是人人都承认的）。至于人性是善还是恶，他认为这是人们"比较"的结果：若把人和上帝比，人性当然是恶，而若把人和动物比，人性就是善了。若在人与人之间比，发现真正有智慧、有美德的人总是少数，于是就认为人性不善；殊不知，智慧和美德从来没有固定标准，只是指一些不寻常的人具有的品质——既然这样，"少数"其实是预设的，并不说明什么。

总之，作者在本文中力斥性恶论者之荒谬，但又不主张性善论。为什么？因为在他看来，人是否有固定不变的"人性"，这一点本身就是不可知的；所以，谈人性善、人性恶，不过是人们对周围人的不同"感受"而已。

在学术界里，有些派别是隐秘地形成的，这同政治派别的形成相似。这些学派虽然有时和主张别种看法的人并不公开冲突，却把他们的思想方式扭到另一方向。这类学派里最引人注目的，是那些对人性高贵问题有不同感受并把自己的学说建立在这些不同感受之上的派别。似乎正是在这一点上，划分了有史以来的哲学家、诗人和神学家。有些人把我们人类捧到天上，把人描绘成半神半人的东西，说人类源出于上天，在世代相传中仍然保留着明显的印记。另一些人则坚持主张人性愚昧，认为人类除了虚夸就没有什么优于别的动物之处，对人类所能感受到的只是非常可鄙而已。如果一位作家具有修辞和雄辩的才华，通常他会加入前者的行列；反之，要是他的才华在于讽刺和嘲笑，他就会自然地投身于另一极端。

我不认为所有贬低我们人类的人都是美德的敌人，也不认为他们在揭露他们同胞的缺点时都怀有恶意。相反，我意识到某种道德上的敏锐感觉，尤其在伴随着爱发脾气的性格时，是很容易使一个人对世界抱嫌恶态度的，也很容易使他们对通常的种种人世经历产生过多的愤愤不平。不过，即使如此，我还得承认，那些倾向于喜爱人类的人的感受，比起告诉我们人性卑不足道的相反看法，对于美德要更为有益。如果一个人对他生就的地位和品质预先有一种高度的评价，他就会自然地努力用行动去达到它，会责备做卑劣或罪恶的事情，认为这会使他堕落，达不到他在想象中为自己设定的形象。所以，我们看到，我们的全部礼仪和流行的道德学说都坚持这种看法，都致力于说明罪恶是人所不屑为的，它本身就是可憎的。

我们发现，很少有什么争论不是由于表述上的某种含糊其辞引起的；而我现在要讨论的关于人性是高贵还是卑劣的问题，看来也不过是其中的一例而已。所以，在这个争辩中，考察一下什么是实际问题，什么只是词句之争，也许是值得的。

没有一个讲理的人能够否认，在长处和短处、善与恶、智和愚之间有自然的区别。可是，我们在用赞许之词或指责之词来指称它们时，通常起作用的主要是靠比较，而不是靠事物性质中某些固定不变的标准，这一点也是显而易见的。与之相似，每个人都承认数量、广延和大小是实际存在的，但是在我们说某个动物是大是小的时候，我们总是不知不觉地把这个动物跟和它同种类的其他个体作了比较；正是这种比较，决定了我们关于它的大小的判断。要是一只狗和一匹马同样大小，我们就会称赞这只狗真大，会说这匹马太小。所以，如果我现在来讨论什么问题，我就总得想想，争辩的主题是不是一个比较的问题。如果是，就得想想，争论者拿来比较的对象是完全相同的呢，还是在谈些彼此大不相同的东西。

我们在形成关于人性的见解时，喜欢把人和动物作比较，这样我们就意识到人是唯一赋有思想的生物。这种比较，确实是对人有利的。一方面，我们看到有的人思想不受任何地点和时间上狭隘范围的限制，他的探寻达到了地球上最遥远的区域，甚至超出地球达到行星和各种天体；向后，他思考最初的原始状态，至少是人类历史的起源；向前，他的眼光看到他自己所作所为对后世的影响，并能对千年后的人类面貌作出推断。这种人，他对原因与后果的追寻达到了巨大范围和极其错综复杂的程度，能从特殊现象中抽取一般原理，改进自己的发现、发明，能纠正自己的错误，能从自己的失误中获益。另一方面，我们又看到与此完全相反的人。他的观察和推理局限在周围少数感官对象上，没有求知欲，没有远见，靠本能盲目行动，在很短时间里就达到了他所能达到的极致，此外绝不能再向前迈出一步了。这两种人之间的差别是多么大啊！两者相比较，我们必须赞许前一种人，这样才能提高对人性的见解。

为了否定人性高贵的结论，通常可以使用两种方法：第一，把情况描绘得很不妙，坚持认为人性软弱而有毛病；第二，在人和最完善的智慧之间作一种新的神秘的对比。在人的各种卓越才能里，有一种才能是，超越自己的经验而形成一个关于完美的观念；可以说，在关于智慧与美德的观念方面，人是不受限制的。他很容易提升自己的想法，想象出一种全知全能的存在[①]，而若把自己的知识和这种存在比较，就显出微不足道了；在它面前，人和动物在智力方面的区别也显得微不足道了，甚至根本就没有什么区别。现在，全世界的人似乎都同意的一点，就是人类智力和这种全知全能的存在之间有着无限的距离。既然如此，当我们把人的智力和这种存在作比较时就该明白，人的智力是没有多少真实性可言的，因而也就不用再争辩了。确实，人对全知全能的存在非常无知，即使他有关于全知全能存在的观念，也不等于他能认识这种存在。在这方面，人的无知甚至超过动物对人的无知。但是，不管怎么说，动物和人之间的区别毕竟是很大的，只

[①] 全知全能的存在，西方近代哲学中"上帝"的代名词。

是在和全知全能的存在作比较时，两者的区别才显得微不足道。

人们通常还在人与人之间进行比较，而且发现可以称作有智慧或有美德的人为数很少，因而也就很容易接受人性卑劣的看法。但这种看法是错误的。为了理解这一点，我们可以通过观察不难发现，人们称之为智慧与美德的那些美名，其实指的并不是智慧与美德的具体性质，而只是我们把某个人和其他人所作的比较。当我们发现某人的智慧程度不同寻常，就会称此人为有智慧的人；所以，说世上有智慧的人很少，其实并不说明什么，因为他们享有这种美名只是由于他们不常见而已。如果全人类都像西塞罗①或培根伯爵②那样有智慧，我们还是有理由说有智慧的人很少；因为在这种情形下，我们会大大提高对智慧的要求，仍只会称少数特别有智慧的人而不是一般人为有智慧的人。与此类似，我也听到人们不假思索地说，他们发现美貌的女人很少，大多数女人是不美貌的。他们没有想想，把"美貌的"这个形容词仅仅用在达到某种程度美貌的女人身上是否恰当。实际上，女人都是美貌的，只是程度不同，但我们通常却只把这个词用在少数女人身上。一个女人不达到某种程度的美貌，一般会被称为丑；但在某个男人眼里，她或许是相当美貌的。

正如我们在形成某种关于人类的见解时通常把人类和其他动物加以比较，或者在人类中加以比较，我们对人性中的不同动机或性质也常常进行比较，以便确认我们对它们的判断。这是一种

---

① 西塞罗，古罗马政治家、雄辩家。
② 培根伯爵，即弗朗西斯·培根，16世纪末、17世纪初英国哲学家、散文家。

唯一值得我们重视的比较，我们在此讨论的所有问题，其实都源于这种比较。如果我们的自私和恶劣的动机果真远远胜过我们的社会动机和道德动机，就像某些批评家所断言的那样，那我们就不得不承认他们的结论，即：人性是卑劣的。

然而，在关于人性的争论中，词句之争实在太多了。一个国家或一个群体中总存在着某种程度的公共精神和诚挚情感，如果有人予以彻底否认，我真不知道说什么是好。或许是因为他从未真正感受到这种精神或这种情感，所以他才怀疑它们的存在。但是，除非他进而认为，就是个人之间不掺杂自利自爱成分的友谊也是不存在的，否则，我就能确信，他不过是误用了言词，混淆了概念。因为任何人都不可能自私或者说愚蠢到如此地步，以至于分辨不出人与人之间的差异，找不到任何一种值得他赞许的品质。难道他没有感觉到那些天使般的人之间的友谊？难道在他看来，别人对他伤害与误解，和对他的帮助与仁爱是一样的？这不可能；所以，这与其说是他把自己和自己的内心活动也忘记了，不如说他是在用一种与众不同的古怪语言说话，所用的词语都不是本来所指的含义。

所以，在我看来，有两个原因使那些认为人性卑劣的哲学家误入了歧途：

第一，他们发现，凡是善良或友爱的行为都伴随着某种隐秘的愉悦，由此便得出结论说，友谊与美德不可能是无私的。然而，这种观点显然是错误的。因为，这是善良或友爱的行为带来了愉悦，而不是愉悦带来了善良或友爱的行为。我在为朋友做好事时感到愉悦，是因为我爱他，而不是我为了愉悦才去爱他。

第二，他们发现，有德之人远不是对他人的赞扬抱无所谓态度的，因此就把有德之人说成是一些虚荣心很强的人，说他们只是想得到别人的赞扬。这种说法，也是错误的。因为，即使我们在有些值得赞许的行为中发现某种虚荣的意味，也不能根据这一点就否定那些行为；至于把它们完全归结为出于虚荣的动机，那就更加不公正了。虚荣心和其他欲念有所不同。如果看上去善良的行为中暗藏着贪婪或报复的欲念，就很难说这样的欲念在行为中占多大比重，而只能说这是那些行为的唯一动机。但是，虚荣心却可以和美德共存：喜欢做好事而得到别人的赞扬，这一动机和做好事本身的动机是非常接近的；它不仅和做好事的动机混合在一起，而且常常甚于其他动机：一个人喜欢做好事而一点也不喜欢得到赞扬，那几乎是不可能的。因此，可以说，这种虚荣心会永远存在于人心之中，只是按各人心灵的特殊兴趣和气质的不同而表现形式有所不同。尼禄①的虚荣心表现在处处凌驾于他人之上，而图拉真②的虚荣心则表现在用法律和才干治理国家上。人追求由美德而带来的赞扬，正是人性中存在美德的一个有力证据。

李明宏 译

---

① 尼禄，古罗马皇帝，以暴虐、放荡出名。
② 图拉真，古罗马皇帝。

人性之弱点

［德］亚瑟·叔本华

亚瑟·叔本华（Arthur Schopenhauer 1788—1860），德国哲学家、散文家，曾任柏林大学教授，重要著作有哲学论著《作为意志和表象的世界》《论意志的自由》《论道德的基础》和散文集《附录与补遗》等。

本文选自《叔本华论说文集》第一卷，题目系编者所加。文中所说的人性之弱点，就是所谓的"名声"，也就是一个人在别人心目中的形象。本来，一个人在社会上生活，要有好名声是理所当然的，怎么又变成了人性的弱点？原因就在于，人们所追求的往往不是真实的名声，而是虚假的名声。虚假的名声，也就是"虚荣"；而虚荣心，真可以说"人非圣贤，孰无虚荣"——这才是人性的弱点。那么，这一弱点会造成怎样的后果呢？用作者的话来说，"我们的所有忧虑、焦躁、担心、烦忧、苦闷，乃至愁肠百结、竭尽心力，在绝大多数场合，都是由于过多考虑别人会说什么而导致"。那么，如何克服这一弱点呢？那就是要"清醒地意识到……绝大多数人的意见是错误百出、违背常理、张冠李戴、谬种流传的，因此它们毫不值得引起我们的重视；而且，在绝大多数情况下，相对于各种生活事务，他人的看法极少对我们产生真正积极的影响"。简而言之，就是要"自信"，乃至于"孤傲"。

人性有这样一个弱点，很特别，即：通常人们对别人如何看待自己思虑过多，虽然这种看法所能造成的反响微乎其微，无论人们的意见如何，它自身与幸福并无本质的联系。难以理解的是，所有的人都会因得到别人好评，或恭维他们的虚荣心而感到由衷的高兴。如若有人抚摸猫，猫肯定会"喵喵"地叫；同样，如若你赞誉别人，那么他便会笑容可掬，脸上露出甜蜜的微笑。如若受到赞美的事情，正为他引以为自豪，那么即便这种赞美是露骨的谎言，也会受到欢迎。即使有天大的不幸，或者，即使他从以上所说过的两种幸福的源泉中所得甚微，只要有人称道，便会得到安慰。相反，如若人们妄自尊大的心理一旦受到打击，无论这种伤害的性质、程度以及情形怎样，或者被人等闲视之，遭人轻蔑鄙弃，他便会顿生烦恼，有时甚至陷入深深的痛苦。这真让人莫名其妙，但又千真万确。

如若期望受人尊重是源于人性的这种特性，那么它便会取代德行，对芸芸众生的康乐产生积极的效果。但是对人们的幸福，特别是对于和幸福乳水交融的心灵的宁静与独立，与其说有益，倒不如说更多的是扰乱了我们内心的平静，损害了我们的幸福。所以，我们认为，要尽可能制止这一弱点，并对我们的优点、性情、对他人意见（这种意见是否只是为满足我们虚荣心的阿谀逢迎，或者它是否会引起我们的痛苦），等等，作出相应及时的考虑和正确的评价，这是大有裨益的。因为不论这种意见是否属于逢迎之词，还是会引起痛苦，人们都会有着同样的感受，否则一个人便会成为他人意志的奴隶——可见，要想扰乱或抚慰一颗渴求赞美的心灵是多么容易！

所以，如若我们对一个人自身的本质与目的和别人对他的评价两者在价值上作一比较，那么我们的幸福就会源远流长、长久不竭。前者包括了在我们活着时的一切，包括使生活获得其本质的东西，简言之，包括我们囊括在人格与财产两类中的所有优点；在这个范围内所发生的一切都存在于人们自己的意识之内。但是，在别人看待我们的范围里所发生的一切，都存在于他们的意识之中，而不是在我们的意识之中；这包括我们在他们眼中的形象，再加上由此而激起的种种思想。① 但是，这些对于我们的生存并不是直接的或最接近的，它们只能间接地影响我们，到这里为止，以及只是在他人的评价对我们的行为举止发生作用时才由它们直接引起；它只是在能够使我们削弱我们的本质和目的时才会对我们产生影响。除此而外，在别人意识中的其他一切对于我们都是无关紧要的。一旦我们看到，绝大多数的人，其思想是那么肤泛浅薄、观念极其狭隘偏执、情绪平庸粗俗、意见恶毒堕落，他们错误百出、荒谬绝伦，而且，当我们从经验中知道，有人说到他的伙伴时口气是何等傲慢，而别人并不害怕他，或者他知道他的话并不会传到别人耳里时，我们便会立即对别人的意见置若罔闻。如若我们有机会看到，伟大的人物是如何若无其事轻描淡写地对待半打傻瓜的话，那么我们就会明白，对他人所说的

---

① 我注意到，那些处于人生巅峰、拥有辉煌的业绩和奢侈的生活的人都会说：我们的幸福完全外在于我们自己，因为它仅仅存在于其他人的头顶上。——原注

话给予过高的估价,这未免太尊敬他们了。

总而言之,有人情况极为不佳,他无法在我们开头说过的两类福利中得到任何幸福,他只得在第三类幸福中去寻找,换句话说,他不是在他自身的本质中去寻找,而是在别人看待"他是什么"中去寻求幸福。但整个幸福的本质的基础,乃是我们的体格——幸福最为本质的要素是健康;以及,是维持我们独立自在、无忧无虑的自由生活的能力。一方面,在这两者之间既不存在谁更优先的问题,也不可以相互替代;但另一方面,我们又给后者,给荣华富贵高得多的评价。如若非那样不可,那么人们会毫不犹豫地为了前者而牺牲后者。如若我们及时地认识了这一简单道理,即,所有人的最有价值的东西以及真正的人生,是掌握在自己手中,而不是靠别人如何看待,因而对于我们的幸福来说,我们个人生活的现实条件——健康、气质、能力、进款、妻子、孩子、朋友、住宅,要比别人的看法重要千百倍。认识到了这一点,我们便会极大地营造我们的幸福,否则,我们便会痛苦不堪。如若有人认为,受人敬重地生活本身更为可贵,那么他的意思是说,生存与美好的生活和别人的意见比较起来一钱不值;当然,这只是一种夸张的说法,借以表明这一实实在在的真理:如若我们要在这个世界上迈步前进,名声,即别人对我们的看法是不可缺少的。但我们还是回到现在的问题上来。当我们看到,人们不遗余力,历尽千辛万苦,遭遇到无数陷阱与危险,毕生所求的几乎所有的东西,在别人看来,终究不如提高他们自己来得深远;当我们看到,仅仅为了更多地得到同伴们的尊敬,不仅把官职、头衔、勋章,而且把财产,甚至知识①和艺术,作为全部努力的最高目的来追求——这不正是人类愚蠢之至的一个令人可悲的证据吗?过高地估计他人的看法,乃是人类共有的痼疾,它也许根源于人类的本性自身,或者是由于文明以及一般而论的社会安排所带来的后果;但无论其根源是什么,它对我们所做的一切产生了不良影响,而且对于我们的幸福十分有害。我们可以从以下来加以考查,即对别人所说的意见感到胆怯畏惧,而且抱着盲从的态度,直到引起这样一种情感,而正是这种情感,使得弗吉尼厄斯②把匕首刺进他妹妹的心脏,或者诱使无数的人为了死后的荣耀而抛弃平静、财富、健康乃至生命本身。毋庸置疑,这种情感乃是人们手头上用来控制和支配其同伴的极为便利的工具。因此,我们可以看到,在所有营造人性的计划中,维持并加强渴求荣耀的情感占有一席重要地位。但是,至于它对幸福所产生的影响,那又是完全不同的另一码事,我们在这里所讨论的是人的幸福,而且,我们对奉劝人们不要过多地考虑他人对自己的看法更感兴趣。日常的经验告诉我们,人们正是在这一点上不断地出错;绝大多数人对他人所思所想给予极度的重视,他们更为关注他人的意见,忽视了在他们自己意识中的思想,忽视了对他们最为直截了当的东西。他们颠倒了自然的秩序——把别人的看法当作真实的存在,把他们自己的意识当作某种模糊晦涩的东西,他们本末倒置、舍本求末,把别人为他们所作的画像看得比他们本人还要

---

① 知识是无用的,除非别人知道你拥有它。——原注
② 弗吉尼厄斯,一个古老的罗马故事中的人物,他由于听信谣传而杀了自己的妹妹。

重要。他们试图从那并不真正直接存在的东西里得到直接的结果,这样就会使他们陷入所谓"虚荣心"的愚蠢状况之中。"虚荣心"这个词恰到好处地表达了那种追求没有实在价值的东西的心理。这样的人就像守财奴一样,满怀着热望去追求的只是手段,忘记了应当追求的乃是目的。

事实上,我们对他人意见的重视以及对于它的不懈努力,和我们在理智上所希望达到的结果极不相称;所以,我们可以把这种对别人态度的关注看作是由于每个人天生遗传下来的一般的迷狂症。在我们的所有行为中,我们最先考虑的事情几乎都是,别人将会说些什么。生活中近半数的忧困烦恼,追其根源,都是由于我们在这方面操心过度而引起。说到底,这种担忧不过就是一种妄自尊大的情感而已,由于它敏感到了完全变态的地步,因此这种自尊心极易受到伤害。对他人的看法操心焦虑,构成了我们的虚荣心、矫揉造作、自我炫耀以及狂妄自大的基础。没有这种焦虑,穷奢极欲便会荡然无存,任何形式的骄横,无论怎样改变其种类或范围,本质上不是别的,只不过是——对于他人会说什么感到忧虑而已——付出了多么巨大的牺牲!我们甚至在儿童的身上也能看到这一点,虽然它在人生的每个阶段都存在,但在战争时代最为严重。因为人们一旦不再追求物质享受,那么浮华虚荣与骄纵横蛮便会恣意妄为,要求分享它们的地盘。法国人提供了这方面的极好例子。在法国人中,骄狂虚荣流行于市,泛滥成灾,有时甚至表现出一股荒谬绝伦的劲头,整个民族的虚荣达到了滑稽可笑的地步,而其自吹自擂更是无耻之尤。但是,他们诋毁他们自己的"成就",因为其他人取笑他们,把他们称之为显贵的民族。

为了说明对他人意见不正常的过度重视，我们可以看看1846年3月31日的《泰晤士报》，其中有一则消息，详尽报道了处死学徒托马斯·韦克斯的细节：他出于报复，谋杀了他的师傅。我们具有极其不同寻常的环境和特殊的个性，尽管这些都非常适合于我们的意志。这些便给我们展现出一幅这类愚蠢行径所导致的醒目画面，这是如此深地植根于人类的本性之中，并使得我们在它将要展开的范围里形成清晰的概念。在执行死刑的当天上午，这则报道说："忏悔牧师早就来到他跟前，但韦克斯显得对这一宗教仪式毫无兴趣，他的举止有些紊乱，显得焦灼不安，但只是因为要在围观他的不光彩结局的观众面前表现勇敢些而故作镇静……韦克斯极其轻便地来到了他在队列中的位置，就像他走进教堂一样，他讲了这么一句话，声音很大，靠近他的几个人都听得清清楚楚，'现在，就像多德博士说的那样，我马上就会知道这个极大的秘密了'。在上绞刑架时，这个可怜的家伙无须任何帮助就登上了绞刑架下的活动踏板，当他到了这个中心位置时，他向观众们鞠了两次躬，这时在台下围观的人群发出了一阵可怕的欢呼声。"

这真是一个绝妙的例子，在他的眼里，形式最为恐怖的死亡，只不过是超脱死亡而获得永恒的方式而已。因此，死到临头，他所关心的并不是任何别的，只是他给那些目瞪口呆的围观者的印象，以及他死后留在观众头脑中的看法。还有一个叫勒康普特的人也是这样，他也是在1846年，因对国王图谋不轨在法兰克福被处以极刑。在审判时，他为不让他穿着体面地到上议院而感到极为生气,在处以死刑的那一天,由于没有允许他剃头修面,他感到悲凉凄切。我们所知道的这一类事情并不只是现代才有,马特奥·阿莱曼①在他著名的骑士故事《古兹曼·德·阿尔法拉谢传》的序言中告诉我们,有许多头昏脑热的罪犯,并不是将他们生命的最后时刻用来享受灵魂的安乐,虽然他们应当这样做,他们为了准备去记取将在绞刑架下所说的话而忽略了这一责任。

我举出这些极端的例子,借以作为我所说的意思的最佳说明。这样可以使我们自身的本性得到放大性的反映;我们的所有忧虑、焦躁、担心、烦忧、苦闷,乃至愁肠百结、竭尽心力,在绝大多数场合,都是由于过多考虑别人会说什么而导致。在这一点上,我们一点也不比那些可怜的罪犯聪明。妒忌和仇恨常常也是因为同样的原因。

很显然,幸福主要地乃是心灵的平静及其满足,要获得幸福,不能依靠别的,而只能靠将这种人的本性冲动限制在理性的范围——这也许需要成百倍地抑制现有的情感。这样做了,我们才会清除不断引起我们痛苦的肉中刺。但是这极其困难,问题就在于这种冲动乃是人自然的天生堕落的本性。塔西佗②说:"对名声的欲望是智者最难以摆脱的。"③ 结束这一愚蠢行为的唯一方法,就是清醒地意识到,它是愚蠢的。我们可以通过认识这个

---

① 马特奥·阿莱曼,16 世纪末、17 世纪初西班牙作家。
② 塔西佗,古罗马历史学家,有《日耳曼尼亚志》和《历史》(亦译作《罗马史》)等著作传世。
③ 《历史》第四卷,第六章。——原注

道理来达到这一目的：绝大多数人的意见是错误百出、违背常理、张冠李戴、谬种流传的，因此它们毫不值得引起我们的重视；而且，在绝大多数情况下，相对于各种生活事务，他人的看法极少对我们产生真正积极的影响。再次，这种看法是如此地不利于人们，以至于一听到谈论有关他的任何事情或言论，便焦虑而死。最后，对于其他事情，我们应该清楚这一事实，他人的尊重并无直接的价值，只有相对的价值。如若人们能够超脱这种愚蠢的行径，便会促进我们心灵的平静和欢乐，这个结果在现在看来是难以想象的，这样的话，人们便会更加坚定而自信地生活，所作所为便会更加自由自在而少于烦闷窘迫。我们可以看到，幽静的生活方式对于我们内心的宁静大有裨益。其主要的原因就在于我们不再经常照别人的眼色生活了，不再对他人的漫不经心的意见纠缠不清了；一言以蔽之曰：我们能够返璞归真，回到我们自己了。同时，我们可以避免大量的不幸，如若追求那些阴影，或确切地说，由于沉溺在一些有害的愚蠢行为之中，我们便会陷入这种不幸。所以，现在我们应当把更多的注意力放在那些坚实可靠的实在的事物上，不断地享受它们。只是，要做到这一点并不容易。

范进　柯锦华　译

论灵魂

[美] 拉尔夫·爱默生

拉尔夫·爱默生（Ralph Emerson 1803—1882），美国思想家、散文家、诗人、美国超验主义运动的主要代表、确立美国文化精神的代表人物之一，重要著作有《论文集》《代表人物》《英国人的特性》《诗集》和《五日节及其他诗》等。

本文选自《论文集》（1841），其要点是：人是有灵魂的，人的一切都受制于人的灵魂，而人的灵魂，又是直接和大自然、和创造万物的上帝隐秘相连的；所以，所谓人性，其核心就是人的灵魂；所以，所谓人生，就是灵魂的展示。

粗看之下，这仿佛是神秘主义的说辞——这"灵魂"究竟是什么？实际上，这里所说的"灵魂"是指对真、善、美的信仰。爱默生认为，对真、善、美的信仰，不仅是人性固有的，而且是人类探寻真理、发现真理的动力和凭证。为什么要这么说呢？因为他的超验主义哲学的核心思想是：人能超越感觉和理性而直接认识真理——即"超验"；而其目的是：崇尚直觉，反对权威。这里的"直觉"，说得具体一点，就是获得独立后的美国人的"直觉"，而这里的"权威"，就是源于英国的各种"权威"——宗教的、政治的、思想的、文化的，等等。所以，这里没有神秘主义，而是美国精神和美国的人性观。

一

尽管人类的哲学已经有悠悠六千年的历史，但却仍然没有摸清灵魂的面貌与奥秘。人就犹如一条源头不明的溪流，我们的精神存在不知道是从何处降临到我们身上来的。即使是神机妙算之士，也无法预见到某些难以预测的事物。每时每刻我都在被迫承认着：事物有一种比我称之为"意志"的事物更为高级的起源。

事物是如此，思想也亦然。我凝视着那条奔腾不息的精神河流，它从我所未知的地方流淌而来，然后将它的一股股流水注入到我的心中。这时候，我发现自己并不是一个起因，而是一个对这股缥缈的流水惊异万分的观望者。

古往今来，对所有错误的最高批评家，对必然出现的事物的唯一预言者，便是大自然。我们在大自然中休憩，就如同大地躺在空气那柔软的怀抱中一样。而灵魂，即每一个人那独特的存在便包含在其中，并且与其他人的灵魂化为一体。

二

一切的一切都表明，人的灵魂并非是一个器官，而是在激励、锻炼所有的器官；并非是一种如记忆能力、计算能力、比较能力一样的功能，而是把这些能力当作手和脚来使用；并非是智能或意志,而是智能与意志的主宰,是我们的存在的背景,智能与意志就在其中——一种不被占用而且也无法被占用的无限。一束光芒从里面穿透我们的身体,照到事物上面,使我们意识到,我们什么都不是,而那束光芒才是一切。一个人犹如一座寺庙的外观,所有的智慧与善都居住在那里面。我们通常称之为"人"的事物,也就是那个吃吃喝喝、斤斤计较的物种,并非如我们所认为那样是在正确地代表着他自己,而是在错误地表达着他自己。我们所尊敬的,并不是他,而是灵魂,他只不过是其灵魂的器官而已。当灵魂通过他的智能呼吸时,那便是天才;当灵魂通过他的意志呼吸时,那便是美德;当灵魂通过他的情感流动时,那便是爱。从某种意义上来说,一切变革的目的,就是要让灵魂穿透我们,换句话说,就是要让我们向灵魂臣服。

有时候,一个人是可以觉察到这一纯洁的天性的。我们无法用语言来描绘它,因为它太微妙了。它难以确定,也无法测量,然而我们知道,它渗透了我们的全身,它将我们包容于其中。我们知道,所有的精神都存在于人的身上。古语说得好:"上帝不敲钟就会来看望我们。"也就是说,在我们的头顶与那片无垠的天地之间,并没有任何的屏障。同样,灵魂也没有栅栏,没有墙壁。在灵魂那里,人这个"果"停止了,而上帝这个"因"则开始了。于是,墙壁便被拆除了。

三

灵魂不仅制约着万物,而且也废除了时间与空间。在大多数人那里，感官的影响在很大程度上战胜了头脑，因此，时空的墙壁开始显得实在而不可逾越。然而，时空只不过是灵魂力量的一种反映而已。精神可以将时间把玩——

> 能够把永恒挤进一个小时之中，
> 也可以将一个小时延展为永恒。①

我们往往会感觉到，除了从我们自然出生的那一年开始计算的年龄以外，还存在着另外一种年华。某种思想会令我们感到年轻，并使我们青春常驻。而那种思想便是对普遍、永恒之美的热爱。从某种程度上来说，智能的最微小的活动，将我们从时间的不利情势中解救了出来。在我们的思想中，事与人的重要性同时间毫无关系。因此，灵魂的尺度是一个，而感觉和理解的尺度则是另一个。在灵魂显露的时候，时间、空间都会退缩开去。我们所观照的事物是外在的、短暂的，而灵魂则是内在的、永恒的。

灵魂需要纯洁，但纯洁并不是灵魂；灵魂需要正义，但正义并不是灵魂；灵魂需要慈善，但它是某种比慈善更为美好的事物。对于一个出身高贵的孩子来说，所有美德都是与生俱来的，而无须辛辛苦苦地学来。向一个人的心灵说话，那么他就会立刻变成一个有德行的人。

智慧的萌芽也遵从同一个法则。那些能够谦恭待人、能够伸

---

① 参见拜伦《该隐》第一幕第一场，第536—537行。——作者原注

张正义、怀有爱心、拥有抱负的人，已经站在了一个俯视科学与艺术、演说与诗歌、行为与风度的高台之上。

四

灵魂在所有人的身上都会显现，而且也存在于人生的每一个阶段。实际上，它在幼儿的身上便已经成熟了。当我与自己的孩子打交道的时候，我所掌握的拉丁语、希腊语，我所获得的成就和金钱，对我都将毫无用处；然而，我所具有的灵魂却能大有益处。假如我让灵魂成为我们俩之间的裁判，那么，同样的灵魂便会从他那年轻的眼睛里面流露出来，他便会对我生出爱戴之情。

灵魂发现并揭示真理。我们看见了真理，于是也就认识了真理，让那些怀疑论者以及喜欢冷嘲热讽的人们信口开河去吧。如果你对愚蠢之徒说了一些他们不愿意听到的话，那么他们就会问你说："你怎么知道它就是真理，而不是你自己的一个谬误呢？"我们从观点上看到了真理，于是也就认识了真理，就如同当我们醒着的时候，我们便知道自己是在醒着一样。埃曼努尔·史威登堡①有一句名言，一语道破了人类知觉的伟大："能够证实一个人喜闻乐见的任何事物，并不是他所具有的理解力的证明；然而，能够辨明真伪，才是知性的标志与特点。"在我所阅读的书籍里，好的思想会将整个灵魂的形象归还于我，就如每一个真理

---

① 埃曼努尔·史威登堡，18世纪瑞典哲学家、神学家。

所做的那样。而对于我在书籍里所发现的坏的思想，同一个灵魂则会变成一柄明察秋毫、斩断一切的利剑，将其一剑砍掉。假若我们不去干预我们的思想，而愿意去完全彻底地行动，或者愿意去看看事物是怎样存在于上帝身上的，那么我们就能知晓每一件事物、每一个人。因为，万物的创造者就站在我们的身后，将他那令人敬畏的全知全能通过我们投射到事物上面。

五

我们将灵魂的宣告称作为"启示"，而这种启示总是伴随着崇高的情感，因为，这种交流是神圣的精神注入到了我的心灵之中。它是个人的涓涓细流在汹涌澎湃的人生海洋面前所表现出来的一种敬畏与喜悦之情。在接受新的真理时，在展开一次伟大的行动时，所有的人都会感到一阵心灵的战栗。

其实，世界上的许多智慧，并非是一种真正的智慧。最明达的人，不会为文名所囿。在那些不计其数的学者和作家们的身上，我们并没有感到任何神圣的存在；我们觉察到的，只是一种技艺，而非灵感；他们所具有的才能，只是某种被夸大了的官能；因此，他们的力量反而成为一种疾病。在这些例证当中，智能上的天赋所造成的，并不是善的印象，而几乎全都是些恶的印象。这使得我们意识到，一个人的才能，反倒会成为他在前往真理的途中的拦路虎。

在一切伟大的诗人的身上，都有一种人性的智慧，这种智慧要比他们所运用的任何才能都更为优越。人性之光在荷马、乔叟、斯宾塞①、莎士比亚、弥尔顿②的心中闪烁着耀眼的光辉。他们将获得真理视为人生最大的满足,他们不事雕琢。灵魂通过他们的眼睛,再一次看到了它所创造的事物,并且予以庇佑。由于他们允许这样的灵魂在自己的身心里自由地通行,于是他们便成为了伟大的诗人。灵魂比它的任何知识都要优越,比它的任何作品都要聪慧。

灵魂会到谦卑、单纯的人那里去;谁愿意去除骄傲,它便会到谁的那儿来。它是以洞见的身份而来的,它是以宁静和庄严的身份而来的。当我们看见它所托身的人时,我们便会明白何谓伟大。灵魂要求我们坦诚。虚荣的游客想引用贵族老爷、王侯贵妇的话语来点缀他们的生活;喜欢炫耀的庸俗之辈向你展示着他们的汤匙和首饰;上流社会的人在讲述自己的经历时会专挑那些富有诗意的事情,以给自己的生活增添一份浪漫色彩。然而,那些崇拜上帝的伟大的灵魂却是朴素真诚的;没有丝毫的玫瑰色彩,没有漂亮的朋友,没有绅士派头,没有冒险经历;不需要被人赞美,而是置身于平凡的岁月、真诚的经历之中。

六

在灵魂的每一个行为中都有人与上帝的统一,这是不言而喻

---

① 乔叟,14世纪英国大诗人,被称为"英国文学之父",有《坎特伯雷故事集》传世。斯宾塞(埃德蒙·斯宾塞),16世纪英国大诗人,有长诗《仙后》传世。
② 弥尔顿,17世纪英国大诗人,有《失乐园》《复乐园》传世。

的。当最单纯的人在真心诚意地崇拜上帝的时候,他就变成了上帝。然而,这种更为美好的、普遍的精神交流却是万古长新、无法探究的。上帝的观念出现了,抹去了我们的错误与失望的疤痕,这对人来说是多么珍贵的安慰啊!人并不是相信,而是看见了:至善就是真。它可以轻而易举地打消一切的游移与恐惧,静待时间明确的启示。

就让人将一切有关天性、有关思想的启示都铭记于心吧。这也就是说:上帝和他生活在一起;自然的源泉就在他自己的心灵里。然而,假如他想知道伟大的上帝在说些什么,那么他就必须要像耶稣说过的那样:"进入他的内室,关上门。"上帝不愿意向懦夫显灵。他必须要聆听自己的声音,躲开其他人虔诚的声音,甚至他们的祈祷也对他有害,除非他已经做了自己的祈祷。我们的宗教往往依赖于信徒的人数,这真是庸俗之至。一旦要求人数——不论怎样拐弯抹角——宗教便会荡然无存了。谁发现上帝于他而言是一种甜蜜的、包罗万象的思想,谁就绝对不会去数他有多少伙伴的。

不论是求助于多人,还是仅仅求助于一人,都没有太大的区别。仰仗权威的信仰不是信仰。依赖权威,意味着宗教的衰微,灵魂的退隐。灵魂伟大而坦白。它不阿谀奉承,它不步人后尘,它不抛开自己去求助于他人。它相信它自己。

一旦一个人学会了去敬畏灵魂,明白了古人所说的"它的美是无瑕的"①,那么他将会看到,世界是灵魂所创造出来的一个

---

① 引自普罗提诺《论美》。

永久的奇迹;他将会知道,不存在渎神的历史,因为所有的历史都是神圣的;他将会懂得,整个宇宙蕴含在每一个原子之中,蕴含在每一分、每一秒之中。于是他便不再愿意去过那种污迹斑斑的生活,而渴望去过一种神圣的人生。他会与自己生活中那些低贱、轻浮的事物决裂,然后随遇而安。他会平静地面对明天,而他的内心深处,早已经拥有了整个的未来。

李慕白　译

关于人性的观念

[英] 伯纳德·鲍桑葵

伯纳德·鲍桑葵（Bernard Bosanquet 1848—1923），英国哲学家、政治学家、"新黑格尔主义"和"新自由主义"代表人物，在逻辑学、美学、哲学、政治哲学、宗教学、心理学等方面都有建树，主要著作有《美学史》《道德自我心理学》《关于国家的哲学理论》《美学三讲》和《当代英国哲学》等。

本文选自《关于国家的哲学理论》(1899)，题目为原书所有。从本文即可看出，鲍桑葵真是黑格尔的信徒，不仅其思想源自黑格尔，其文风也追随黑格尔，艰涩难懂（加上翻译的缘故，阅读本文确是对读者理解力的考验；为此，编者虽在多处加注，但仍需读者努力）。关于人性的观念，本文大概有这样几层意思：(1) 人们所说的"人性"，并不是对全人类、甚至都不是对大多数人的特性所作的概括或总结（这其实是不可能的），而是对人（及其生活）的一种"构想"；(2) 尽管世界各民族有不同的民族性，但一种关于普遍人性的"构想"，可以作为民族性的"补充"，有助于各民族的发展与交往；(3) 在国家和个人的关系中，对人性的尊重可以使国家和个人各自认清责任，虽然人性只是一种"假设"，但它有利于社会进步；(4) 虽然关于人性的观念尚无定论，但合乎人性的理想状态应该是介于绝对自由（不平等）和绝对平等（不自由）之间，也就是"自治"，即：平等的自由，或，自由的平等。

显然，关于人性的观念，即关于被看作一个统一体的、有理智的人的观念，在任何还算完整的哲学思想中都应占有这样一个位置：能够以某种方式支配关于某些特定国家的观念，并总结人类生活的种种目的和可能性。人性的观念是具有普遍性的，无论我们在精神上不言而喻地受到什么限制——无论当希腊思想家把人和野兽之间的区别作为其伦理学的基础时精神上受到什么限制——只要我们具有把人视为人的观念，我们就必须以某个方式探讨人性问题。

一

我们必须注意的第一点是：当我们谈及人性时，不言而喻地会有的那种观念并不适用于大部分人类。毫无疑问，我们完全知道家庭和国家都有不完善和不协调的地方，但在人的问题上，这一点表现得更为突出。按照目前对我们的文明所持的观念，从体现使生活对我们显得有价值的种种特性这个意义上说，人类过去和现在的生活有很大一部分是没有价值的①。然而，下面这一点又是确定无疑的：凡是被我们称之为人的那种动物，从他们具有

---

① 这一观念具体表现在只限于少数人的救世主张中，因而也许包含着类似的错误。不过，乍一看它好像是有道理的。——作者原注

与其他动物不同的理智这一点上说，我们认为他们都有可能过有价值的生活。但是，就其大部分而言，这种可能性却几乎没有实现，而且就我们所能看到的情况来说，它与任何现实性都没有自觉的联系①。我们关于人类的观念并不是靠单纯计算人数形成的，而是靠构想出一种法则，以此参照比较完善和协调的事实来解释那些不够完善和协调的事实。

二

既然如此，那么似乎可以说，我们关于人性的道德观念的对象，并非真正是作为一个独一无二的共同体②的人类。姑且撇开随着时间的推移而出现的种种不可能性不谈，我们认为不能预先假定全人类有一种为一个共同社会的正式成员和执行公共意志所必须的完全相同的经验。但不能因此得出结论说，从人类作为人所具有的过美好生活的资格中产生的种种权利，不能得到普遍的承认。这些权利虽然是以不同方式付诸实现的，而且并非尽善尽美，不足以成为一个有效的共同体的基础，但就已经实现的来说，却可以成为贯穿于有效的共同体所依靠的、较具体的经验的一个共同的连接因素或组织。像英国和印度的关系③，就可以说

---

① 即没有意识到有实现的可能性。——编者注
② 关于一个世界共同体的问题，我认为有两点非常重要，并要在原则上加以坚持：（1）必须使差别完全一体化，正如世界通用语这个问题所表明的那样，（2）必须有一个绝对始终一致的公共意志，这和根据暂时的利益一致所达到的表面一致不同。我希望并相信我们会以某种方式实现这两点。——作者原注
③ 当时印度是英国的殖民地。——编者注

明这一点。英国人不能和印度人一起组成一个有效的自治共同体。那对双方来说都会是痛苦的和无效的。但是,我们的国家可以承认在它的印度臣民生活中已得到确认的人类基本权利,而且不管印度是附属国,还是独立国,都保证或尊重这些权利。这个问题和关于世界通用语的观念所引起的问题并没有什么两样。作为民族语言的代替物,世界通用语可能意味着对每一种现实的民族精神都不适应的一种死板的智力标准,意味着文学与诗歌的毁灭①。但作为现有语言的一种补充,或者更简单地说,如果各个民族已习惯于了解其他民族的语言,那就会有同样可靠的共同理解,并会大大提高而不是降低鉴别和欣赏的水平。正是在这些方面,那种经由以经验的有机统一为基础的共同体对人类权利的承认,可以与包括全人类在内的一个世界性社会的观念相比较。

三

人性的区别和人类的区别总是通过一种二分式的表达法表现出来——犹太人和非犹太人、希腊人②和野蛮人、回教徒和异教徒、基督教徒和异教徒、白人文化与黑种人和黄种人。人们立刻就会注意到,这些区分中有一些是互相矛盾的,这一事实会使人想到大概每一个民族都觉得自己的生活似乎是最高级的,人类的

---

① 因为文学与诗歌具有极强的民族性。——编者注
② 值得注意的是:在提出一种统一的观念时,我认为总会预先假定地球表面的局限性。对希腊人来说,德尔斐就是地球的中心;对我们来说,地球乃是一个球体,可以环行一周,因而可以肯定它不会无边无际地伸向远方,使它的全体居民的联合成为无法想象的事。这话我想是康德讲的。——作者原注

其余部分则不过是其余部分而已。这种想法也许与我们所讨论的问题真正有关，我们在后面还要谈到它。然而，与此同时，很明显，人性①作为一个道德观念，与其说是一个事实，不如说是一种模式或一个问题。它意味着某些特性，这些特性既是由我们所认为的最优秀的种族表现出来的，又包含着对这个种族本身提出的各种要求的敏感性②。对该种族要求的这种敏感性，在该种族所共有的特性中是最不重要的。所以，国家和个人对人性的尊重，实质上是维持一种生活方式的责任——不是一般的生活，而是我们所知道的最好的生活③，我们把这种生活称之为最人道的生活，并根据它来辨认和处理异己的个人和共同体所拥有的权利。这一观念反对把所有的人都视为同一共同体中具有相同身分和权利的成员。因为我们遵循这样一种一般信念，即：决定生活价值的，不是人数，而是特性④。当然，如果这些特性不能满足人数加之于它们的各种要求⑤，两者就会发生冲突。

这样，我们又回到前面提出的一种想法。每个民族通常似乎都能从自己的生活模式中得到满足。在我们看来，这和我们必须有自己对最好生活的看法不会发生矛盾。但是，这种情况会使我

---

① "Humanity"（"人性"）= "Humaneness"（"人道"）。苏格兰语中的"Humanity" = Latin（拉丁语、拉丁人）。牛津大学的"Literae Humaniores"（"古文学"）= 古典文学和哲学。希腊语的 ψιάθπ 是指人应有的思想感情，如劝善惩恶的思想。——作者原注

② 即这个种族（暗指白种人）对其他种族的"要求"是否"敏感"（即是否给予考虑）。后面一句即批评该种族没有这种"敏感性"。——编者注

③ 即一种理想的生活。——编者注

④ 不是量，而是质；不是量多质差的普通人，而是量少质优的精英。——编者注

⑤ 即：少数精英若承担不起责任，有负众望。——编者注

们审慎地对待关于社会进步的一般理论，并乐于承认人性的某种模式不可能普遍适用于人类本性的种种可能性。毫无疑问，我们的行为应当受我们所能理解的人类需要的指导，而这最终要取决于我们自己的生活模式。不过，我们是从假设出发，认为我们的文明本身代表着进步的目标，这和认为必须有一种可普遍适用于人类本性的东西是有区别的。而在普遍适用的情况下，我们的国家可能会走其他国家已经走过的路，但也不会听任一切自然发展。此外，如果说国家不是至高无上的，也不是不可批评的，那么，任何一种关于人性的观念亦复如此；而提到"人类的利益"也只是提出了问题，即根据要加以实现的那些人类的特性来了解这些利益是什么。

四

然而，无论是国家，还是关于人性的观念，还是人类的利益，都还没有定论。甚至连政治理论至今也还必须向前看，以表明它应该向哪里继续发展。我们一直认为，社会和国家在作为手段发挥人类的能力方面是有价值的，在这样做的过程中，其中社会的一面是不可缺少的条件（因为人性在与外界隔绝时是不完整的），但是，由于社会是由众多人群形成的，其本身并不是目的。因此，当数目众多的人直接参与时，即在许多自我的要求和关系直接影响生活的情况下，生活的连续性也不会遭到破坏；因为人的精神在得到社会的支持而增强后，会排除各种矛盾，形成自己的世界，沿着使自己达到统一的道路继续发展。艺术、哲学和宗教虽然从某种意义上说是社会的生命线,但它们的形成并不是(也不可能是)直接为了适应大众的需要和使用,其目的从这个意义上说也不是"社会的"。相反,应该把它们看作国家为努力实现人性的一种在国家范围内、以国家为基础的继续,看作"公共意志"以不太确定的形式所作的一种普遍的、自我的、更为充分的表达。

这样,我们已试图概括地描绘出自我的内容,它蕴含于现实的个人意识中,但并不完全,而且是以不同的方式实现的。正是由于这种内涵,才会意识到某种优于现状的东西①对我们来说是绝对必要的,才会意识到自治②具有的意义。自由——才能的发挥不受阻碍——只有在给不驯服的自我加上重担并"迫使我们自由"的一种制度中才能找到。我们感到纯粹是暴力的东西,不可能是自由;但是,正如我们已试图解释过的那样,在我们的微妙而又复杂的本性中,对一种暴力的承认③可以支持、调整并重新唤醒一种善的意识的作用,保持这种暴力的作用是我们乐于看到的。这就是自治的根源,而真实可靠的政治制度,就是自治制度。④

杜少甫　译

---

① 某种优于现状的东西,即理想。——编者注
② 自治,这里的意思是既自由,又受到制约。——编者注
③ 即承认国家权力,因为国家权力是以暴力为基础的。——编者注
④ 新黑格尔主义承袭了黑格尔关于自由和平等的基本观点,即:自由和平等本质上是冲突的;追求自由,必然导致不平等;追求平等,必然导致不自由;因而,理想的状态应该是某种考虑到平等的自由,或某种考虑到自由的平等。新黑格尔主义将这种状态称为"自治"。——编者注

论人性与政治

[英] 伯特兰·罗素

伯特兰·罗素（Bertrand Russell 1872—1970），英国哲学家、数学家、逻辑学家、历史学家、散文家，曾来华讲学，对中国有特别研究，重要著作有《数学原理》《物的分析》《西方哲学史》《婚姻革命》和《幸福之路》等，1950年获诺贝尔文学奖。

本文选自《罗素自选文集》，约写于20世纪20年代。文中所说人性，是指人的欲望，并认为有四种欲望与政治的关系最为密切，那就是占有欲、竞争欲、虚荣心和权力欲。此外，仅次于这四种欲望的还有追求刺激的心理动机，也会对政治产生重大影响，也会引起纷争，甚至导致战争。现代人追求刺激的原因，是现代生活与人的原始心理不相适应——人的基本心理（或者说人性）是在数万年的原始狩猎时期形成的，而现代城市生活，仅在几百年前才刚刚出现；也就是说，人的生活突然变得现代化了，而人的心理还依然是原始的——这就使得后者无法适应前者。因此，现代人的原始冲动，即攻击欲（或者说"狩猎欲"），需要得到变相发泄；体育运动就是其主要形式。还有其他欲望也一样；譬如性欲，就经常在文学艺术中获得变相发泄。总之，作者的意思是，人性（或者说人欲）是政治的基本动力，而政治的最恶劣表现就是战争；所以，允许人以各种方式变相发泄攻击欲，或许可以在某种程度上避免某些战争的发生。

毫无疑问，对食物的渴望曾经是而且仍然是很多大的政治事件的主要原因之一。但是，人类与其他动物在一个很重要的方面存在差异，那就是人类有欲望，而且可以说是无穷无尽、永远无法充分满足的欲望，这些欲望使得他们即使到了天国也无法安静。蟒蛇在一顿饱餐之后就去睡，直到需要另外一顿时才醒来，大部分人则不会如此。阿拉伯人曾一度节俭地过着以几颗枣子为生的生活，后来夺取了东罗马帝国的大量财富，住在无法想象的豪华宫殿中，但他们没有因此而平静下来。饥饿虽然不再是一个动机，因为他们稍一点头示意，希腊奴隶就会给他们奉上精美食品，但是其他的欲望仍然促使他们十分活跃，尤其是四种欲望，我们称之为占有欲、竞争欲、虚荣心和权力欲。

占有欲——渴望拥有尽可能多的财产权利，这是一种动机。我想，这种动机来源于恐惧和对生活必需品的渴望的结合。

我曾经善待来自爱沙尼亚的两个小女孩，她们是从一场饥饿的饥荒中死里逃生的。她们住在我家里，当然有足够多的食物，但她们却一有空就跑到邻近的农场偷土豆并囤积起来。洛克菲勒在年幼的时候生活十分贫苦，发迹后仍以类似的方式生活。与此类似，阿拉伯酋长坐在拜占庭的丝绒沙发上仍不忘沙漠，而他们所囤积的财富，已远远超过任何可能的身体需要。无论怎样对占有欲进行心理分析，没有人否认它是一种极为强大的动机——尤其是在有权有势的人们之中。因为，如我前面所说，占有欲是一种无限的动机，不管你已拥有多少，你仍将渴望占有更多。完全满足，那是一个无法实现的梦。

虽然占有欲是资本主义制度的主要动力来源，但在人们解决了饥饿问题之后，它却无论如何不再是最强烈动机。竞争欲是一个更为强大的动机。在伊斯兰教历史上，很多王朝都一再惨遭不幸，这是因为国王的多位妻子的儿子们彼此不和而引发内战，造成全面毁灭。在现代欧洲也发生了类似的事情。当英国政府不很明智地允许德国皇帝参加在斯皮特黑德①举行的一次海军检阅时，他脑中涌现出的想法并不是我们原来的打算，他想到的是"我一定要拥有一支和英国一样好的舰队"，而正是他的这个想法，导致了我们后来的一系列麻烦。如果占有欲总是强于竞争欲的话，世界也许比现在要好一点。但事实上，许多人为了保证把他们的竞争对手彻底击败，是很乐意面对贫穷的，这就是现在的税收如此之高的原因。

虚荣心是一个有着极大潜在力的动机。任何一个经常同孩子打交道的人都知道，他们常常会做一些滑稽动作并要求说："看看我。""看看我"是人心最基本的欲望之一，这种欲望有多种表现形式：从孩子们的扮小丑到追求死后的名声，都属此类。文艺复兴时期曾有一个意大利小君主，在他临死前，神甫问他有什么要忏悔，他回答说："有，有一件事。有一次国王和教皇同时来看我。我把他们带到塔顶观光，我忘了把他们都推下去。那样

---

① 斯皮特黑德（Spithead）：英国一地名。1773年，英国国王乔治三世首次在此检阅海军。

的话，我就能永远名昭于世了。"历史书上没有叙述神甫是否宽恕了他。虚荣心的麻烦之一就是，喂它的东西越多，它就越膨胀。你被谈论的越多，你就越希望被人谈论。让一个被判了死刑的罪犯看报纸上登的关于他的报道越多，他就会对那些报道不充分的报纸越发愤怒。政治家和文人们也是如此，他们越是出名，新闻机构就会发现越难满足他们。虚荣心在人的一生中的影响，无论怎样夸大都不为过，从三岁孩童到眉头一皱就会使世界为之一颤的统治者，无不如此。人类甚至还犯了这样的大不敬之罪：将这种欲望归之于神，认为神也是渴望被不断赞扬的。

虽然上述动机的影响已经非常强大，还有一种动机比它们更有影响。权力欲，如同虚荣心，不达无限权力是永远无法满足的。由于它特别是精力充沛者的恶行，对权力的追求偶尔可能会达到目的，但成功的比例很小。权力欲的确是重要人物生活中最强烈的动机。行使权力的经历会使人更热爱权力，这不仅适用于无足轻重的小权，也适用于帝王手中的大权。在1914年第一次世界大战之前的幸福年代里，当富有的主妇们拥有一群仆人后，她们对仆人行使权力的乐趣会随着年龄的增加而增加。同样，在任何一个专制社会，掌权者都会随着权力带来的愉悦而变得越来越暴虐。由于权力的表现形式就是让人们做他们不愿意做的事，被权力欲所驱使的人就更倾向于给人们带来痛苦而不是喜悦。如果你有正当理由向你的上司请假，他不同意比同意更能使他的权力欲得到满足。如果你想申请建房许可证，地方官员也更喜欢说"不行"，而不是说"可以"。正是这类事情，使得权力欲成了一个非常危险的动机。但是，它也有好的一面。我想，对知识的追求主要也是受权力欲驱使的。科技的进步也是一样。在政界，一个改革家对权力的热爱程度绝不会低于一个独裁者。所以，完全否定权力欲是个严重的错误。权力欲究竟会引导人做好事呢，还是做坏事，那要取决于社会制度和个人品质。

下面我来谈谈其他动机，尽管从某种意义上说，它们没有我们已经讨论过的那些动机重要，但仍具有相当的重要性。其中最值得注意的是追求刺激。人类不同于其他动物之处表现在人会厌倦。虽然在观察动物园的猿类时，我有时会想，它们或许也有这种厌倦情绪，但不管怎样，经验表明，摆脱厌倦几乎是所有的人都有的强烈欲望之一。

当白人刚开始和那些尚未开化的野蛮种族交往时，他们带去了各种好处：从教他们阅读《圣经》到教他们做南瓜馅饼。但是，大多数野蛮人对此都很冷淡，使我们非常遗憾；而在我们带去的众多礼物中，他们最看重的却是会使人喝醉的酒。因为正是酒，使他们平生第一次有一种活着比死好的短暂幻觉。印第安红种人在未受到白人影响时，喜欢用烟管抽烟。不是像我们这样平静地抽，而是非常疯狂地、深深地吸，直到一种眩晕的状态。而当尼古丁不再能满足刺激时，他们中就会有一个勇士大声地挑动他们去攻打邻近的部落。这带给他们的刺激，就像赛马或大选带给我们的刺激。我认为，现代文明人和原始的印第安红种人一样，也是为了追求刺激才为战争的爆发叫好的。这种情绪就像是在看一场足球比赛，但结果却往往要严重得多。

要想知道人为什么要追求刺激的根本原因，并不容易。我倾向于认为，我们的大脑结构是和原始人类打猎为生时的状态相适应的。那时，人们带着原始的武器，用一整天时间悄悄跟踪一只鹿，希望用它做晚餐。天黑时，他们拖着猎物回到山洞。他们躺下来休息，虽然筋疲力尽，却心满意足。他们的妻子开始忙着洗肉、煮肉。他们感到疲劳，浑身酸痛，但肉的香味会进入他们的每一个细胞。吃过晚饭，他就沉沉睡去了。在这样的生活中，人们既没有时间、也没有精力去感到厌倦。但是，当他们开始从事农业后，他们的妻子被迫去完成田间的劳作，他们就开始有时间思考人生了。于是，他们创造了神话与哲学，并梦想着如何在天国里自由自在地继续他们的狩猎生活。

我们的大脑结构是和繁重的体力劳动相适应的。我年轻时经常在假期里长途跋涉，一天会走上25英里路。到了晚上，我根本不需要什么东西来帮我摆脱厌倦，因为能坐下来休息一下就使我心满意足了。但是，现代生活却不可能遵循这种体力消耗的原则。大量的工作是坐着完成的，而大部分的体力劳动也只是动一动几块专门的肌肉而已。所以，才会有那么多的伦敦人聚集在特拉法格广场上，发疯似的为政府宣布一项要他们去送死的命令①而欢呼。如果那天他们徒步走了25英里的话，就不会那样欢呼了。但要用这种方式来医治人们好斗的毛病是不现实的。所以，如果人们真的不想活了，那也没有办法，而如果人们还想活下去的话，就必须找到其他一些有效无害的方法来消耗掉他们体内的剩余体力，使他们不再盲目地兴奋。

遗憾的是，道德学家和社会改革家竟然极少考虑这个问题。

---

① 指宣战。

社会改革家认为，他们有更重要的事情需要考虑。而在另一方面，道德学家则对人们发泄情绪的那些方式感到担忧。在他们看来，其严重程度简直就是一种罪恶。舞厅、电影院和爵士乐，（如果我们相信的道德学家们的话）都是地狱之门。所以，最好还是整天待在家里，认真反思自己的罪过。对于这样严肃的忠告，我不敢苟同。魔鬼有多种方式使人堕落：他诱使年轻人寻欢作乐，但劝说老年人去诅咒寻欢作乐，不是同一个恶魔吗？对老年人来说，难道诅咒不是一种更适合他们的刺激吗？难道诅咒不是很像毒品——譬如鸦片，只有不断加大剂量才能达到预期效果吗？一开始，我们只是诅咒电影院的罪恶，渐渐地转向反对党、南欧移民、亚洲移民，最后，除了我们自己，所有人都在我们的诅咒之列，这不是很可怕吗？正是这种诅咒的蔓延，导致了战争，而我却从未听说过哪次战争是由舞厅引发的。

过度行为的可怕之处，就在于它会造成多种形式的破坏。不可自控地酗酒或赌博是一种破坏，为寻求刺激而制造混乱也是一种破坏。最具破坏性的就是它所导致的战争。总之，寻求刺激是一种如此强烈的需要，如果找不到无害的方式，它就会以有害的方式获得满足。现在，在法律容许的范围内，有些无害的方式已经在体育运动和政治活动中被使用。但这些还不够，尤其是有些最刺激的政治活动本身就具有破坏性。

文明生活是平淡无奇的，如果要维持这种生活，就必须找到无害的方式使人发泄内心的攻击冲动。我们的原始祖先就是通过打猎来满足这种冲动的。在澳大利亚，那里人少兔子多，我发现那里的人通过熟练地宰杀成千上百只兔子来满足他们的原始冲动。但是，在伦敦或纽约，这里人多兔子少，就必须寻找其他方式。我想，每个大城市里都应该有几条人造激流，人们可以乘着简易的木船顺流而下。激流的下方应该有人工湖，湖里有许多机器鲨鱼。只要发现有人鼓吹战争，就罚他每天和这些可怕的怪物一起待上两个小时。

翁鸣达　译

论人

[美] 马克·吐温

马克·吐温（Mark Twain 1835—1916），笔名，真名塞缪尔·朗霍恩·克莱门斯（Samuel Langhorne Clemens），美国作家，重要作品有长篇小说《汤姆·索耶历险记》《哈克贝利·费恩历险记》《王子与贫儿》和《傻瓜威尔逊》等。

本文节选自《马克·吐温自传》（1924），题目系编者所加。这是马克·吐温晚年谈到人与人性时的感受，不是什么理论，只是经验之谈。其中要点是：(1) 人的禀性和其他所有动物的禀性一样，是"上帝是法则"，是不可改变的；(2) 人是动物变的，人的禀性是从动物那里遗传而来的；(3) 动物各有各的禀性，但某一种动物总是全体都有同样的禀性；(4) 人的禀性则不然，好像是各种动物禀性的总汇，但又分别表现在不同的人身上；(5) 所以，人类没有共同的禀性，甚至每个人的禀性都不一样；(6) 既然如此，对于好人做好事，其实不必夸奖，因为这是他的禀性，是他不得不做的；同样，对于坏人做坏事，也不必惊讶，因为这也是他的禀性，也是他不得不做的。

当然，这是文学家谈人性，不像哲学家那样严谨，但从中也不难看出，他的人性观和我国汉代大儒扬雄的观点颇为相近。扬雄说：

"人之性也，善恶混。修其善，则为善人，修其恶，则为恶人。"这就是著名的"性混论"。是不是很相近？所不同的是：扬雄认为人人"性"中有善有恶，善人和恶人之分是"修善"和"修恶"的缘故；而他则认为，善人生来性善、恶人生来性恶，应属"性定论"了。

我确信，人的禀性是一项法则，一项铁的法则，不论你喜欢不喜欢，你非得听从不可。在我看来，禀性显然是上帝的一项法则，胜过了人间的一切法则。我确信，人间的每一项法则，其所以存在，是因为有一项明明白白的目的，唯一的目的：要反对上帝的法则，要打败它，要压低它，要嘲弄它，要踩死它。蜘蛛小心眼儿地设伏，等候着飞虫，以便把它杀掉。我们倒并没有故意挑剔，把这称之为暗杀。我们承认，这个禀性，这个天性，并不是它自己创造的，因此依照自然法则的需要和命令干的事，是无可责备的。我们甚至承认这样一点：人工再巧，也永远改变不了蜘蛛的禀性，停止杀害的行径。我们也并不责怪老虎凶猛的禀性。那是上帝给它的，它非得遵从不可。我们也并不责怪黄蜂残酷地用螯把蜘蛛刺得半僵，然后把它塞进洞里，让它受好多天的罪，在黄蜂的育儿室里每天供作口粮，凌迟处死。我们承认黄蜂是按照了上帝给它的禀性，严格地无可责怪地遵从了上帝的法则。我们并不责怪狐狸、蓝色的鸟以及其他以偷窃为生活的动物。我们承认它们是依照了上帝给它们所规定的禀性，遵从上帝的法则行事的。我们并没有对公山羊说"你不得奸淫"，因为我们知道这是它们天生的禀性，怎么也改不了的……上帝对它们说的是："你应该奸淫。"

要是我们继续研究动物界无数动物千差万别的禀性，我们会发现每一种类的动物都是由一项显著的特性决定的。我们还会发现，所有这些特性，所有这些特性的影子，在人类身上也是有的。在每一个人身上，一打或一打以上的这类特性也是有的，而在很多人身上，则是全部特性的痕迹与影子全都有。在我们所说的低级动物身上，它们的禀性只是由其中的一项、两项或者三项特性形成的。不过，人是复杂的动物，得用所有这些特性才能拼凑成个人。在兔子身上，我们往往发现顺从、胆小，永远不会发现勇敢、傲慢、寻衅。因此，一讲到兔子，我们总是联想到顺从、胆小。要是它还有什么别的特征的话……譬如说，生殖力特别旺盛……我们总是想不起来。一讲到家蝇和跳蚤，我们总是联想到，就是英勇无畏、束了腰带的骑士和老虎也赶不上它们。在厚颜无耻、横行霸道方面，在整个动物界，包括人类在内，数它们第一。要是它们还有什么别的特性的话，也给上面所说的那一些特性冲淡了，因而我们根本想也想不到。一提到孔雀，我们想到的是虚荣，不是别的；一讲到山羊，想到的是淫荡，不是别的；一讲到有些种类的狗，我们想到的是忠诚，不是别的；一讲到猫，我们想到的是它的独来独往……这是包括人在内的所有上帝创造的创造物中所没有的……而不是别的。除非我们愚蠢和无知……我们才会想到背信弃义，这种特性是很多种的狗所具有的，不过对猫来说则不普遍。我们可以在我们冒昧地称为低等动物的身上发现一两种明显的特性。往往总是这些特性使得这类低等动物属于不同的族。在每一族的动物身上都能找到这样的一两种特性，并且是那么显著，从而决定了动物界这一分支的永久不变的性格。在所有这些事例中，我们承认，由若干种禀性构成了一项上帝的法则，一项上帝的律令，凡是遵照这项法则所做的事都是无可指责的。

人是从动物变成的；他的每一项特性都是从动物身上遗传得来的。他从动物身上遗传得了全部的特性集中于一体，每一种特性都是上帝的法则的一部分。他跟它们截然不同的是这样：他没有哪一项单项的特性是和他同类的成员完全同样地突出的。你可以说，家蝇无比勇敢，你这么说的时候，是说的所有家蝇；你可以说，兔子无比胆小，你这么说的时候，是说的所有兔子；你可以说，蜘蛛无比残酷，你这么说的时候，是说的所有蜘蛛；你可以说，羔羊无比天真、温柔、驯服，你这么说的时候，是说的所有羔羊；你可以说，山羊无比淫荡，你这么说的时候，是说的所有山羊。没有一样动物，不能凭了一项单项的特性给以确切的描绘……可是你不能凭了一项单项的特性来描绘人。人并非像兔子那样全都是胆小鬼；也不像家蝇那样全都是勇士；也不像羔羊一样全都是天真、温柔、驯服的；也不像蜘蛛和黄蜂那样全都是凶残的；也不像狐狸和蓝色的鸟全都是小偷；也不像孔雀全都爱虚荣；也不像扁鲛鱼那样全都是那么漂亮；也不像猴子那样全都是喜欢跳来跳去；也不像山羊那样全都是淫荡的。

人类不能用一句话描述出来，每个人非得一个个加以描述才行。这个是勇敢的，那个是胆小的；一个是和善的，另一个是凶恶的；一个是傲慢、虚荣的，另一个是谦虚、谨慎的。在动物界中，各种各样的特性是分散的，在同一时间分别具有一两种特性，而在人类，则每一个成员，无数特性强弱不同地集中成为种种的本能。在某些人身上，凶恶的特性小到几乎觉察不到，而高尚的特性则特别突出。我们便以这类美好的特性来描述这个人，我们赞美他，我们由于他的德行而推崇他。说来仿佛可笑：他的特性不是他创造的，不是他带来的，是他出生的时候遗传得来的，是上帝赐给他的，是上帝把法则赋予了他，即使他想违背，他也违背不了。有时候，一个人生来是个杀人犯，或者生来是个恶棍……像斯坦福·怀特①……而对他，人们便大加谴责。可他只是遵从了自然的法则，他的禀性的法则。他根本不可能想要违背它，即使想违背，也违背不了。这真是一件稀奇而幽默的事。我们对爬行、飞行、水里游、四脚走的动物干的所有坏事都能加以原谅，理由也很充足，认为它们不过是遵照了作为上帝法则的自然法则，因此是无辜的。然后我们调转身来看一看，明摆着的事实是，我们所有的坏品性都是从这些动物身上遗传得来的，我们却温文尔雅地说什么我们没有因遗传而有免受惩罚之权，并且说我们有责任无视、取消和破坏这些上帝的法则。我看，这样的议论是站不住的。这不光是有点儿幽默，而且也太滑稽了。

许汝祉　译

---

① 斯坦福·怀特（Stanford White 1853—1906），美国著名建筑师，因生性好色而与多名有夫之妇有染，最后被某妇之夫枪杀，成为 1906 年在美国轰动一时的大案。

人性会改变吗?

[美] 约翰·杜威

约翰·杜威（John Dewey 1859—1952），美国哲学家、教育家、心理学家，重要著作有《哲学之改造》《民主与教育》《自由与文化》《教育哲学》和《人的问题》等。

本文最初发表于 1938 年，后经修改收入文集《人的问题》（1946）。本文其实是一篇政论文，因涉及人性问题，所以先从人性是否会变这一问题入手。为什么会涉及人性问题？因为当时震动世界的俄国革命以及苏联的建立，引发了美国社会的激烈争论：否定俄国革命的人认为，俄国革命（即废除私有制）是有悖人性的，因为千百年来人类社会一直实行的是私有制；赞成俄国革命的人则认为，私有制是有悖人性的（不管它实行了多少年），公有制才合乎人性。对此，本文认为，这两种观点都有失偏颇：人性本身固然是不变的，但人性的"表现形式"（即表现在社会制度、政治制度、经济制度、文化制度、法律制度等方面时）却是从来就有变化的。也就是说，改变制度并不有悖人性，但在何种程度上、用什么手段改变制度，却要合乎当前活着的大多数人的人性（而非某种关于人性的学说或者教条）。所以，本文最后得出的结论是：制度是可以而且是需要改变的，但改变制度的最佳手段是提高社会成员的协商能力和宽容精神，也就是最广义上的教育，而绝不是暴力（如俄国革命那样）。

我可以这样说：凡是对我在本文标题中提出的问题予以否定回答的人，不是在谈论另一个问题，就是对这个问题的回答过于轻率。因为从实际情况看，也就是把这个问题看作具体问题而非理论问题，我认为正确的回答应该是：人性是会改变的。

我所说的具体问题是：人的信仰和行为是否发生过重大的、根本性的改变，以及今后是否仍有可能发生类似的改变。当然，如果是从一种更为基本的观点上看待这个问题，那我们应当承认：在这种意义上，人性是不变的。但我并不想证明，人的固有需要在人类历史上曾发生过改变，或者证明，这种需要在将来、在人类依然居住于地球期间会发生改变。

我所说的"需要"，是指由于人的身体构造而表现出来的固有需要；譬如，对饮食的需要和对行动的需要。这些等于是我们自身存在的一部分，因此不可设想，人在某种情况下会不再有这些需要。还有其他一些不是这样直接属于身体方面的需要，在我看来也似乎是同样植根于人的本性之中；譬如，个体对群体的需要、显示自身能力的需要、互助与争斗的需要、合作与竞争的需要、审美的需要、领导和服从的需要，等等。

上述例子是否恰当并不重要，重要的是必须承认这样一个事实，即：有些倾向是人的本性所固有的；如果这些倾向会改变，本性也就不成其为本性了。这些倾向通常叫作"本能"，而且心理学家现在使用这个词已经比以前更为谨慎了。不过，如何称呼这些倾向并不重要，重要的是必须承认这一事实：人的本性具有固定的构造。

然而，承认了人的本性具有固定构造和不变因素这一事实之后，我们根据这一事实所作出的推论却往往是错误的。我们推论说，这些需要的表现形式也是不变的。由此再推论说，我们习惯了的表现方式，就如这些需要本身一样，都是出于自然而不可改变的。

譬如对食物的需要，如此不可改变，以致我们称抗拒食物的人为疯子。但是，要求或接受何种食物，却是因环境和习俗的影响而形成的一种习惯。对今天的文明人来说，吃人肉是极不自然的，但有些民族过去确曾认为这是很自然的，不仅完全接受，而且还颇为追求。同样，据说（这是可信的），有些人在需要别人帮助时，仍不肯吃别人给他们的美味而有营养的食物，因为他们不习惯吃这些东西；因为在他们看来，这些古怪的食物如此"不自然"，以致他们宁愿挨饿也坚决不吃。

当亚里士多德称奴隶制的存在是基于人的本性时，他不仅是为他自己辩护，还在为一种社会秩序辩护。他认为，想要废除奴隶制就是想改变人的不可改变的本性，肯定是徒劳的。因为在他的看来，不仅做主人的欲望植根于人性，就是做奴隶的人也是出自他们的本性；所以，解放奴隶是有悖人性的。

当有人提倡改良社会或改进现存制度时，常有人说，人性是不可改变的；特别是当提出的建议与现存制度严重对立时，我们更能听到这种论调。如果保守派比较聪明的话，他们应该更多地把习惯性而不应该把人性当作自己的理论根据；他们应该把已经形成的习惯作为抗拒变革的基础。他们应该说，要一只老狗变新戏法是不容易的，要一个社会改变相袭已久的习惯，那就更不容易了。这样的保守主义可能是明智的，它会迫使要求改革的人谨慎行事，考虑到改革会不会使大众感到太突然而难以适应。但是，实际上只有极少数改革是可以用有悖人性来加以反对的。譬如，有人曾要求改革家庭饮食习惯，就是一例；还有人曾提倡建立夫妻不同居社会，而且在一个时期里还真有人去实行，但这样的社会太有悖人性，不可能维持多久。差不多就那么几例社会改革，可以用有悖人性来加以反对。

来看看战争这一传统事物，它是一切传统中最古老、最被重视的传统之一。要求持久和平的努力常常遭到反对，理由是：人在本性上是一种喜欢争斗的动物；既然是本性，就是不可改变的。过去的和平运动屡屡失败，可以用来支持这种理论。然而，和古人认为不可改变的奴隶制一样，战争其实也只是一种社会习惯。

我曾说过，在我看来，争斗性确实是人性的一部分。但我也曾说过，这一人性因素的表现形式是可以改变的，因为它经常受到环境和习俗的影响。战争是争斗本能的一种表现形式，不是争斗本能自身，是由于社会情况和社会势力的导引，才迫使争斗本能表现为战争形式的。

其实，在已知的其他方面，争斗的本能需要也得到过满足；在未知的其他方面，也有可能得到同样的满足。在反对疾病、反对贫穷、反对不安全、反对不公平的运动中，很多人得到了充分的机会表现其争斗倾向。

要人们完全不用相互残杀的方式来满足自己的争斗需要，要人们在反对相互为敌的种种努力中满足自己的争斗需要，或许要到遥远的将来才能实现，因为这很困难。但困难不在于争斗需要的不变性，而在于已有社会习俗的持续性。

与争斗相关的恐惧虽是人性中固有的因素，但怜悯和同情也同样如此。我们"很自然地"用刺刀相互搏杀，用机关枪相互射杀，同时也"很自然地"派医生和护士到战场上去拯救伤员。在古时候，个人的争斗性之所以直接表现为战争，是因为那时的战争多半只是挥拳打架而已，但在今日的战争中，个人的争斗性所起的作用其实非常小：一国的一个公民，不可能本能地仇恨另一国的一个公民；再说，当他们相互攻击时，也不是相互挥拳打架，而是相互根本不见面，从很远的地方用子弹或炮弹相互射杀。就这样的战争而言，愤怒和仇恨是在战争开始后才产生的，是战争的结果，不是战争的原因。

要发动和进行这样的战争是一件很艰难的事情。首先需要激发人们的情感反应，也就是充分利用宣传手段，把敌人描绘得非常残暴；此外，还需要大量有效的组织活动，如在两次世界大战中那样，以维持士兵乃至非战斗人员的士气。所谓士气，很大程度上就是某些达到极端状态的情感；很不幸，恐惧、仇恨、猜疑恰恰是这样一些很容易达到极端状态的情感。

关于现代战争的原因，我不敢贸然判断，但我相信，不会有人否认，战争的原因与其说是心理的，不如说是社会的，尽管要发动战争和进行战争都需要有心理刺激，而且还很重要。我还相信，不会有人否认，在引发战争的社会原因中，经济状况是一个重要因素。但是，不管什么社会原因，我的观点是：它们都属传统、习俗、组织、制度的性质，都是人性的表现形式，不是人性本身；是可以改变的，不是不可改变的。

以上我用战争作为例子，来说明人性中什么是可变因素，什么是不可变因素，以及这两种因素在社会变革中的相互关系。我之所以选择这个例子，是因为这是一个极难加以持续改变的例子，而不是一个很容易发生变化的例子。我主要是想说明：消除战争的种种障碍来自可以改变的社会势力，而不是不可改变的人性因素。和平主义者总是求援于人们的同情心和怜悯心，但又从来没有什么效果，这也足以说明这一事实。因为就如我在前面所说，仁爱之心虽是人性中的一个固有因素，但它的表现形式却要视社会情况而定。

在战时，确实常有仁爱之心的伟大表现。在战时，人们有很强烈的愿望想帮助需要帮助的人，就如我们在大灾难中可以观察到或想象到那样。但是，这种仁爱之心的表现形式却通常局限于己方范围。这种对己方人员的仁爱之心和对敌方人员的愤怒与恐惧，即便不说会同时表现在同一个人身上，至少也会同时表现在同一个社会中。所以，和平主义者求援于人性中的仁爱因素必然不会有什么结果，因为他们没有明智地考虑到，正在起作用的不是人性因素，而是社会势力和经济状况。

威廉·詹姆斯[①]在《战争中的道德因素》一文中曾对此作过

---

① 威廉·詹姆斯（William James 1842—1910），美国本土第一位哲学家和心理学家，也是教育学家，实用主义的倡导者，美国机能主义心理学派创始人之一，也是美国最早的实验心理学家之一。

卓越的表述。此文的题目就隐含着我的观点，即：人的有些基本需要和情感虽是永恒不变的，但它们所采用的表现形式可能会因时因地而完全不同。譬如，当有人建议在经济制度和经济关系方面进行重大改革时，立即就会引起与日俱增激烈争论。虽然关于这类重大改革的建议现在是很常见的，但在另一方面，也常见有人反对这类建议，理由是：这样的改革不可能，因为它有悖人性，想改变人性中不可改变的因素。对于这样的反对意见，改革者通常的回答是：现有制度本身，或者至少是现有制度的某些方面，就是有悖人性的。我认为，反对者和改革者两方面的理由都是错的。

事实是，作为人性的一种表现形式，经济制度和经济关系是最容易改变的。这可以用历史作为最有说服力的证据。譬如亚里士多德认为利息有悖自然的学说，曾在中世纪非常有影响，那时的人认为，不管哪种利息，都是剥削。但是，后来经济制度改变了，不仅付利息成了人人习惯的、很自然的事情，连"剥削"一词也改变词义，有了现在具有的含义。

再譬如，在某些时期和某些地方，土地是公有的，土地私有被认为是不自然的事情；而在另一些时期和另一些地方，全国的财产都属于一个主人，其臣民的财产（如果有一点财产的话）可以由这个主人随意支配。现代金融和工业活动中如此重要的信贷制度，是在近代才建立起来的，还有合股公司和个人有限债务制度的建立，这些都大大地改变了人们关于财产的古老观念。我想，占有欲虽然是人性的固有因素之一，但就此认为1946年的美国私有制度以及它和政治、法律的复杂关系就是这一固有因素的唯一而且不变的表现，那简直就是愚蠢之极的胡思乱想了。

法律是最稳定的一种人类制度，但在立法和司法过程中，它也会时而快、时而慢地发生变化。而且，因法律制度的改变而导致的人际关系的改变会反过来改变人性的表现形式，而这又会进一步导致法律制度的改变，如此循环，以至无穷。

根据上述理由，我认为，凡是视人性为不变、因而指责各种旨意于改变社会的建议都是有悖人性的人，都混淆了人类后天获得的习惯和人类的先天本性。生活在原始状态下的野蛮人比文明人更接近于"自然人"。文明本身就是人性改变的结果。然而，即便是野蛮人，也会因为部落习俗和传统信仰的改变而改变其本性。要使野蛮人变成文明人，困难不在于别的，就在于如何改变他们的习惯。

在另一方面，激进的改革者又往往会忽视习惯势力有多么根深蒂固。在我看来，他们错误地以为，习惯本身没有什么能量，只有直接寓于人性的各种欲望和信仰才是原动力，而习惯不过是被原动力推动后的一种惯性，甚至惰性。然而，在大多数时候，恰恰是习惯，是人的惯性（不是人的本性）维持着事物的运动，不仅过去如此，现在也同样如此。

反之，如果认为人性是不变的，那就根本不需要教育了，就是进行教育也注定要失败。因为教育的本意就是要改变人性，要使人的思维、情感、欲望改变其原始表现而呈现出新的形式。如果认为人性是不可变的，那我们就只能训练人，而不可能教育人。因为训练和教育不同，仅仅是使某些固有的能力发挥出来，使其有一个更高效率的表现，而不是换一种新的形式表现出来

（这才是教育的目的）。再说，训练的结果总是机械的，就如一个音乐家可以通过训练获得更熟练的技能，但不可能使他的音乐提升到一个新的境界。

所以，人性不变的理论是在现存各种理论中是最令人沮丧、最悲观的一种理论。如果贯彻这一理论，将意味着个人的发展在他出生时就已经预先被决定了；这简直比最武断的神学理论还要武断。因为依照这一理论，人在出生时是怎样的，以后也就是怎样的，对此不可能有什么作为，至多只能像体操教练那样训练训练一个人固有的肌肉组织。要是一个人生下来就有犯罪倾向，他将注定是罪犯，而且永远是罪犯；要是一个人生下来就贪婪，他将注定是一个贪得无厌的人；其他可以类推。我并不怀疑人在自然禀赋方面存在着种种差异，但我非常怀疑这样的差异是不是一开始就决定了一个人的表现。要把铁锯子做成丝绒袋确实不可能，但人的某种自然禀赋，譬如音乐天赋，则可能由于环境的影响而有不同的表现形式。如果贝多芬出生在一个野蛮部落里，他很可能会成为一名出色的部落乐师，但绝无可能成为一个写交响乐的贝多芬。

在世界史上，不同的时代、不同的地区曾出现过各种可能的社会制度，这一事实就证明人性是可变的，尽管这并不表明不同的社会制度在物质上、道德上和文化上具有同等价值，对此只需粗略考察一下便可知晓。既然人性被证明是可变的，那就意味着我们对改革社会的建议应该采取何种态度的问题了。这里的问题是：这些建议在何种情况下是可以接受的，在何种情况下是不可接受。要回答这个问题，总的方法就是考查它们会有怎样的结果。只要它们是可以接受的，也就是只要它们的结果是有益的，那么进一步的问题就是，怎样在实现它们时最大限度地避免出现浪费、破坏和脱节等情况。

为了回答这个问题，我们不仅要考虑到现存的传统和习俗的影响力，还要考虑到人们如今的行为和信仰模式。我们不仅要了解哪些已经在起作用的势力可予以加强，从而使其发生可控的变化，同时还要了解反对势力的情况，从而设法使其逐渐削弱。但不管何种情况，都要依据事实，理性地予以考虑。

由于有人认为人性是不可变的，因而断然拒绝改革，这就使改革"行不行"的问题变成了改革"能不能"的问题。由此，问题被引向情绪化和暴力化。结果，有些人受此鼓舞，会认为伟大的社会变革一夜之间就能实现，只要诉诸暴力即可。①

如果研究人性与社会生活的学科能像自然科学那样得到发展，那么它们所关心的一定是怎样最有效地改变人性。问题不再是人性能不能改变，而是它在目前情况下应该如何被改变。这其实是最广义的教育问题。换言之，只有教育才能以最小的代价改变人性。所以，如果对教育加以压制或者歪曲，那不仅会助长那些使社会陷于僵化的势力，还会鼓励那些想改变社会的人使用暴力。

刘文荣　译

---

① 此处指俄国苏维埃革命。

以人类文化为依据的人的定义

[德] 恩斯特·卡西尔

恩斯特·卡西尔（Ernst Cassirer 1874—1945），德国哲学家、新康德主义代表人物、"符号论"首创者，出生于波兰，后入德国籍，二战前移居美国，重要著作有《自由与形式》《神话思维的概念形式》《语言与神话》和《人论》等。

此处辑录的是《人论》（1944）第六章，题目系原书所有。本章的论题是"人的定义"，即：人是什么？对此，本章先依次探讨了历史上三种主要的关于人的定义。首先是古希腊的定义，以柏拉图的观点为代表，认为——人是"政治的动物"。但到了近代，这一定义受到质疑，其中影响最大的是奥古斯特·孔德的实证主义，他认为政治生活只是人的一个方面，而且政治生活是以社会生活为基础的（也就是说，应该把人定义为"社会的动物"。不过，这一定义也受到质疑，即：人在社会生活中究竟以哪一种特性为主要表现？回答是：理性。所以，有人认为应该把人定义为"理性的动物"。然而，理性活动就能代表人类生活的全部吗？不能。）所以，作者认为，应该用"文化"来定义人，即：人是"文化的动物"——这就是本章题名为"以人类文化为依据的人的定义"的缘由。但是，就如作者在第二章中所说，所有的文化形式都是"符号形式"（即"有意味的形式"）。所以，更为精确的定义应该是：人是"创造符号的动物"。

尽管本章并未正式说到"符号"，但要知道，"符号论"是此书的基调，所以在此作一简单说明。

希腊文化与希腊思想的一个转折点，发生于柏拉图对"认识你自己"这句格言作出一种全新意义的解释之时。这种解释引出了一个不仅不同于前苏格拉底思想，而且也远远超出了苏格拉底方法之局限的问题。苏格拉底为了服从特尔斐神①的要求，为了履行自我审查和自我认识的宗教义务，专事探讨个体的人。柏拉图认识到了苏格拉底研究方法的局限性，从而宣称，为了解决人的问题，我们必须把它投射到一个更大的平面图上去。我们在我们的个人经验中所遇到的现象是如此多样、复杂、矛盾，以致我们几乎不可能清理它们。因此，不应当在人的个人生活中而应在人的政治和社会生活中去研究人。根据柏拉图的看法，人类本性就像一篇困难的文章，其意义必须靠哲学来译解。但是，在我们的个人经验中，这篇文章是用非常小的文字写成，因而很难辨认。哲学的最初工作就是必须放大这些文字。哲学只有在已经发展了一种国家理论时，才能给予我们一个令人满意的关于人的理论：人的本性是以大写字母写在国家的本性上的。在国家这里，这篇文章的隐含意义突然显现了出来，原先看上去暧昧含混的，现在变得清晰可辨了。

---

① 特尔斐神，即日神阿波罗，其神谕是"认识你自己"。

但是，政治生活并不就是公共的人类存在的唯一形式。在人类历史中，国家的现有形式乃是文明进程中一个较晚的产物。早在人发现国家这种社会组织形式之前，人就已经作过其他一些尝试去组织他的情感、愿望和思想。这样一些组织化和系统化的工作包含在语言、神话、宗教以及艺术之中。如果我们想要发展人的理论，就必须采纳这种更为宽广的基础。国家无论怎样重要，并不是一切。它不可能表达或囊括人的所有其他活动。诚然，这些活动在其历史进展中是与国家的发展密切相关的，在许多方面它们是依赖于政治生活的形式的；但是，尽管它们并不具有独立的历史存在，却仍然具有它们自己的目的和价值。

在近代哲学中，孔德[①]是最早探讨这个问题并以清晰而系统的方式阐述这个问题的人之一。说来也怪，在这方面我们必须把孔德的实证主义看成是柏拉图关于人的理论的近代翻版。孔德当然从来不是一个柏拉图主义者，他不可能接受柏拉图理念论据以立论的那种逻辑和形而上学的前提。然而，在另一方面，他强烈地反对法国思想家的观点。在他的人类知识等级中，两门新科学——社会伦理学与社会动力学，占据了最高的地位。从这种社会学的观点出发，孔德抨击了他那个时代的个人心理主义。他的哲学的基本格言之一就是：我们研究人的方法确实是主观的，但却不可能是个人的。因为我们想要认识的主体不是个人的意识，而是普遍的主体。如果我们用"人类"一词来指称这个主体，那么我们就必须肯定地说，人类不应当用人来说明，而是人应当

---

① 奥古斯特·孔德，19世纪法国哲学家、社会学和实证主义创始人。

用人类来说明。这个问题必须重新阐述重新考察，必须被安置在更为宽广更为坚实的基础之上。这样的基础我们已经在社会学和历史学的思想中发现了。孔德说："认识你自己，就是认识历史。"从此以后，历史心理学补充和取代了以往一切形式的个人心理学。孔德在一封信中写道："所谓对心灵（它被看成是独立自在的、先天的）所作的观察，都是纯粹的幻觉。我们称为逻辑、形而上学、思想意识的所有那些东西，不是谬论就是毫无根据的幻觉和梦想。"[①]

在孔德的《实证哲学教程》中，我们可以一步一步地追踪到十九世纪在方法论观念上的转折。孔德开始仅仅是一个科学家，他的兴趣明显地全部倾注在数学、物理和化学的问题上。他的人类知识等级的序列是从天文学开始，通过数学、物理学和化学而到生物学。然后，看上去非常突然地，这个次序被倒转了。当我们探讨人类世界时，数学或自然科学的诸原理并没有变得无效，但它们不再是充分的了。社会现象是与物理现象一样从属于同样的规律，然而它们具有不同的和远为复杂的特性。这些现象不应当仅仅根据物理学、化学和生物学来描述。孔德说：

> 在所有的社会现象中，我们都能看见个人的生理学规律的作用；此外还有某些改变它们的作用的情况，这种情况属于诸个体之间的影响——这种影响在一代人影响下一代人的

[①] 孔德《致瓦拉的信》第89页。引自莱维-布律尔《孔德的哲学》，详见该书英译本（伦敦/纽约1903年），第247页以后。——作者原注

人种方面变得尤其复杂。由此可见，我们的社会科学必须来自与个人的生活相关的方面。但另一方面，没有任何理由可以像某些著名生理学家那样去假定，社会物理学仅仅是生理学的一个附属物。这两种现象虽然是同质的，却不是同一的；把这两种科学区分开来，具有极端的重要性。由于社会条件改变了生理学规律的活动，社会物理学必须有它自己的一套观察方法。①

然而，孔德的门生和追随者们却并不打算接受这种区分。他们否认生理学和社会学之间的这种区别，因为他们唯恐承认了这种区别就会导致倒退回形而上学的二元论去。他们的抱负是要建立一个关于社会和文化世界的纯粹自然主义理论。为了达到这个目的，他们发现必须否定和消灭所有那些似乎把人类世界与动物世界分离开来的栅栏。进化论明显地抹去了所有这些区别。甚至在达尔文以前，自然史的进展就已经挫败了作这种区别的所有企图。在较早的经验观察阶段，科学家还有可能怀抱这样一种希望：最终能发现一种人类特有的解剖学特征。迟至十八世纪，人们还普遍认为在人的解剖学结构与其他动物的解剖学结构之间，存在着鲜明的区别，在某些方面甚至存在着尖锐的对立。歌德在比较解剖学领域中的伟大贡献之一正是在于，他与这种理论进行了有力的斗争。但仍然有待证明的是，不仅在解剖学和生理学的

---

① 孔德《实证哲学教程》英译本，纽约，1855年，导言，第2章，第45页以后。——作者原注

结构上存在着同质性，而且在人的智力结构上也存在着同样的同质性。为了这个目的，对旧思维方式的全部攻击就必须集中在一点上：应当得到证明的是，我们所谓的人的智力绝不是一种自我依赖的独特能力。自然主义理论的支持者们可以把以往的感觉主义学派所建立的心理学原理作为自己的论据。丹纳①在一本论人的智力的书中为他关于人类文化的一般理论提出了心理学的基础。② 根据丹纳的看法，我们所说的"智力行为"并不是一种特殊的原则或人类本性的特权；它仅仅是我们在一切动物的反应中都可以看到的同一种联想的机械作用和自动作用之更为精巧而复杂的表现罢了。如果我们接受了这种解释，智力和本能之间的区别就成了可以忽略的；它们就只是程度的区别而不是质的区别。智力本身就成了无用的语词，而从科学上讲就成了无意义的语词。

这一类理论之最令人惊讶和最自相矛盾的特点就在于，在他们答应给予我们的东西和他们实际给予我们的东西之间，有着惊人的悬殊差别。建立这些理论的思想家们对他们的方法论原则是非常严肃的。他们并不满足于根据我们的日常经验来谈论人类本性，因为他们在为一个更高的理想——绝对科学的确定性的理想——而奋斗。但是，如果我们把他们的结果与这个标准相比较，我们不禁大大地失望了。"本能"乃是一个非常含糊的字眼。它或许能有某种描述的价值，但显然不具有任何说明的价

---

① 伊波利特·丹纳，19 世纪法国文艺理论家、史学家，历史文化学派奠基人。
② 丹纳《论智力》，巴黎，1870 年，两卷本。——作者原注

值。把某些有机类或人类现象还原为某些基本的本能，这并没有提出一个新的原因，而只是引入了一个新的名词。我们是提出了一个问题，而不是回答了一个问题。"本能"这个词所给予我们的充其量只是一个"循环论证"，而在大多数情况下则是解释得比原来需要解释的东西更难懂。大多数现代生物学家和生物心理学家甚至在描述动物行为时，对使用"本能"这个词也已变得非常谨慎。他们警告我们要提防与这个词似乎不可摆脱地联结在一起的各种谬误。他们颇有点想避免或抛弃"错误丛生的本能概念和过于简单的智力概念"。罗伯特·耶克斯①在他的一本近作中宣称，"本能"与"智力"这两个词已经过时了，而且它们所代表的概念也亟须重新解释。②但是在人类学哲学的领域，十分明显，我们还远远没有作出任何这样的重新解释。在这里这两个词往往未经批判的分析就被人们简单地接受下来。在这种方式上所使用的本能概念，成了被威廉·詹姆斯③形容为心理学家的谬误的那种典型的方法论错误的一个例子：对于描述动物或人的行为或许不无用处的语词"本能"，被实体化为某种自然力量了。最难以理解的是，犯这种错误的常常是那些在所有其他方面都不会再陷入经院哲学的唯实论或"官能心理学"中去的思想家们。对这种思维方式的一个非常清晰而深刻的批评，可参阅约翰·杜威④的《人类本性与行为》。杜威写道：

---

① 罗伯特·耶克斯，20世纪美国心理学家，曾任美国心理学会主席。
② 《黑猩猩》，第110页。
③ 威廉·詹姆斯，19世纪末、20世纪初美国哲学家、心理学家、教育学家、实用主义倡导者，美国机能主义心理学派创始人之一。
④ 约翰·杜威，20世纪美国实用主义哲学家、教育家。

企图把创造性活动限制于一定数量的、界线分明的本能种类,乃是非科学的。这种企图的实际结果是有害的。当然,分类正如它是合乎自然的那样,也是有用的。无限众多的特殊而变化的事件,都是靠心灵的定义活动、编目活动,以及列举、归纳共同方面和联结成一类等活动才被人认识的。……但是如果我们假定,我们的一览表与分类代表了事物的本性中固定的分离与集合,那么我们就是在阻碍而不是帮助我们与事物打交道。作出一种自然会立即给予惩罚的假定是有罪的。我们会变得没有能力去有效地处理自然和生活中微妙而新奇的事物。……忽略区分与分类的功能而把它们看成是表示了事物本身的特征这种倾向,乃是科学专门化的流行谬误。……这种曾在物理科学中盛行一时的态度,如今在建立人类本性的理论中也起了支配的作用。人已经被归结为一定数量的原始本能的集成;这些原始本能是可以在数量上计算的、按目录分类的、并可以一个接一个而详尽无遗地被论述的。各种理论的区别仅仅或主要是在这种原始本能的数量和等级排列上。有些人说这种原始本能只有一个:自爱;有些人说是两个:利己主义和利他主义;有些人则说是三个:贪婪,恐惧和荣誉;而今天更富经验主义倾向的作者们已经把这个数目激增到了五六十个。但是在事实上,正如对于不同的刺激条件有着许多不同的反应一样,有时候我们的目录表仅仅是为了一种目的而作的分类。①

---

① 杜威《人类本性与行为》,纽约,1922年,第2部分,第5节,第131页。——作者原注

在对回答"人是什么?"这个问题上迄今为止所已经使用过的各种不同方法作了这种简括的评述以后,我们可以来谈谈我们的中心问题了。这些方法是充分而彻底的吗?或者还有另一条通道可以走向人类学哲学?在心理学的内省、生物学的观察和实验,以及历史的研究之外,还有没有其他的途径?在我的《符号形式的哲学》中①,我已经努力揭示了这样一种可供选择的方法。这本书的方法绝不是一种彻底的创新。它并不打算废除而是要补足以往的观点。《符号形式的哲学》是从这样的前提出发的:如果有什么关于人的本性或"本质"的定义的话,那么这种定义只能被理解为一种功能性的定义,而不能是一种实体性的定义。我们不能以任何构成人的形而上学本质的内在原则来给人下定义;我们也不能用可以靠经验的观察来确定的天生能力或本能来给人下定义。人的突出特征,人与众不同的标志,既不是他的形而上学本性也不是他的物理本性,而是人的劳作。正是这种劳作,正是这种人类活动的体系,规定和划定了"人性"的圆周。语言、神话、宗教、艺术、科学、历史,都是这个圆的组成部分和各个扇面。因此,一种"人的哲学"一定是这样一种哲学:它能使我们洞见这些人类活动各自的基本结构,同时又能使我们把这些活动理解为一个有机整体。语言、艺术、神话、宗教绝不是互不相干的任意创造。它们是被一个共同的纽带结合在一起的。但是这个纽带不是一种实体的纽带,如在经院哲学中所想象和形

---

① 《符号形式的哲学》第1卷《语言》(1923);第2卷《神话思维》(1925);第3卷《认识现象学》(1929)。——作者原注

容的那样，而是一种功能的纽带。我们必须深入到这些活动的无数形态和表现之后去寻找的，正是言语、神话、艺术、宗教的这种基本功能。而且在最后的分析中，我们必须力图追溯到一个共同的起源。

显而易见，在执行这个任务时，我们不能忽略任何可能的资料来源。我们必须考察所有可以得到的经验证据，并且利用所有内省的方法、生物学的观察，以及历史的探究方法。这些旧方法并不是要被排除而是被引向一个新的理智中心，而且从此以后被从一种新的角度来看待了——在描述语言、神话、宗教、艺术、科学的结构时，我们总是感到经常需要心理学的专门术语：我们谈论着宗教的"感情"、艺术或神话的"想象"，以及逻辑或理性的"思维"。而没有一个坚实的科学心理学的基础，我们就不可能进入所有这些领域。儿童心理学为我们研究人类言语的一般发展提供了极有价值的线索。更有价值的似乎是我们从普通社会学研究中所得到的帮助：不考虑原始社会的各种形态，我们就不可能理解原始神话思维的形式。而最迫切的仍然是历史方法的使用：关于语言、神话和宗教"是"什么的问题，如果不深入地研究它们的历史发展那就不可能得到回答。

但是，即使有可能对所有这些心理学的、社会学的、历史学的问题都作出回答，我们仍然还只是处在严格的"人的"世界的外围地带，还是没有迈进它的门槛。人的所有劳作都是在特定的历史和社会条件下产生的。但是除非我们能够把握住处在这些劳作之下的普遍的结构原则，我们就决不可能理解这些特定的条件。在我们研究语言、艺术、神话时，意义的问题比历史发展的问题更重要。而且在这里我们也能够弄清在经验科学的方法论概念和观念中的一个缓慢而持续的变化。例如，在语言学中，语言的历史就等于语言学研究的全部领域这种看法很长时间以来一直是一个公认的教义。这个教义在十九世纪的整个语言学发展上打下了它的印记。然而在今天，这种片面性看来已被明确地克服了。

独立的描述分析方法的必要性现在是普遍承认的了。如果没有描述的分析事先提供某种尺度，我们就不可能期望测量人类文化某一特殊分支的深度。这种结构的文化观必须先于单纯的历史观。历史学本身如果没有一个普遍的结构框架，就会在无限大量的无条理的事实面前不知所措，因为只有借助于这种普遍的结构框架，它才能对这些事实进行分类、整理和组织。在艺术史的领域，这样一种框架就被海因利希·沃尔夫林[①]等人所发展。正如沃尔夫林坚决认为的那样，艺术史家如果不拥有某些关于艺术描述的基本范畴，那就一定不能够刻画出不同的时代或不同艺术家的艺术性格。沃尔夫林通过研究和分析艺术表现的不同样式和不同可能性而发现了这些范畴。这种可能性不是无限的；事实上它们可以被归结为很小的数量。正是从这种观点出发，沃尔夫林作出了古典的和巴洛克式的著名描述。在这里，"古典的"和"巴洛克式的"这两个术语并不是用来代表确定历史阶段的名称，而是用来指示并不局限于某一特殊时代的某些普遍结构范式。沃尔

---

① 海因利希·沃尔夫林，19世纪末、20世纪初瑞士美学家、美术史家，西方艺术科学的创始人之一。

夫林在其《艺术史的基本概念》的结尾写道：

> 应当被分析的不是十六和十七世纪的艺术，而只是在这两种情况中构成艺术的框架和形象化的创造的可能性。要说明这些，我们自然只能从个别的艺术品着手，但是，人们对拉斐尔和提香、伦勃朗和委拉士开兹①所作的任何评论都只是想借此阐明事物的普遍进程。……一切事物都是变迁着的，并且对于那种把历史看作是无止境的流逝的人是很难给以答复的。对我们来说，理智的自我保存要求我们应当根据很少的一些效果来给无限的事件分类。②

如果说语言学家和艺术史家为了他们"理智的自我保存"而需要基本的结构范畴的话，那么对于人类文明的哲学描述来说这样的范畴就更加必须了。哲学不能满足于分析人类文化的诸个别形式，它寻求的是一个包括所有个别形式的普遍的综合的概观。但是，这样一种包罗万象的概观难道不是一个不可能的任务，不是一种纯粹的妄想吗？在人类经验中，我们决不可能发现构成文化世界的各种活动处于和谐融洽之中。相反，我们可以看到各种冲突力量的无休止的斗争。科学思想驳斥和压制神话思维。宗教在其最高的理论和伦理发展中不得不捍卫它自己理想的

---

① 拉斐尔和提香，16世纪意大利大画家；伦勃朗和委拉士开兹，17世纪荷兰和西班牙大画家。
② 沃尔夫林《艺术史的基本概念》英译本，伦敦，1932年，第226页以后。——作者原注

纯洁性而反对神话或艺术的无节制幻想。这样，人类文化的统一与和谐似乎至多只是一种"善良的欺骗"而已，它不断地被真实的事件进程所挫败。

　　但是，在这里，我们必须在质料的观点与形式的观点之间作出明显的区别。毫无疑问，人类文化分为各种不同的活动，它们沿着不同的路线进展，追求着不同的目的。如果我们使自己满足于注视这些活动的结果——神话的创作、宗教的仪式与教义、艺术的作品、科学的理论——那么把它们归结为一个公分母似乎就是不可能的。但是，哲学的综合则意味着完全不同的东西。在这里，我们寻求的不是结果的统一性而是活动的统一性；不是产品的统一性而是创造过程的统一性。如果"人性"这个词意味着任何什么东西的话，那么它就是意味着：尽管在它的各种形式中存在着一切的差别和对立，然而这些形式都是在向着一个共同目标而努力。从长远的观点看，一定能发现一个突出的特征、一个普遍的特性——在这种特征和特性之中，所有的形式全都相互一致而和谐起来。如果我们能规定这个特性的话，发散开的射线就可以被集合到一个思想的焦点之中。正如已经指出过的那样，对于人类文化事实的这样一种组织工作，已经在各种特殊科学——语言学、神话与宗教的比较研究、艺术史——中开始了。所有这些科学都在努力追求某些原则，追求确定的范畴，以图借助这种原则和范畴把宗教现象、艺术现象、语言现象纳入到一个系统的秩序中去。要是没有这种由诸科学本身早已从事的综合工作，哲学就会没有出发点。然而，另一方面，哲学不能就此止步。它必须努力获得一种更大的凝聚力和向心力。在神话想象、宗教信条、语言形式、艺术作品的无限复杂化和多样化现象之中，哲学思维揭示出所有这些创造物据以联结在一起的一种普遍功能的统一性。神话、宗教、艺术、语言，甚至科学，现在都被看成是同一主旋律①的众多变奏，而哲学的任务正是要使人听出并听懂这一主旋律。

甘 阳 译

---

① 同一主旋律，即此书的核心观念——人是文化的动物，而文化，就是创造符号。

人
——是羊还是狼?
[美] 埃里希·弗洛姆

埃里希·弗洛姆(Erich Fromm 1900—1980),美国人本主义哲学家、新弗洛伊德主义精神分析心理学家、"精神分析社会学"奠基人之一,重要著作有《逃避自由》《心理分析和宗教信仰》《健全的社会》《爱的艺术》《人心》和《精神分析的危机》等。

本文是《人心》(1964)的第一章,题目为原书所有。弗洛姆的人性论,既不同于传统的基督教人性论,也不同于弗洛伊德对人性的描述,而他之所以被称为"新弗洛伊德主义",就是因为他要用存在主义、甚至马克思主义来"补充"弗洛伊德的学说。因此,在"人——是羊还是狼?"这个问题上,他的回答是:"可能人既是狼又是羊——既不是狼也不是羊。"因为所谓人性或者人的本质,是具体地植根于人的存在中的固有矛盾;因为人性不是一种实体,一种与生俱来的抽象本质——实际上,人的本质是人主动选择、自我塑造的一种过程。基于此,弗洛姆认为,人必须清醒地认识自己的"恶潜能",并主动地作出善的选择,复兴人道主义传统,使人发展为全面人道性的人。否则,人类的未来是没有希望的。

许多人认为人是羊，但也有一些人认为人是狼。双方都能为自己的见解找出合适的论据。认为人是羊的那些人定会指出这样的事实：人们容易受影响去做那些命令他们去做的事情，即使这样做对他们自己有害处；他们追随他们的领袖进入战争，而战争给他们带来的只有毁灭；他们相信各种胡说八道，只要那些话伴有足够的法律效力并受到权力的支持——不管是牧师或国王的严厉威胁，还是隐藏的或并不隐藏的劝说家们的温和话语。大多数人似乎都是易受暗示的半清醒的孩童，情愿使自己的意志屈服于任何以足够威胁或足够甜蜜的话语来支配他们的人。的确，深信自己能够十分有力的抵住大众的异议的人是常规的例外，这种人常常要在几个世纪以后才受到称赞，而多半要被其同代人嘲笑。

正是基于人是羊这一假定，宗教裁判官们①和独裁者们建立了他们的制度。不仅如此，正是由于人是羊，因此需要领袖来为他们做决策这种信念，经常使得领袖们真诚的确信：如果他们是领袖，为人减除了责任和自由的累赘，如果他们给人以人想要的东西，那么，他们就是在履行一项道德义务——哪怕是一项悲剧性的义务。

但是，如果大多数人都是羊的话，那么为什么人的生活如此不同于羊的生活呢？人的历史是用血写成的；这是一个暴力行为

---

① 指欧洲中世纪的宗教裁判。

接连不断的历史，其中暴力几乎一直被用来屈服人的意志。难道是塔拉特帕夏①独自灭绝了几百万亚美尼亚人吗？难道是希特勒独自灭绝了几百万犹太人吗？不！他们绝不是单枪匹马的，他们拥有成千上万的人——这些人不仅心甘情愿，而且带有快乐——为他们杀人、为他们拷打。在无情的交战中，在谋杀和强奸中，在强者对弱者的无情剥削中，在对于受摧残受奴役的人的悲叹常常置若罔闻、无动于衷的事实中——难道我们没有看见这些到处存在的人对人的残暴？所有这些事实，致使霍布斯②那样的思想家作出结论：人对人是狼；还使得我们今天的许多人假定：人在本性上是邪恶的和破坏性的，他是一个杀人者，只是因为惧怕更为强大的杀人者，他才不能去搞这种他所特别喜爱的娱乐。

然而，双方的论据都使我们感到迷惑不解。我们可以亲自了解一些潜在的或明显的杀人者和虐待狂，他们像希特勒那样铁面无情，这是事实。但是，他们都是常规的例外。莫非我们应该假定你、我以及大多数凡人都是披着羊皮的狼吗？莫非一旦我们摆脱了那些一直阻止我们像野兽一般行动的约束，我们的"真实本性"就会暴露无遗了吗？这种假定难以否认，但也不能完全令人信服。在日常生活中，人们有无数的机会可以纵行残暴和施虐时则产生一定的反感。

那么，我们这里论述这一令人迷惑的矛盾是否还有一个更好的解释呢？我们是否应该假定有少数狼与多数羊在一起生活：狼

---

① 塔拉特是20世纪初青年土耳其党人的三巨头之一，帕夏是土耳其等国高级官衔。
② 霍布斯，17世纪英国政治哲学家，"人性恶"理论的主要代表。

要杀人，羊需要跟随。于是，狼使得羊去杀人、去谋杀、去扼杀；羊的遵从并不是因为他们欣赏这样做，而是因为他们需要跟随；尽管这样，杀人者还要编造一些故事，以示他们有高尚的理由：防御对自由的威胁，为被杀害的儿童、被强奸的妇女和被玷污的荣誉复仇，从而使得大多数羊都像狼一样行动。这一答案初听起来似乎有理，但仍然留有许多疑问。他是否含有这样的意思：仿佛存在两种人类——狼性人类和羊性人类？而且，如果从本性上说羊不能像狼那样行动，那么，即使狼向羊表明暴力是一项神圣的义务，羊又怎么能够那么易于接受劝告而像狼一样行动呢？我们关于狼和羊的假定可能是站不住脚的；或许下述说法终究是真实的：狼代表人的本性的本质方面，只是比大多数人所显示的更为明显；最后，抑或所有的选择都是错误的，可能人既是狼又是羊——或者既不是狼也不是羊。

在今天，当一些国家考虑使用最大的毁灭武器来灭绝他们的"敌人"，似乎并不害怕连他们自己都有在大屠杀中遭到灭绝的可能时，对这些问题的回答极为重要。如果我们确信人的本性固有破坏的倾向，使用武力和暴力这种需要乃根源于此，那么我们对于不断增长的兽性行为的抵制将会变得越来越弱。如果我们都是狼，就算有些人比另一些人更像狼，我们又有什么理由要抵制狼呢？

人是狼还是羊这个问题，只是一个问题的特殊表达；从其更广泛和更一般的方面来讲，这个问题一直是西方神学思想和哲学思想的最基本问题之一：人基本上是恶毒或堕落的、还是善的或可完善的？《旧约》并没有采取人基本上是堕落的这种主张。亚当和夏娃对上帝的不服从①并没有被称作罪恶，而且没有任何地方提示这种不服从已经使人堕落。相反，这种不服从是人具有自我意识和选择能力的条件，因而归根到底，这第一次不服从行动是人迈向自由的第一步。他们的不服从甚至属于上帝的计划之内，因为根据先知的看法，恰恰因为人被逐出伊甸园，他才能够创造他自己的历史，发挥他自己的才能，并且作为一个得到充分发展的个体与他人和自然达到新的和谐，而不像以前当他尚未成为一个个体时所达到的那种和谐。先知们的救世主思想当然包含着人基本上并不堕落的看法，没有上帝恩赐的任何特殊行动，人也能够得到拯救。但这并不意味着这种为善的潜能必然获胜。如果人作恶，他就会变得更恶。因而，暴君的心因为持续作恶而变得冷酷无情，直至不可能有什么改变或忏悔的程度。《旧约》所提供的作恶的例证至少同行善的例证一样多，甚至像大卫王②那样备受称赞的人物也未能从作恶者的名单中免除。《旧约》中的看法是，人有两种能力——行善的能力和作恶的能力，人必须在善与恶、福与祸、生与死之间做出抉择。连上帝都不干预人的抉择；只是通过派遣他的使者——先知——进行帮助：讲授实现善行的规范，辨别邪恶，并进行警告和抗议。因此，人的善行和作恶这"两种努力"被单独地留待于人，由人独自作出决策。

　　基督教有不同的发展。在基督教教会的发展过程中，亚当的

---

① 指亚当和夏娃偷吃禁果，因而使人类生而有罪。
② 大卫王，《圣经》人物，传为古希伯来国王。

不服从被设想为罪恶。而且实际情形是,这种罪恶严重到使他的本性堕落的程度,而且他的所有后代都带有这种罪恶,因而人依靠自己的努力永远不能摆脱这种堕落。只有上帝的恩赐行动,为人而死的基督的出现,才能根除人的堕落并且救赎那些接受基督的人们。

但在教会中绝不是没有人反对原罪教义的。贝拉基①曾攻击它,但失败了;文艺复兴时期教会内部的人文主义者们常常削弱它,但他们不能直接地攻击或否定它,而许多异教徒恰好就是那样做的。不同的是,路德②对于人的内在的恶性和堕落持有一种更为激进的看法,而文艺复兴时期和其后的启蒙时代的思想家们则在相反的方面上迈出显著的一步。后者声称,人的邪恶只是环境的结果,因此,人并不是真的在做选择。他们认为,改变造成邪恶的环境,人的原善将会近乎自动地涌现出来。马克思和他的继承者们的思想也带有这种看法的色彩。实际上,对人的善性的信任是人产生了新的自我信心的结果,这种自我信心根源于文艺复兴以来所取得的巨大经济进步和政治进步。相反,西方的道德破产始于第一次世界大战,经过希特勒、考文垂③和广岛④,直到现在为全世界的灭绝所作的准备,再次引发了人们对人的作恶嗜好的强调。这一新的强调对于过低估计人的内在邪恶潜能的人是一丸有益于健康的校正药——但他常常被用以嘲笑那些尚未对

---

① 贝拉基,约4世纪末、5世纪初基督教神学家,反对原罪教义。
② 马丁·路德,16世纪欧洲宗教改革家。
③ 考文垂,英国城市,二战时遭德军轰炸,几被摧毁。
④ 广岛,日本城市,二战时首遭美军原子弹轰炸。

人失去信心的人，而这种嘲笑有时是由于误解甚至曲解了他们的见解时引起的。

因为我的看法经常被误解为低估了人内在的恶潜能，所以我要强调，那种情感上的乐观主义并不是我的思想基调。对于任何具有长期心理分析临床经验的人们来说，实在难以轻视人内部的破坏力。在严重的病人身上，看到了这些力在起作用，并体验到阻止他们或把他们的能量引导到建设性方向上的巨大困难。同样，对于已经目睹了从第一次世界大战开始以来邪恶和破坏的爆炸般迸发的任何人来说，不会看不到人的破坏力量及其强度。但存在着这种危险：无能为力的感觉攫住了当今人们的心——不论是普通人还是知识分子，随着日益增加的破坏力量，这种感觉可能导致人们接受关于堕落和原罪的一种新观念，使得下述失败主义的看法合理化：战争无法避免，因为它是人的本性的破坏性的结果。这种看法有时以其微妙的现实主义自夸，但基于两个理由来看它并不是现实主义的。首先，破坏性努力的强度绝不包含着他们是不可战胜的甚或是占统治地位的。第二，这一看法的谬误在于它的前提：战争主要是心理力量的结果。实际上，要理解社会现象和政治现象，几乎没有必要长时间地细想这种"心理主义"谬误。战争是政治的、军事的和商业的领导人为了获得领土、自然资源和贸易优势，为了抵制另一个政权对他们的国家安全的真正的或自称的威胁，或者出于提高他们自身的威望和荣誉的缘故而做出决策的结果。这些领导人与普通人并没有什么不同：他们自私，几乎不能为了他人而放弃自己的利益；但他们既不残暴也不恶毒。这些人在日常生活中大抵多做好事而不造成危害，但当他们掌握了政权，他们能够统帅亿万人并控制最有破坏力的武器时，他们就可能造成巨大的危害。在公民生活中，他们可能消灭一个竞争者；但在我们强有力的和集权的国家世界中（"集权的"意思是不服从对集权国家进行限制的任何道德法律），他们可能毁灭整个人类。人类的主要危险是普通人具有非凡的权力——而不是嗜恶者或虐待狂。但是，恰似人要打仗需要武器一样，为了使亿万人甘冒其生命危险成为谋杀者，人需要憎恨、愤慨、破坏和恐惧的激情。这些激情是进行战争的必要条件，但它们不是战争的原因，如同枪炮和炸弹本身不是战争的原因一样。许多评论家评论说，核战争在这方面不同于传统的战争。一个核弹头就会杀死成千上万的人；而摁下电钮发射核导弹的人几乎不会有士兵用他的刺刀或枪械杀人时的体验。但是，即使发射核武器的行动从自觉意识上讲只是重视的服从命令，但还是存有这样一个问题：在人格的较深层次里，即使不一定存在着破坏性的冲动，是否也一定存在着一种对生命的深沉的漠视，因而才使得这种行动成为可能呢？

我将选择三种现象——依我之见，这三种现象形成人格定向的最恶毒和最危险的形式的基础，它们就是：爱死、恶性自恋和乱伦共生固恋。这三种定向结合起来形成"衰败综合征"，它促使人们为破坏而破坏，为憎恨而憎恨。相对于"衰败综合征"，我将描述"成长综合征"，它是由爱生（相对于爱死）、爱人（相对于自恋）和独立性（相对于乱伦共生固恋）所组成。两种"综合症"中的某一种得到充分发展的只是少数人。但并不否定每个人都在他所选定点方向上发展：生的方向或死的方向；善的方向或恶的方向。①

陈晓诚　译

---

① 本文是《人心》的第一章，此后的章节就是论述"爱死、恶性自恋和乱伦共生固恋"这三种心理现象。所谓"爱死"，是指一种消极情绪、杀人愿望、对暴力的崇拜、对死尸和虐待的兴趣。爱死的人憎恨生活，希望回到无知和动物的原始生活中去，并把人的价值视为物的价值。所谓"恶性自恋"，是指一种极度扭曲的自恋现象，会使人成为虚伪的自我中心主义者，使人的行动相悖于群体的生存原则。所谓"乱伦共生固恋"，即恶性恋母情结，表现为希望永远像婴儿那样被爱，有一种返回子宫的欲望，从而不仅导致曲解理性，不能客观评价自己和他人，而且还失去人的全部独立性和完整性。弗洛姆认为，如果这三种恶性心理现象集结在一个人身上，这个人就具有"衰败综合征"，就会构成最危险和最恶毒的人格定向。与此相对应的三种心理现象，则是"爱生、爱和独立性"；如果这三种心理现象集结在一个人身上，这个人就具有"成长综合征"，这是一种健全的、具有创造性的人格定向。——编者注

性善说与性恶说

[英]阿诺德·汤因比　　[日]池田大作

阿诺德·汤因比（Arnold Toynbee 1889—1975），英国历史学家，被誉为"近世以来最伟大的历史学家"。重要著作有《历史研究》《人类与大地母亲：一部叙事体世界历史》《经受着考验的文明》《世界和西方》《人类必须抉择》和《汤因比论汤因比》等。

池田大作（1928—），日本著名宗教家、作家、摄影家，曾任日本创价学会会长，曾获联合国和平奖。

1973年，汤因比与池田大作曾就人类社会和当代世界问题进行过一次探讨，似乎有东西方对话的意思。对话录先后出版过英文、日文、德文、法文、西班牙文等多种译本。中译本出版于1984年，取名为《展望21世纪——汤因比、池田大作对话录》。本文即其中第3编第3章的第1节，题目为原书所有。

在这一节里，主要谈了三个问题：（一）关于人性善恶的问题。对此，两人都认为，人性中善恶是并存的，任何人都有潜在的"善能"和"恶能"。（二）关于现实生活中的善恶问题。对此，两人也都认为，现代社会存在着道德危机，似乎技术水平越发展，道德水平越下降。这是巧合？还是两者之间真有关联？很值得思考。（三）关于道德能否改善的问题。这是对未来（即21世纪）的展望。对此，汤因比似乎比较悲观，认为大多数人还没有为此作出必要的努力；池田则相对乐观一点，认为现代社会的道德危机、生存危机是人类自己招致的，因而"解决这个危机的钥匙也掌握在人类自己手中"。如今，已是21世纪了，情况如何呢？读者不妨自己作个判断。

池田：我想谈一下人的本性是善还是恶这个问题，自古以来，就有很多人对这个问题进行过各种形式的争论。众所周知，在中国的儒教思想中，就有两种相互对立的观点：荀子主张"性恶说"，而孟子则主张"性善说"。基督教主张"原罪说"，这种观点很接近于性恶说。而卢梭①的思想则很接近于性善说。从性恶说的观点来看，应该从外界来约束人性；而性善说则极力排斥来自外界的约束，强调听其自然。但我认为人的本性既非善，也非恶，而是两者兼而有之。

汤因比：我也一直认为人的本性是不能从本质上截然分为善与恶的。人性能成为善的，也能成为恶的。在我们的经验范围内，随便找一个人，他的本性中都混杂着善与恶。当然，其所占比例是因人而异的。但通常人性中，在某种程度上，是善恶并存

---

① 卢梭，18世纪法国启蒙思想家，其学说核心是"返回自然"；既然崇尚自然，也就当然认为人性本是善的，因为人的本性源于自然。

的。在现实中大概是没有绝对的善人，或绝对的恶人。

池田：佛教也认为，在生命中是善恶并存的。就连在佛这一最高人格中，也包含着善与恶。既然在人性中善恶并存，那么就应重视使人性中善的一面，得以自由发展，而对恶的一面，必须加以抑制，但不能靠社会强制力量。我认为这种想法是很重要的。

汤因比：人性中善恶并存，我想大概是产生于生物和宇宙之间的关系。生物一方面从宇宙万物中分离出来，另一方面又和宇宙万物相连接着。这种关系就使人具有选择态度和行动的余地。人是可以支配和利用宇宙万物的。就是说，也可能把自己置于宇宙的中心，以此作为自己存在的理由。只要放纵这种欲望，人的行为就要变成恶的。反过来，人也可以为宇宙万物献身，不是为自己，而是为万物服务。只要顺应爱这种愿望，人的行为就会成为善的。我们每个人从自己的经验中，或别人的经验中，都能看到一切人都被这两种冲动不断地纠缠着。这样的纠缠从自己有意识时开始，一直到老糊涂以致死去才终结。

池田：在内心纠葛当中，能使人做到博士所说的"爱的欲望"战胜"贪欲"的，只有道德和伦理，而更根本的是宗教。如果再具体一点的话，尽管情况十分简单，但一般人总是怀有一个根深蒂固的疑问，即"谁都知道不许杀人，然而，杀人的事为什么火绝不了"这样一个简单问题。再细一点说，也就是这样一个疑问："人人都知道不许做不道德的事，而为什么不道德的事却杜绝不了呢？"当然，可以通过学校、父母以及书籍等教育，把一些有关道德的知识，灌输给比较年轻的人。然而，道德知识并不能直接变为行动的规范。常常仍然发生一些违反道德知识的行动。其理由就是，人的行动是顺应理性的，同样或在更大程度上是受感情所支配的。因此，常有感情伤害伦理观念的情况。这些伦理观念，主要是以理性为基础的。对构成感情基础的东西，从本质上进行深入一步的探索，我想就会发现有利己主义。也就是说，虽知"善"，而做不到；或者虽知恶，却做了坏事。之所以如此，归根结底都是由于把"爱护自己"置于第一位的结果。这里所说的"自己"，还可以进一步扩大到家族、同胞、民族和国家的范围。

汤因比：每个活着的人，他内心的能源——因而也是更高级的精神能源——按我的信念来说，就是"终极的精神之存在"。但是，从这个能源发出的能量，通过每个人的自我这一从宇宙分离出来的生命，被赋予了方向性。这种能量通过这样的自我，可以用于善的目的，也可以用于恶的目的。因此，对这个特定的生物——即人——来说，所谓善恶就成了以人的同胞、人以外的生物，以及宇宙全体为对象的善恶了。自我的本性就是要统治和利用自己以外的宇宙。当然，自我还可以与此相反，为他人和他事而献身。但是，走利他主义的道路（与利己主义相反），如同学习绝技一样困难。

池田：为使道德知识直接成为行动的规范，要以自觉驾驭自我为前提。通过社会制裁，即或有效，也不是完善的。比如，杀人行为，任何国家都施以重刑，加以制裁，可是此类案件仍不绝迹，就说明了这一点。

汤因比：利他主义是通过自我修养、自我克制、自我否定，甚至必要时自我牺牲的道路，才能实现。违背良心做坏事是容易的。然而，只要不否定自己，想完全打消欲望是不可能的。使自己的欲望转向完美的爱和献身的道路，是极为困难的。

池田：我也有此同感。很多有心人，为了战胜自己的利己主义，作了很多的努力。其中，有些人确实做到了；有些人在为了抛弃一切欲望而寻求生路；也有些人想用博爱去克服自己的利己主义。我不否定这些人是人类精神史上的伟大明灯。但是，能够做到的人终归是有限的少数。严重问题就在这里。虽说是博爱，但其本身也和其他道德规范一样，对大多数人来说，只停留于知识上。现实生活中被自我愚弄的事多得很。

汤因比：如您所指，迄今为止，只想完全消除欲望、把自己的全部献身于爱的人，也是人类中的少数。因此，人与人的关系构成的网状组织——人类社会，若用良心确立的众人的行动规范来衡量，其不道德程度，已近似悲剧。而且，社会管理也很糟糕。人类道德行为的平均水平至今仍没提高。所以，在道德上说文明社会比原始社会高出一头，是完全没有根据的。跟过去旧石器时代前期的社会相比，跟至今仍完全保持着旧石器时代的社会相比，也没有任何提高。我们通常称之为文明的"进步"，始终不过是技术和科学的提高，还有使用非人格的力量的提高。这跟道德上（即伦理上）的提高，不能相提并论。技术每提高一步，力量就增大一分。这种力量可以用于善恶两个方面。技术产生这种力量，以空前之势，增大到空前阶段。这已成为现代社会的特征，是最值得警惕的。在这种情况下，人们使用这种飞速增大起来的力量，他们的道德行为的水平，不仅依然如故，实际上或许还在降低。

池田：我也有同感。人的道德水平，随着技术的进步反而有所降低。这是由于人的愚蠢造成的。人们有一种错觉，以为从技术进步所得的力量，可以代替道德所完成的任务。我认为从这种错觉中解脱出来，是解决人们自己招致的现代危机的出发点。

汤因比：我们发觉这种力量跟伦理行为水平之间的鸿沟越来越宽。原子能进一步加深了这种鸿沟。就是说，人类发现核分裂、核聚合这一技术，立即把它用于恶的方面。已有两颗旧式原子弹投到广岛和长崎。后来又储存了改良的原子武器（如果可以这样说的话）。现在的威力已经达到人类能够把地球上的全部生物消灭几次的程度。在这样的原子时代，人们除了把自己品行的水平提高到过去佛陀和阿西西的圣弗朗西斯①实际达到的水平之外，是很难找到避免集体自杀道路的。2500年以来，高级宗教和高级哲学的创始人以及后来的讲解人，都清楚地说明了为免于人类自己灭亡，尤其在原子能时代，每人必须遵守的行动规范。然而，实践这种高度的行为规范的人仅仅是极少数。大多数人虽然承认这些规范是正确的，但让人遵守它，毕竟是难以指望的，而只能作为"完美道德的劝世良言"。

池田：对大多数人来说，要完全做到克制自己是极为困难的。妨碍克制自己的力量，是属于比欲望等意识的领域更深的东西。因此，克制自己是十分艰难的，简单地把它归结为缺乏毅力

---

① 阿西西的圣弗朗西斯，12世纪末、13世纪初意大利圣徒，出生于意大利阿西西，天主教方济各会（也译"弗朗西斯会"）创始人。

的说法是不恰当的。如果妨碍克制自己的东西在意识底层，那么也要从这意识底层去寻找克制自己的力量。我相信所有的人，都存在着完成这项艰难工作的潜力。问题在于如何把这种潜在能力引导出来。

汤因比：刚才我说的"完美道德的劝世良言"，确是现在人类生存不可缺少的条件。这是因为人类只集中力量于技术效率的提高，盲目地过早闯入原子能时代。一般可以认为，谁都具有成为圣人的能力。的确，如果不能应付原子能时代这样的道德挑战，其代价恐怕是人类本身的灭亡——这种认识也在扩大。然而，人类的大多数，能否相应地在精神上作出必要的艰苦努力呢？似乎还没有。作为结论，可以这样说，自从人类在大自然中的地位处于优势以来，人类的生存没有比今天再危险的时代了。这种对人类生存的威胁，是人类自己招致的。如果人把自己的技术滥用于利己主义、邪门歪道和罪恶目的，那就有致命的危险。正因如此，它才远比地震、火山爆发、暴风、洪水、干旱、病毒、细菌，还有鲨鱼和猛虎，更加危险。

池田：您说得很对。现代人类生存的危机是自己招致的。因此，解决这个危机的钥匙也掌握在人类自己手中。总之，如何把道德知识付诸实践，这个问题的核心就在如何处理人的自我问题。消除自我是不可能的。因此，要正确地看待它，有时要积极地运用它，有时要抑制它。这样自觉地进行控制，才是真正把道德知识付诸行动的良好办法。那么，怎样才能做到呢？只是作为一种知识来传授和普及，当然不成。要从一个人的意识深处加以要求，对人进行全面彻底的改造。当然，这不能靠外来力量去强制，而要靠本人追求品德高尚的意志。至少这样的哲学，必须对信守这种哲学的人，赋予实现自我改造的足够的力量。我所说的人的革命，就是这种对人的全面彻底的改造。

荀春生　译

中国篇

告子（上）

孟轲

孟轲（前372—前289），尊称"孟子"，战国时鲁国人，儒家宗师，有"亚圣"之称，与孔子合称为"孔孟"；有《孟子》七篇传世。

本文是孟子性善论的代表作，其主要观点是：人性本是善的，至于不善（恶），那不是人性固有的，而是人为造成的。（文中原话是："乃若其情，则可以为善矣，乃所谓善也。若夫为不善，非才之罪也。"）那么，为什么说人性本善呢？回答是："恻隐之心，人皆有之；羞恶之心，人皆有之；恭敬之心，人皆有之；是非之心，人皆有。恻隐之心，仁也；羞恶之心，义也；恭敬之心，礼也；是非之心，智也。"也就是说，仁、义、礼、智，就是善，而"仁、义、礼、智，非由外铄我也，我固有之也，弗思耳矣"——这才是本文的真正要点，即强调：仁、义、礼、智，就是人性本身，是不可改变的。而仁、义、礼、智，正是孟子道德政治论的核心所在。

至于孟子所说的人性本善，那是不必认真的，因为这里有一个明显的漏洞：既然人性本善，那么恶又从何而来？说是人为的，那么这"人"又凭什么而"为"？如果不是凭仁、义、礼、智而"为"，那又凭什么而"为"？这或许是现代心理学的问题，所以不必责难两千多年前的孟子。

一

告子①曰:"性犹杞柳②也,义犹桮棬③也,以人性为仁义,犹以杞柳为桮棬。"(【参考译文】告子说:"本性犹如杞柳,义理犹如杯盂,凭借人的本性成就仁义,犹如用杞柳制作杯盂。")

孟子曰:"子能顺杞柳之性而以为桮棬乎,将戕贼杞柳而后以为桮棬也,如将戕贼④杞柳而以为桮棬,则亦将戕贼人以为仁义欤?率天下之人而祸仁义者,必子之言夫!"(【参考译文】孟子说:"你是顺着杞柳的本性来制作杯盂呢,还是要毁伤杞柳的本性来制作杯盂,如果要毁伤杞柳的本性来制作杯盂,那也要毁伤人的本性来成就仁义?放任天下之人损害仁义的,必定是你的言论!")

二

告子曰:"性犹湍水⑤也,决诸东方则东流,决诸西方则西流。人性之无分于善不善也,犹水之无分于东西也。"(【参考译文】告子说:"本性犹如急流,冲开东面就向东流,冲开西面就向西流。人的本性没有善、不善的分别,犹如水没有东西流的分别。")

---

① 据《墨子·公孟》的记载,告子是墨子的晚辈而年长于孟子。
② 杞柳:杨柳科植物,落叶丛生灌木,枝条柔软,去皮晒干后可编器物。
③ 桮[bēi]棬[quān]:桮同"杯",是盘、盆、盂、盏等器物的通称。棬是杯器未经雕饰的坯胎。
④ 戕[qiāng]贼:毁伤。
⑤ 湍:《说文》云:"急濑也。"又,朱熹《集注》云:"波流潆回之貌也。"

孟子曰："水信无分于东西，无分于上下乎？人性之善也，犹水之就下也。人无有不善，水无有不下。今夫水，搏①而跃之，可使过颡②；激③而行之，可使在山。是岂水之性哉？其势则然也。人之可使为不善，其性亦犹是也。"（【参考译文】孟子说："水确实没有东西流的分别，但没有上下流的分别吗？人的本性趋向善，犹如水趋向下流。人没有不善的，水没有不向下的。如果水受拍打而飞溅起来，能使它高过额头；堵住通道而让水倒行，能使它流上山冈。这难道是水的本性吗？乃是情势如此。人之所以能使他做出不善的行为，其本性也犹如这样受到了逼迫。"）

三

告子曰："生之谓性④。"（【参考译文】告子说："天生的叫做本性。"）

孟子曰："生之谓性也，犹白之谓白欤？"（【参考译文】孟子说："天生的叫做本性，犹如白的叫做白吗？"）

曰："然。"（【参考译文】告子说："是的。"）

"白羽之白也犹白雪之白，白雪之白犹自玉之白欤？"（【参考译文】孟子说："白羽毛的白犹如白雪的白，白雪的白犹如白玉的白吗？"）

曰："然。"（【参考译文】告子说："是的。"）

"然则犬之性犹牛之性，牛之性犹人之性欤？"（【参考译文】孟子说："那么，狗的本性犹如牛的本性，牛的本性犹如人的本性吗？"）

---

① 搏：拍击。
② 颡[sǎng]：额头。
③ 激：堵住水流使之水位提高。
④ 生之谓性：赵注云："凡物生同类者皆同性。"朱熹《集注》云："生，指人物之所以知觉、运动者而言。"《荀子·正名》云："生之所以然者谓之性。"

告子（上） | 139

四

告子曰："食色，性也。仁，内也，非外也；义，外也，非内也。"(【参考译文】告子说："饮食、性欲是本性。仁是内在的，不是外在的；义是外在的，不是内在的。")

孟子曰："何以谓仁内义外也？"(【参考译文】孟子说："为什么说仁是内在的、义是外在的呢？")

曰："彼长而我长之，非有长于我也，犹彼白而我白之，从其白于外也，故谓之外也。"(【参考译文】告子说："他年长，我尊敬他，他并不就是我的长辈了，犹如那东西白而我把它作为白的东西，是随着它外表的白，所以说义是外在的。")

曰："异于白①，马之白也无以异于白人之白也，不识长马之长也，无以异于长人之长欤？且谓长者义乎，长之者义乎？"(【参考译文】孟子说："尊敬不同于白色，白马的白和白人的白没有什么不同，不知道对老马的爱惜和对长者的尊敬也没有什么不同吗？而且你是说长者义呢，还是尊敬他的人义呢？")

曰："吾弟则爱之，秦人之弟则不爱也，是以我为悦者也，故谓之内；长楚人之长，亦长吾之长，是以长为悦者也，故谓之外也。"(【参考译文】告子说："我的弟弟就爱护，秦人的弟弟就不爱护了，是以我作为乐意的标准，所以说仁是内在的；尊敬楚人的长者，也尊敬我的长辈，

---

① 异于白：朱熹《集注》引张氏说云："'异于'两字疑衍。"俞樾《古书疑义举例·以一字作两读例》谓此句中最前之"白"字当重读，全句读作"异于白，白马之白也无以异于白人之白也"，"如此则文义自明，亦不必疑其有阙文矣。"其说甚洽，此处标点、译文均从之。

是以长者作为乐意的标准,所以说义是外在的。")

曰:"嗜秦之炙①无以异于嗜吾炙,夫物则亦有然者也,然则嗜炙亦有外欤?"(【参考译文】孟子说:"嗜好秦人的烤肉和嗜好我的烤肉没有什么不同,事物也有这样的情形,那么嗜好烤肉也是外在的吗?")

五

孟季子②问公都子曰:"何以义内也?"(【参考译文】孟季子问公都子说:"为什么说义是内在的呢?")

曰:"行吾敬,故谓之内也。"(【参考译文】公都子说:"它施行我的敬意,所以说是内在的。")

"乡人长于伯兄一岁,则谁敬?"(【参考译文】孟季子说:"乡里人比兄长大一岁,你敬谁?")

曰:"敬兄。"(【参考译文】公都子说:"敬重兄长。")

"酌则谁先?"(【参考译文】孟季子说:"饮酒给谁先斟呢?")

曰:"先酌乡人。"(【参考译文】公都子说:"先斟乡里人。")

"所敬在此,所长在彼,果在外,非由内也。"(【参考译文】孟季子说:"所敬的是兄长,所尊的是乡里人,可见义毕竟是外在的,不是由内发出的。")

公都子不能答,以告孟子。(【参考译文】公都子不能应答,把这事告诉了孟子。)

---

① 嗜:喜好(吃)。炙:烤肉。
② 孟季子:或谓此处之孟季子乃本书《公孙丑下》篇中孟仲子之弟。然赵注宣称"季子"而无"孟",故前人疑原文中本无"孟",季子乃别是一人,或即本书《告子下》中之季任。

孟子曰："敬叔父乎，敬弟乎？彼将曰'敬叔父'。曰'弟为尸①，则谁敬'，彼将曰'敬弟'。子曰'恶在其敬叔父也'，彼将曰'在位故也'。子亦曰'在位故也，庸敬在兄，斯须②之敬在乡人'。"（【参考译文】孟子说："敬叔父，还是敬弟弟呢？他会说'敬叔父'。你说'弟弟担任了受祭的尸，那敬谁呢'，他会说'敬弟弟'。你说'那么叔父敬在哪儿呢'，他会说'这是因为弟弟处在尸位的缘故'。你也说'因为所处地位的缘故，平常该敬兄长，那一会儿该敬乡里人'。"）

季子闻之，曰："敬叔父则敬，敬弟则敬，果在外，非由内也。"（【参考译文】孟季子听了，说："要敬重叔父的时候就敬重叔父，要敬重弟弟的时候就敬重弟弟，可见义毕竟是外在的，不是由内发出的。"）

公都子曰："冬日则饮汤③，夏日则饮水，然则饮食亦在外也？"（【参考译文】公都子说："冬天喝热水，夏天喝凉水，那么饮食也是外在的吗？"）

六

公都子曰："告子曰：'性无善无不善也。'或曰：'性可以为善，可以为不善。是故文、武兴，则民好善；幽、厉兴，则民好暴。'或曰：'有性善，有性不善。是故以尧为君而有象，以瞽瞍为父而有舜，以纣为兄之子且以为君而有微子启、王子比干。'今曰性善，然则彼皆非欤？"（【参考译文】公都子说："告子说：

---

① 尸：古代祭祀以比儿童为受祭代理人，称为"尸"。朱熹《集注》云："尸，祭祀所主以象神，虽子弟为之，然敬之当如祖考也。"
② 斯须：朱熹《集注》云："暂时也。"
③ 汤：古称热水为"汤"。日语中亦称热水为汤，即此古义之残存。

'本性没有善,没有不善。'有人说:'本性可以成为善,可以成为不善。所以,文王、武王在位,民众就崇尚善;幽王、厉王在位,民众就崇尚暴。'有人说:'有的人本性善,有的人本性不善。所以,尧这样的君主却有象,瞽瞍这样的父亲却有舜,纣这样的侄儿、这样的君主却有微子启、王子比干。'如今认为性善,那么他们都错了吗?")

孟子曰:"乃若①其情,则可以为善矣,乃所谓善也。若夫为不善,非才②之罪也。恻隐之心,人皆有之;羞恶之心,人皆有之;恭敬之心,人皆有之;是非之心,人皆有之。恻隐之心,仁也;羞恶之心,义也;恭敬之心,礼也;是非之心,智也。仁、义、礼、智,非由外铄③我也,我固有之也,弗思耳矣。故曰求则得之,舍则失之,或相倍蓰④而无算⑤者,不能尽其才者也。《诗》曰:'天生蒸⑥民,有物有则⑦。民之秉⑧夷,好是懿⑨德。'孔子曰:'为此诗者,其知道乎!故有物必有则,民之秉彝也,故好是懿德。'"(【参考译文】孟子说:"按人们的性情是能够成为善的,这就是我所说的善。至于成为不善,不是资质的罪也。同情之心人人都有,羞耻之心人人都有,恭敬之心人人都有,是非之心人人都有。同情之心属仁,羞耻之心属义,恭敬之心属礼,是非之心属智。仁、义、礼、智不是从外面注入的,

---

① 乃若:朱熹:《集注》云:"发语辞。"焦循《正义》引程瑶田《通艺录》云:"乃若者,转语也。"
② 才:朱熹《集注》云:"犹材质,人之能也。"
③ 铄[shuò]:朱熹《集注》云:"以火销金之名,自外以至内也。"又,《尔雅·释诂》云:"铄,美也。"谓自外而加的美饰。
④ 倍蓰[xǐ]:亦作"倍屣"和"倍徙",谓数倍。
⑤ 无算:无法计算。
⑥ 《诗》曰:此处诗句引自《诗·大雅·烝民》,这是首赞美周宣王的诗歌。蒸,亦作"烝",毛传释为"众"。
⑦ 则:指法则。
⑧ 秉:郑笺云:"执也。"夷:亦作"彝",毛传释为"常"。
⑨ 懿:毛传云:"美也。"

是我本来就有的，只是未曾去领悟罢了。所以说，求索就得到，放弃就失去，有的人相差一倍、五倍甚至无数倍的，就是没能充分发挥他们资质的缘故。《诗》说：'上天生育万民，事物都有法则。民众把握常规，崇尚美好品德。'孔子说：'作这篇诗的人，恐怕懂得大道呀！所以有事物必定有法则，民众把握了常规，故而崇尚那美好的德行。'"）

七

孟子曰："富岁，子弟多赖①；凶岁，子弟多暴，非天之降才尔殊也，其所以陷溺其心者然也。今夫麰麦②，播种而耰③之，其地同，树④之时又同，浡然而生，到于日至⑤之时皆熟矣。虽有不同，则地有肥硗⑥，雨露之养、人事之不齐也。（【参考译文】孟子说："丰收年成，子弟大多懒惰；灾荒年成，子弟大多横暴，并非天生的资质如此不同，是由于他们的内心遭到损害、迷惑的缘故。例如大麦，播下种子耙了地，如果土地相同，栽种的时节也相同，便蓬勃地生长，到了夏至时节都成熟了。即使有所不同，就是土地有肥有瘠，雨露滋养、所下功夫的不一致罢了。）

"故凡同类者举相似也，何独至于人而疑之？圣人与我同类者，故龙子曰：'不知足而为屦，我知其不为蒉⑦也。'屦之相

---

① 赖：焦循《正义》引阮元说释为懒惰。赵注、朱熹均以"赖"与"暴"对文而释为善，朱熹《集注》云："丰年衣食饶足，故有所顾藉而为善。"然孟子下文将赖、暴均判为"陷溺其心"，可知"赖"决非好字眼，故译文从阮说。
② 麰［móu］麦：即大麦。
③ 耰［yōu］：种子洒下后，耙土覆盖，以防鸟类啄食。
④ 树：种植。
⑤ 日至：此指夏至。
⑥ 硗［qiāo］：朱熹《集注》云："瘠薄也。"
⑦ 蒉：草编的土筐。

似,天下之足同也。口之于味,有同嗜也,易牙①先得我口之所嗜者也。如使口之于味也,其性与人殊,若犬马之与我不同类也,则天下何耆皆从易牙之千味也?至于味,天下期于易牙,是天下之口相似也。惟耳亦然,至于声,天下期于师旷,是天下之耳相似也。惟目亦然,至于子都②,天下莫不知其姣③也,不知子都之姣者无目者也。(【参考译文】"所以,凡是同类的东西大体相同,为何唯独对于人就疑惑了呢?圣人与吾辈是同类,所以龙子说:'不知道脚的形状去编草鞋,我知道不会做成筐子。'草鞋相似,因为普天之下的脚形状相同。口对于滋味,有相同的嗜好,易牙先得知了我们口味的嗜好。假使口对于滋味,其特性依人相异,就如同狗马与我们不同类一样,那么,何以天下的嗜好都随从易牙的口味呢?讲到滋味,天下就期望于易牙,可见天下的口味是相似的。耳朵也是如此,讲到声音,天下就期望于师旷,可见天下的耳力是相似的。眼睛也是如此,讲到子都,天下没有人不知道他美丽的,不知道子都美丽的是没有眼睛的人。")

"故曰:口之于味也,有同嗜焉;耳之于声也,有同听焉;目之于色也,有同美焉。至于心,独无所同然乎?心之所同然者,何也?谓理也,义也。圣人先得我心之所同然耳,故理义之悦我心,犹刍豢④之悦我口。"(【参考译文】"所以说,口对于滋味,有相同的嗜好;耳对于声音,有相同的听觉;眼对于容貌,有相同的美感。讲到内心,唯独就没有相同之处吗?内心的相同之处是什么呢?是理,是义。圣人先得知了我们内心的相同之处,因此理义愉悦我们的内心,犹如猪肉、牛肉愉悦我们的口味一样。")

---

① 易牙:齐桓公的宠臣,相传他善于烹饪。
② 子都:《诗·郑风·山有扶苏》:"不见子都。"毛传云:"子都,世之美好者也。"
③ 姣:美好。
④ 刍豢:概指牲畜。朱熹《集注》云:"草食曰刍,牛羊是也;谷食曰豢,犬豕是也。"

八

孟子曰:"牛山①之木尝美矣,以其郊②于大国也,斧斤伐之,可以为美乎?是其日夜之所息,雨露之所润,非无萌蘖③之生焉,牛羊又从而牧之,是以若彼濯濯④也。人见其濯濯也,以为未尝有材焉,此岂山之性也哉?【参考译文】孟子说:"牛山的树木曾经很茂盛,因为邻近大都市,被刀斧所砍伐,能茂盛吗?它日夜息养,为雨露所滋润,并非没有新条嫩芽长出来,但牛羊又随之放牧在上面,所以变成那样光秃秃了。人们见它光秃秃的,便以为不曾有过木材,这难道是山的本性吗?)

"虽存乎人者,岂无仁义之心哉?其所以放其良心⑤者,亦犹斧斤之于木也,旦旦而伐之,可以为美乎,其日夜之所息,平旦之气⑥,其好恶与人相近也者几希,则其旦昼之所为有梏⑦亡之矣。梏之反覆,则其夜气不足以存,夜气不足以存则其违禽兽不远矣。人见其禽兽也,而以为未尝有才焉者,是岂人之情也哉?【参考译文】"即使是人,难道没有仁义之心吗?他之所以丢失了他的善心,也好像刀斧对待树木一般,天天去砍伐它,能茂盛吗?他日夜息养,(呼吸)清晨的气,其好恶几乎人人差不多,可是白天的作为使它束缚泯灭了。反复遭到束缚,那么夜晚息养之气就不足以存留,夜晚息养之气不足以存留就和禽兽相差不远了。

---

① 牛山:山名,在今山东临淄之南,位于当时齐国部的东南。
② 郊:此作动词用,意为邻近大都邑。
③ 萌蘖:朱熹《集注》云:"萌,芽也。蘖,芽之旁出者也。"
④ 濯濯:赵注云:"无草木之貌。"
⑤ 良心:朱熹《集注》云:"本然之善心,即所谓仁义之心也。"
⑥ 平旦之气:朱熹《集注》云:"谓未与物接之时,清明之气也。"
⑦ 梏:古代铐人的刑具,转义为束缚。

人们见他如同禽兽，便以为不曾有过好的资质，这难道是人的本来情状吗？)

"故苟得其养，无物不长；苟失其养，无物不消。孔子曰：'操①则存，舍则亡，出入无时，莫知其乡。'惟心之谓欤！"(【参考译文】"因此，假如得到应有的养育，没有事物不生长；假如失去应有的养育，没有事物不消亡。孔子说：'把握就存留，舍弃就失去，出入没有一定，无法知晓它的去向。'是指人心而言的吧！")

九

孟子曰："无或②乎王之不智也，虽有天下易生之物也，一日暴之、十日寒之，未有能生者也。吾见亦罕矣，吾退而寒之者至矣，吾如有萌焉何哉？(【参考译文】孟子说："不要诧异大王不明智，即使有普天之下最容易生长的东西，一天暴晒、十天寒冻，没有能够成活的。我进见很少，我一退出来，寒冻他的人就到了，我即使对他有所触动又怎样呢？)

"今夫弈之为数③，小数也，不专心致志则不得也。弈秋④，通国之善弈者也。使弈秋诲二人弈，其一人专心致志，惟弈秋之为听。一人虽听之，一心以为有鸿鹄⑤将至，思援弓缴⑥而射之，虽与之俱学，弗若之矣。为是其智弗若欤？曰：非然也。"(【参考译文】"例如弈棋作为技能，是小技，不专心致志却学不好。弈秋，是全国最擅长弈棋的人。让弈秋教两个人弈棋，一个人专心致志，只听弈秋的讲授。另一个虽

---

① 操：拿起来。
② 或：同"惑"。
③ 数：赵注云："技也。"
④ 弈秋：朱熹《集注》云："善弈者名秋也。"
⑤ 鸿鹄：即今所谓之天鹅。
⑥ 缴 [zhuó]：朱熹《集注》云："以绳系矢而射也。"

然听着，却一心觉得有天鹅就要飞来，想拿起弓箭去射它，虽然和前一个人一起学习，却比不上他。是因为这人的智力及不上吗？回答是：并非如此。"）

十

孟子曰："鱼，我所欲也；熊掌，亦我所欲也，二者不可得兼，舍鱼而取熊掌者也。生，亦我所欲也；义，亦我所欲也，二者不可得兼，舍生而取义者也。生亦我所欲，所欲有甚于生者，故不为苟得也；死亦我所恶，所恶有甚于死者，故患有所不辟也。如使人之所欲莫甚于生，则凡可以得生者，何不用也？使人之所恶莫甚于死者，则凡可以辟患者，何不为也？由是则生而有不用也，由是则可以辟患而有不为也，是故所欲有甚于生者，所恶有甚于死者。非独贤者有是心也，人皆有之，贤者能勿丧耳。（【参考译文】孟子说："鱼是我所想要的，熊掌也是我所想要的，如果两者不能兼有，就舍弃鱼而选取熊掌。生存是我所想要的，大义也是我所想要的，如果两者不能兼有，就舍弃生存而选取大义。生存也是我所想要的，但所想要有胜过生存的，所以不去随便得到它；死亡也是我所厌恶的，但所厌恶有胜过死亡的，所以有时不去躲避祸害。如果人们所想要的东西没有胜过生存的，那么凡是能得以生存的，为何不去用呢？如果人们所厌恶的东西没有胜过死亡的，那么凡是能躲避祸害的，为何不去做呢？从中得以生存却不去用，由此得以躲避祸害却不去做，是因为所想要有胜过生存的，所厌恶有胜过死亡的。不仅贤者有这样的心思，人人都有，不过贤者能不失去它罢了。"）

"一箪食、一豆①羹，得之则生，弗得则死。嘑尔②而与之，

---

① 豆：古代一种盛食物的器具。
② 嘑尔：犹言呵叱。赵注云："咄啐之貌也。"

行道之人①弗受；蹴②尔而与之，乞人不屑也。万钟则不辨礼义而受之，万钟于我何加焉？为宫室之美、妻妾之奉、所识穷乏者得我欤？向③为身死而不受，今为宫室之美为之；向为身死而不受，今为妻妾之奉为之；向为身死而不受，今为所识穷乏者得我而为之，是亦不可以已乎？此之谓失其本心。"（【参考译文】"一筐米饭、一盆羹汤，得到它就存活，得不到就死去。呵叱着去给予，路上的行人都不接受；践踏过再给予乞丐都不屑要。然而万钟粟米却不分清礼义就接受了，万钟粟米对我有什么好处呢？是为了使住宅漂亮、妻妾得到供养、相识的贫苦人受我的恩惠吗？以往宁肯身亡都不接受的，现今为了使住宅漂亮去接受了；以往宁肯身亡都不接受的，现今为了使妻妾得到供养去接受了；以往宁肯身亡都不接受的，现今为了使相识的贫苦人受我的恩惠去接受了，这也是不能罢手的吗？这就叫做失去了自己的本心。"）

十一

孟子曰："仁，人心也；义，人路也。舍其路而弗由，放④其心而不知求⑤，哀哉！人有鸡犬放，则知求之，有放心而不知求。学问之道无他，求其放心而已矣。"（【参考译文】孟子说："仁是人的心，义是人的路。舍弃了路不去走，丢失了心不知道去找，可悲啊！人们有鸡狗丢失就知道去找，丢失了心却不知道去找。学问之道没有别的，只是找回丢失的心罢了。"）

---

① 行道之人：路上的行人。
② 蹴[cù]：朱熹《集注》云："践踏也。"
③ 向：以往。
④ 放：丢失。
⑤ 求：找回。

十二

孟子曰："今有无名之指①屈而不信，非疾痛害事也。如有能信之者，则不远秦、楚之路，为指之不若人也。指不若人，则知恶之；心不若人，则不知恶，此之谓不知类②也。"(【参考译文】孟子说："现今有个无名指弯曲而伸不直，不是病痛也不妨碍做事，如果有能使它伸直的人，即使在秦国、楚国都不觉得远，这是因为无名指不如他人。无名指不如他人知道嫌恶，心不如他人却不知道嫌恶，这叫做不识轻重。")

十三

孟子曰："拱把③之桐梓，人苟欲生之皆知所以养之者，至于身而不知所以养之者，岂爱身不若桐梓哉？弗思甚也。"(【参考译文】孟子说："细小的桐树、梓树，人们如果要它生长，都知道怎样去保养，对于自身却不知道怎样去保养，难道爱护自身还不如桐树、梓树吗？太不思量了。")

十四

孟子曰："人之于身也，兼所爱。兼所爱则兼所养也，无尺寸之肤不爱焉则无尺寸之肤不养也。所以考其善不善者，岂有他

---

① 无名之指：即今言无名指。信：同"伸"。
② 不知类：朱熹《集注》云："言不知轻重之等也。"
③ 拱把：赵注云："拱，合两手也；把，以一手把之也。"言树尚细小。

哉？于己取之而已矣。(【参考译文】孟子说："人们对于自身，各个部分都爱护。各个部分都爱护就各个部分都保养，没有一块肌肤不爱护就没有一块肌肤不保养。用来考察他做得好不好，哪有别的呢？只看他对自己注重的部分罢了。)

"体有贵贱①，有小大。无以小害大，无以贱害贵。养其小者为小人，养其大者为大人。今有场师②，舍其梧槚③，养其樲棘④，则为贱场师焉。养其一指而失其肩背，而不知也，则为狼疾⑤人也。(【参考译文】"肢体有重要、有次要，有小、有大。不要因为小的损害大的，不要因为次要的损害重要的。保养小的是小人，保养大的是君子。如果有位场师，舍弃了桐树、梓树去养殖酸枣、荆棘，就是劣等场师。保养一个指头而遗忘了肩头背脊，还不知道，就是糊涂透顶的人。)

"饮食之人则人贱之矣，为其养小以失大也。饮食之人无有失也，则口腹岂适⑥为尺寸之肤哉？"(【参考译文】"吃吃喝喝的人为人们所轻视，因为他为了保养小的而遗忘了大的。吃吃喝喝的人如果没有遗忘什么，那么满足口腹难道仅仅只为了口腹那一寸一尺的肌肤吗？")

十五

公都子问曰："均是人也，或为大人，或为小人，何也？"

---

① 贵贱：朱熹《集注》云："贱而小者，口腹也；贵而大者，心志也。"
② 场师：赵注云："治场圃者。"《周礼·地宫》："场人掌国之场因而树之果蓏珍异之物，以时敛而藏之。"
③ 梧槚〔jiǎ〕：梧桐和楸树。
④ 樲〔èr〕棘：酸枣和荆棘。
⑤ 狼疾：同"狼藉"。焦循《正义》云："狼藉犹纷乱，害而不知，此医之昏愦瞀乱者矣。"译文意译为糊涂。
⑥ 适：赵注释此字兼存但、往两义。焦循《正义》引王引之说，谓"适"通"啻"，作仅、但解。译文取焦说。

(【参考译文】公都子问道:"同样是人,有的成为君子,有的成为小人,为什么呢?")

孟子曰:"从其大体为大人,从其小体为小人。"(【参考译文】孟子说:"顺从大体的成为君子,顺从小体的成为小人。")

曰:"均是人也,或从其大体,或从其小体,何也?"(【参考译文】公都子说:"同样是人,有的顺从大体,有的顺从小体,为什么呢?")

曰:"耳目之官①不思,而蔽于物,物交物②则引之而已矣。心之官则思,思则得之③,不思则不得也。此天之所与我者。先立乎其大者④,则其小者弗能夺也,此为大人而已矣。"(【参考译文】孟子说:"耳朵、眼睛的官能是不思考的,所以为事物所蒙蔽,它们与事物相接触只是受到诱导罢了。心的官能是思考,思考便有所得,不思考便无所得。这是上天赋予我们的。先确立主要的东西,次要的东西就无法与它争夺了,之所以成为君子仅此而已。")

十六

孟子曰:"有天爵者,有人爵者。仁义忠信,乐善不倦,此天爵也;公卿大夫,此人爵也。古之人修其天爵,而人爵从之;今之人修其天爵以要人爵,既得人爵而弃其天爵,则惑之甚者

---

① 官:犹今言五官之"官"。朱熹《集注》云:"官之为言司也。"
② 物交物:朱熹《集注》认为此处之两"物",一指外物,一指"耳目之官"。后者之所以亦称"物",是因其"既不能思而蔽于外物,则亦一物而已"。引:此为诱导之意。
③ 思则得之:此处之"之"泛指思索后的心得。朱熹谓"之"指事物之理,亦可通。
④ 大者:赵注云:"大者谓生而有善性也,小者情欲也,善胜恶则恶不能夺。"

也，终亦必亡而已矣。"(【参考译文】孟子说："有上天的爵位，有人世的爵位。仁爱正义、忠诚守信，乐于善行不感到厌倦，这是上天的爵位；公、卿、大夫，这是人世的爵位。古时候的人修求上天的爵位，人世的爵位也随之有了；现今的人修求上天的爵位来牟取人世的爵位，得到了人世的爵位就抛弃了上天的爵位，真是糊涂之极，最终也一定会失去人世的爵位。")

十七

孟子曰："欲贵者，人之同心也。人人有贵于己者，弗思耳矣。人之所贵者，非良贵也。赵孟①之所贵，赵孟能贱之。《诗》云：'既醉以酒，既饱以德②。'言饱乎仁义也。所以不愿人之膏粱之味③也；令闻广誉④施于身，所以不愿人之文绣⑤也。"(【参考译文】孟子说："希望显贵，是人们的共同心态。人人都有自己可贵的东西，只是不去思量罢了。他人所尊贵的，不是真正的尊贵。赵孟所尊贵的，赵孟能使之卑贱。《诗》说：'既喝醉了酒，又饱享恩惠。'这是说，饱享了仁义，因而不羡慕他人的肉食美味；众人的称誉施加在身上，因而不羡慕他人的锦衣绣裳。")

十八

孟子曰："仁之胜不仁也犹水胜火。今之为仁者犹以一杯水

---

① 赵孟：即春秋时晋国的执政大臣赵盾，孟是他的字。此处用以指有权势者。
② 此处诗句引自《诗·大雅·既醉》，这是首赞颂世道太平的诗歌。
③ 愿：朱熹《集注》云："欲也。"膏粱：指珍馐美味。朱熹《集注》云："膏，肥肉；粱，美谷。"又，赵注云："细粱如膏者也。"
④ 令闻广誉：朱熹《集注》云："令，善也；闻，亦誉也。"
⑤ 文绣：朱熹《集注》云："衣之美也。"若分而言之，文指绘画的纹饰，绣指刺绣的花纹。

救一车薪之火也,不熄则谓之水不胜火,此又与于不仁之甚者也,亦终必亡而已矣。"(【参考译文】孟子说:"仁胜过不仁犹如水胜过火一样。现今行使仁的人好比用一杯水来救一车柴的火,火灭不了就说水不能胜过火,这又相当厉害地助长了不仁,最终也必定会失去仁。")

十九

孟子曰:"五谷者种之美者也,苟为不熟不如荑稗①。夫仁,亦在乎熟之而已矣。"(【参考译文】孟子说:"五谷是作物中的佼佼者,如果不成熟还不及不上稀米、稗草。仁,也在于使之成熟而已。")

二十

孟子曰:"羿②之教人射,必志于彀③,学者亦必志于彀。大匠诲人必以规矩,学者亦必以规矩。"(【参考译文】孟子说:"羿教人射技,必定要求拉满弓,学习的人也必定致力于拉满弓。大匠教人必定依据规矩,学习的人也必定要依据规矩。")

---

① 荑[tí]稗:朱熹《集注》云:"草之似谷者,其实亦可食,然不能如五谷之美者。"
② 羿[yì],亦称"后羿"、"夷羿",传说是夏代有穷国的君主,善于射箭。
③ 必志于彀[gòu]:朱熹《集注》云:"志,犹期也;彀,弓满也。"

性恶

荀况

荀况（前313—前238），尊称"荀子"，战国时赵国人，儒家早期学者，有文集《荀子》传世。

本篇是荀子性恶论的代表作，其主要观点是："人之性恶，其善者，伪也。"意思是：人性本是恶的，至于善，那是人为造成的。这和孟子的观点正好相反，而荀子作此文，也正是要反驳孟子的性善论。那么，为什么说人性是恶的呢？回答是："今人之性，生而有好利焉……生而有耳目之欲，好声色焉……"也就是说："好利"、"好声色"，就是恶。而"今人之性恶，必将待师法，然后正；得礼义，然后治"。这才是本篇的真正要点，即强调：人性本恶，所以一定要有"师法"（师长和法度）才能匡正，一定要有"礼义"（等级和规矩）才能治理。而"师法"和"礼义"，正是荀子法礼政治论的核心所在。

至于荀子所说的人性本恶，就如孟子的性善说一样，也是不必认真的，因为这里也有一个明显的漏洞：既然人性本恶，那么善又从何而来？说是人为的，那么这"人"又凭何而"为"？说要有"师法"才能匡正人性，那么这"师法"又从何而来？难道圣人之"性"不同于常人之"性"？若是，那么圣人之"性"就不是人性？

那又是什么"性"？显然，这里矛盾重重，也许要由现代心理学来解答。

一

人之性恶，其善者，伪①也。(【参考译文】人的本性是恶的，他们那些善的行为，则是人为的。)

今②人之性，生而有好利焉，顺是③，故争夺生而辞让亡焉；生而有疾④恶焉，顺是，故残贼生而忠信亡焉；生而有耳目之欲，好声色焉，顺是，故淫乱生而礼义文理亡焉。然则从⑤人之性、顺人之情，必出于争夺，合于犯分乱理，而归于暴。故必将有师法之化、礼义之道⑥，然后出于辞让，合于文理，而归于治。用此观之，人之性恶，明矣，其善者，伪也。(【参考译文】人的本性，一生下来就有喜欢财利之心，依顺这种人性，所以争抢掠夺就产生而推辞谦让就消失了；一生下来就有妒忌憎恨的心理，依顺这种人性，所以残杀陷害就产生而忠诚守信就消失了；一生下来就有耳朵、眼睛的贪欲，有喜欢音乐、美色的本能，依顺这种人性，所以淫荡混乱就产生而礼义法度就消失了。这样看来，放纵人的本性、依顺人的情欲，就一定会出现争抢掠夺，一定会和违犯等级名分、扰乱礼义法度的行为合流，而最终趋向于暴乱。所以一定要有了师长和法度的教化、礼义的引导，然后人们才会从推辞谦让出发，遵守礼法，而最终趋向于安定

---

① 伪：人为的，即非自然的（亦即非本性的，是努力的结果）。
② 今：犹"夫"，发语词。参见《古书虚字集释》。下文多此种用法，不再注。
③ 顺是：正因如此。
④ 疾：通"嫉"，嫉妒。
⑤ 从：通"纵"。
⑥ 道：同"导"。

太平。由此看来，人的本性是恶的，就很明显了，他们那些善的行为，则是人为的。）

故枸木必将待檃栝、烝矫然后直①；钝金必将待砻厉然后利②。今人之性恶，必将待师法，然后正；得礼义，然后治。今人无师法，则偏险而不正；无礼义，则悖乱而不治，古者圣王以人性恶，以为偏险而不正，悖乱而不治，是以为之起礼义，制法度，以矫饰人之情性而正之，以扰化人之情性而导之也，始皆出于治，合于道者也。今人之化师法，积文学，道礼义者为君子；纵性情，安恣睢，而违礼义者为小人。用此观之，人之性恶，明矣，其善者，伪也。(【参考译文】所以弯曲的木料一定要依靠整形器进行熏蒸、矫正，然后才能挺直；不锋利的金属器具一定要依靠磨砺，然后才能锋利。人性之恶，一定要依靠师长和法度的教化才能端正，要得到礼义的引导才能治理好。人们没有师长和法度，就会偏邪险恶而不端正；没有礼义，就会叛逆作乱而不守秩序。古代圣明的君王认为人的本性是恶的，认为人们是偏邪险恶而不端正、叛逆作乱而不守秩序的，因此给他们建立了礼义、制定了法度，用来强制整治人们的性情而端正他们，用来驯服感化人们的性情而引导他们，使他们都能从遵守秩序出发、合乎正确的道德原则。现在的人，能够被师长和法度所感化，积累文献经典方面的知识、遵行礼义的，就是君子；纵情任性、习惯于恣肆放荡而违反礼义的，就是小人。由此看来，那么人的本性是恶的，就很明显了，他们那些善的行为，则是人为的。）

---

① 枸〔gōu〕：通"钩"，弯曲。檃〔yǐn〕栝〔kuò〕：竹木的整形工具。烝〔zhēng〕：同"蒸"，用蒸气加热，这是为了使被矫正的木材柔软以便矫正。
② 金：金属之器，指有锋刃的武器或工具。砻〔lóng〕：磨。厉：同"砺"，磨。

性恶 | 157

二

孟子①曰:"今之学者,其性善。"(【参考译文】孟子说:"人们要学习的,是那本性的善良。")

曰:是不然!是不及②知人之性,而不察乎人之性伪之分者也。凡性者,天之就也,不可学,不可事③。礼义者,圣人之所生也,人之所学而能,所事而成者也。不可学,不可事,而在人者,谓之性;可学而能,可事而成之在人者,谓之伪。是性伪之分也。今人之性,目可以见,耳可以听;夫可以见之明不离目,可以听之聪不离耳,目明而耳聪,不可学,明矣。(【参考译文】我说:这是不对的。这是还没有能够了解人的本性,而且也不明白人的先天本性和后天人为之间的区别的一种说法。大凡本性,是天然造就的,是不可能学到的,是不可能人为造作的。礼义,才是圣人创建的,是人们学了才会、努力从事才能做到的。人身上不可能学到、不可能人为造作的东西,叫做本性;人身上可以学会、可以通过努力从事而做到的,叫做人为;这就是先天本性和后天人为的区别。那人的本性,眼睛可以用来看,耳朵可以用来听。那可以用来看东西的视力离不开眼睛,可以用来听声音的听力离不开耳朵。眼睛的视力和耳朵的听力不可能学到是很清楚的了。)

孟子曰:"今人之性善,将④皆失丧其性故也。"(【参考译文】

---

① 孟子:即孟轲。这里的引语,不见于今本《孟子》。《孟子·告子上》说:"人无有不善。""学问之道无他,求其放心而已矣"。旨意与此相似。

② 及:达到,够。

③ 事:从事,做,人为。

④ 将:犹"必"。一说"故"下当有"恶"字。一说上句"性善"当作"性恶"。

孟子说："人的本性是善的,他们的作恶一定都是丧失了他们的本性的缘故啊。")

曰:若是则过矣。今人之性,生而离其朴,离其资①,必失而丧之。用此观之,然则人之性恶,明矣。所谓性善者,不离其朴而美之,不离其资而利之也。使②夫资朴之于美,心意之于善,若夫可以见之明不离目,可以听之聪不离耳,故③曰目明而耳聪也④。(【参考译文】我说:像这样来解释就错了。如果人的本性生来就脱离他的素质、脱离他的资质,一定会丧失它的美和善良,由此看来,人的本性是恶的就很明显了。孟子所谓本性善良,是指不离开他的素质而觉得他很美,不离开他的资质而觉得他很好。那天生的资质和美的关系、心意和善良的关系就像视力离不开眼睛、听力离不开耳朵一样罢了。所以说资质的美和心意的善良就像视力和听力一样。)

今人之性,饥而欲饱,寒而欲暖,劳而欲休,此人之情性也。今人见长而不敢先食者,将有所让也;劳而不敢求息者,将有所代也。夫子之让乎父,弟之让乎兄,子之代乎父,弟之代乎兄,此二行者,皆反于性而悖于情也;然而孝子之道,礼义之文理也。故顺情性则不辞让矣,辞让则悖于情性矣。用此观之,人之性恶,明矣,其善者,伪也。(【参考译文】人的本性,饿了想吃饱,冷了想穿暖,累了想休息,这些就是人的情欲和本性。人饿了,看见父亲兄长而不敢先吃,这是因为要有所谦让;累了,看见父亲兄长而不敢要求休息,这是因为要有所代劳。儿子对父亲谦让,弟弟对哥哥谦让;儿子代替父亲操劳,弟弟代

---

① 资:资质,指所谓天生的才能、性情。
② 使:犹"夫",提示之词,参见《古书虚字集释》。
③ 故:通"固",本来,原先。
④ "所谓性善者……故曰目明而耳聪也"一段据文义当在"若是则过矣"之后,今参考译文移正。

替哥哥操劳;这两种德行,都是违反本性而背离情欲的,但却是孝子的原则、礼义的制度。所以依顺情欲本性就不会推辞谦让了,推辞谦让就违背情欲本性了。由此看来,人的本性是恶的,就很明显了,他们那些善的行为,则是人为的。)

三

问者曰:"人之性恶,则礼义恶生?"(【参考译文】有人问:"人的本性是恶的,那么礼义是从哪里产生出来的呢?")

应之曰:凡礼义者,是生于圣人之伪,非故生于人之性也。故陶人埏埴而为器①,然则器生于陶人之伪,非故生于人之性也。故工人②斲③木而成器,然则器生于工人之伪,非故生于工人之性也。圣人积思虑,习伪故,以生礼义而起法度,然则礼义法度者,是生于圣人之伪,非故生于人之性也。若夫目好色,耳好听,口好味,心好利,骨体肤理④好愉佚,是皆生于人之情性者也;感而自然,不待事而后生之者也。夫感而不能然,必且待事而后然者⑤,谓之生于伪。是性伪之所生⑥,其不同之征⑦也。

---

① 故:犹"夫"。埏[shān]:以水和土并揉捏捶击。埴[zhí]:细密的黄黏土。
② 工人:匠人。
③ 斲[zhuó]:砍;削。
④ 肤理:皮肤的纹理。人劳苦则皮肤粗糙干裂,所以"好愉佚"。佚:同"逸",安闲。
⑤ 待:通"恃"。事:从事。然:形成(参见《广雅·释诂》)。
⑥ 性伪之所生:"性"之所生,即"目好色"等等;"伪"之所生,即礼义、法度、器物等。
⑦ 其不同之征:生于"性"之征是"感而自然、不待事而后生",生于"伪"之征是"感而不能然、必且待事而后然"。

(【参考译文】我回答他说：所有的礼义，都产生于圣人的人为努力，而不是原先产生于人的本性。制作陶器的人搅拌揉打黏土而制成陶器，那么陶器产生于陶器工人的人为努力，而不是原先产生于人的本性。木工砍削木材而制成木器，那么木器产生于工人的人为努力，而不是原先产生于人的本性。圣人深思熟虑、熟悉人为的事情，从而使礼义产生了、使法度建立起来了，那么礼义法度便是产生于圣人的人为努力，而不是原先产生于人的本性。至于那眼睛爱看美色，耳朵爱听音乐，嘴巴爱吃美味，内心爱好财利，身体喜欢舒适安逸，这些才都是产生于人的本性的东西，是一有感觉就自然形成、不依赖于人为的努力就会产生出来的东西。那些并不由感觉形成、一定要依靠努力从事然后才能形成的东西，便叫做产生于人为。这便是先天本性和后天人为所产生的东西及其不同的特征。)

故圣人化性而起伪，伪起而生礼义，礼义生而制法度；然则礼义法度者，是圣人之所生也。故圣人之所以同于众，其不异于众者，性也；所以异而过众者，伪也。夫好利而欲得者，此人之情性也。假之有弟兄资财而分者，且①顺情性，好利而欲得，若是，则兄弟相拂②夺矣；且化礼义之文理，若是，则让乎国人矣。故顺情性则弟兄争矣，化礼义则让乎国人矣。（【参考译文】圣人改变了恶的本性而作出了人为的努力，人为的努力作出后就产生了礼义，礼义产生后就制定了法度。那么礼义法度这些东西，便是圣人所创制的了。圣人和众人相同的是先天的本性；圣人和众人不同的是后天的人为努力。那爱好财利而希望得到，这是人的本性。假如弟兄之间要分财产，那么依天性弟兄之间也会反目为仇、互相争夺了；如果受到礼义规范的教化，那就会相互推让了。所以依顺本性，那就兄弟相争；受到礼义教化，那就会相互推让了。）

---

① 且：犹"若"，参见《古书虚字集释》。
② 拂：违逆，不顺。

凡人之欲为善者，为性恶也。夫薄愿厚，恶愿美，狭愿广，贫愿富，贱愿贵，苟无之中者，必求于外。故富而不愿财，贵而不愿埶①，苟有之中者，必不及于外。用此观之，人之欲为善者，为性恶也。今人之性，固无礼义，故强学而求有之也；性不知礼义，故思虑而求知之也。然则性而已，则人无礼义，不知礼义。人无礼义则乱，不知礼义则悖。然则性而已，则悖乱在己。用此观之，人之性恶，明矣，其善者，伪也。（【参考译文】一般地说，人们想行善，正是因为其本性恶的缘故。那微薄的希望丰厚，丑陋的希望美丽，狭窄的希望宽广，贫穷的希望富裕，卑贱的希望高贵，如果本身没有它，就一定要向外去追求；所以富裕了就不羡慕钱财，显贵了就不羡慕权势，如果本身有了它，就一定不会向外去追求了。由此看来，人们想行善，实是因为其本性恶的缘故。人的本性，本来是没有什么礼义观念的，所以才努力学习而力求掌握它；本性是不懂礼义的，所以才开动脑筋而力求了解它。如果只有本性，人就不会有礼义，就不会懂得礼义。人没有礼义就会混乱无序，不懂礼义就会悖逆不道。如果人只有本性，在他身上就只有逆乱了。由此看来，人的本性是恶的，就很明显了，他们那些善的行为，则是人为的。）

四

孟子曰："人之性善。"（【参考译文】孟子说："人的本性是善的。"）

曰：是不然。凡古今天下之所谓善者，正理平治也；所谓恶者，偏险悖乱也：是善恶之分也矣。今诚以人之性固正理平治

---

① 埶［yì］：古同"艺"。

邪,则有恶用圣王,恶用礼义哉①?虽有圣王礼义,将曷加于正理平治也哉?今不然,人之性恶。故古者圣人以人之性恶,以为偏险而不正,悖乱而不治,故为之立君上之埶以临之,明礼义以化之,起法正以治之,重刑罚以禁之,使天下皆出于治,合于善也。是圣王之治而礼义之化也。今当试②去君上之埶,无礼义之化,去法正之治,无刑罚之禁,倚而观天下民人之相与也。若是,则夫强者害弱而夺之,众者暴寡而哗③之,天下悖乱而相亡,不待顷矣。用此观之,然则人之性恶,明矣,其善者,伪也。(【参考译文】我说:这不对。凡是从古到今、普天之下所谓的善,是指端正顺理安定有秩序;所谓的恶,是指偏邪险恶悖逆作乱。这就是善和恶的区别。果真认为人的本性本来就是端正顺理安定守秩序的吧,那么又哪里用得着圣明的帝王、哪里用得着礼义了呢?即使有了圣明的帝王和礼义,在那端正顺理安定守秩序的本性上又能增加些什么呢?其实并不是这样,古代的圣人认为人的本性是恶的,认为人们是偏邪险恶而不端正、悖逆作乱而不守秩序的,所以给他们确立了君主的权势去统治他们,彰明了礼义去教化他们,建立起法治去管理他们,加重刑罚去限制他们,使天下人都从遵守秩序出发、符合于善的标准。这就是圣明帝王的治理和礼义的教化。如果抛掉君主的权势,没有礼义的教化,废弃法治的管理,没有刑罚的制约,站在一边观看天下民众的相互交往;那么,那些强大的就会侵害弱小的而掠夺他们,人多的就会欺凌人少的而压制他们,天下人悖逆作乱而各国互相灭亡的局面不等片刻就会出现了。由此看来,人的本性是恶的,就很明显了,他们那些善的行为,则是人为的。)

① 有:通"又"。恶 [wù]:哪里。
② 当试:与"尝试"、"当使"相通,等于说"倘使"、"倘若"。
③ 哗:当作"跨",犹据,言众者据寡者之上而使之出己之下(刘师培说)。

故善言古者，必有节①于今；善言天者，必有征于人。凡论者贵其有辨②合，有符验。故坐而言之，起而可设，张而可施行。今孟子曰："人之性善。"无辨合符验，坐而言之，起而不可设，张而不可施行，岂不过甚矣哉？故性善则去圣王、息礼义矣。性恶则兴圣王、贵礼义矣。故檃栝之生，为枸木也；绳墨之起，为不直也；立君上，明礼义，为性恶也。用此观之，然则人之性恶，明矣，其善者，伪也。（【参考译文】善于谈论古代的人，一定对现代有验证；善于谈论天的人，一定对人事有应验。凡是议论，可贵的在于像契券般可核对、像信符般可检验。所以坐着谈论它，站起来就可以部署安排，推广出去就可以实行。现在孟子说"人的本性善良"，没有与它相契合的证据及可以验证的凭据，坐着谈论它，站起来不能部署安排，推广出去也不能实行，这难道不是错得很厉害了吗？认为人的本性善，那就会摒除圣明的帝王、取消礼义了；认为人的本性恶，就会拥护圣明的帝王、推崇礼义了。整形器的产生，是因为有弯曲的木料；墨线墨斗的出现，是因为有不直的东西；置立君主，彰明礼义，是因为人的本性恶。由此看来，人的本性是恶的，就很明显了，他们那些善的行为，则是人为的。）

直木不待檃栝而直者，其性直也。枸木必将待檃栝烝矫然后直者，以其性不直也。今人之性恶，必将待圣王之治，礼义之化，然后始出于治，合于善也。用此观之，人之性恶，明矣，其善者，伪也。（【参考译文】笔直的木材不依靠整形器就笔直，因为它的本性就是笔直的。弯曲的木材一定要依靠整形器进行熏蒸矫正然后才能挺直，因为它的

---

① 节：验。
② 辨：通"别"，即"别券"，或称"傅别"，是古代的一种凭证，将一券剖分为两半而成，故称"别券"，双方各执一半（一"别"）为据，验证时将两"别"相合，即可定其真伪。它与如今凭骑缝章核对的票据原理相似。

本性不直。人的本性恶，一定要依靠圣明帝王的治理、礼义的教化，然后才能都从遵守秩序出发、合乎善良的标准。由此看来，人的本性是恶的，就很明显了，他们那些善的行为，则是人为的。）

五

问者曰："礼义积伪①者，是人之性，故圣人能生之也。"（【参考译文】有人问："积累人为因素而制定成礼义，这也是人的本性，所以圣人才能创造出礼义来啊。"）

应之曰：是不然。夫陶人埏埴而生瓦，然则瓦埴②岂陶人之性也哉？工人斲木而生器，然则器木③岂工人之性也哉？夫圣人之于礼义也，辟④则陶埏而生之也。然则礼义积伪者，岂人之本性也哉！凡人之性者，尧舜之与桀跖，其性一也；君子之与小人，其性一也。今将以礼义积伪为人之性邪？然则有曷⑤贵尧禹，曷贵君子矣哉！凡贵尧禹君子者，能化性，能起伪，伪起而生礼义。然则圣人之于礼义积伪也，亦犹陶埏而为之也。用此观之，然则礼义积伪者，岂人之性也哉！所贱于桀跖小人者，从其性，顺其情，安恣睢⑥，以出乎贪利争夺。故人之性恶，明矣，其善者，伪也。（【参考译文】回答他说：这不对。制作陶器的人搅拌揉打黏土而生产出瓦器，那么把黏土制成瓦器难道就是陶器工人的本性么？木工砍削木材

---

① 礼义积伪：使积伪为礼义。"礼义"用作使动词。
② 瓦埴：使埴为瓦。"瓦"用作使动词。
③ 器木：使木为器。"器"用作使动词。
④ 辟：通"譬"。
⑤ 有：通"又"。曷[hé]：通"何"。
⑥ 恣睢[suī]：放纵，放任。

而造出器具，那么把木材制成器具难道就是木工的本性么？圣人对于礼义，打个比方来说，也就像陶器工人搅拌揉打黏土而生产出瓦器一样，那么积累人为因素而制定成礼义，难道就是人的本性了么？凡是人的本性，圣明的尧、舜和残暴的桀、跖，他们的本性是一样的；有道德的君子和无行的小人，他们的本性是一样的。如果要把积累人为因素而制定成礼义当作是人的本性，那么又为什么要推崇尧、禹，为什么要推崇君子呢？一般说来，人们所以要推崇尧、禹、君子，是因为他们能改变自己的本性，能作出人为的努力，人为的努力作出后就产生了礼义；既然这样，圣人对于积累人为因素而制定成礼义，也就像陶器工人搅拌揉打黏土而生产出瓦器一样。由此看来，那么积累人为因素而制定成礼义，哪里是人的本性呢？人们所以要鄙视桀、跖、小人，是因为他们放纵自己的本性，顺从自己的情欲，习惯于恣肆放荡，以致做出贪图财利争抢掠夺的暴行来。所以，人的本性是恶的，就很明显的了，他们那些善的行为，则是人为的。）

天非私曾骞孝己①而外众人也，然而曾骞孝己独厚于孝之实，而全于孝之名者，何也？以綦②于礼义故也。天非私齐、鲁之民而外秦人也，然而于父子之义、夫妇之别，不如齐、鲁之孝共、敬文者③，何也？以秦人之从情性、安恣睢、慢于礼义故也，岂其性异矣哉？（【参考译文】上天并不是偏袒曾参、闵子骞、孝己而抛弃众人，但是唯独曾参、闵子骞、孝己丰富了孝道的实际内容而成全了孝子的名声，为什么呢？因为他们竭力奉行礼义的缘故啊。上天并不是偏袒齐国、鲁国的人民而抛弃秦国人，但是在父子之间的礼义、夫妻之间的分别上，秦国人不及齐国、鲁国的孝顺恭敬、严肃有礼，为什么呢？因为秦国人纵情任性、习惯于恣肆

---

① 曾骞：指曾参[shēn]、闵子骞，都是孔子的学生，以孝著名。孝己：殷高宗的长子，也以孝著名。
② 綦[qí]：极。
③ "共"通"恭"。"孝恭"承"父子之义"而言。"文"指有礼节。"敬文"承"夫妇之别"而言。

放荡而怠慢礼义的缘故啊,哪里是他们的本性不同呢?)

六

"涂之人可以为禹①。"曷谓也?(【参考译文】"路上的普通人可以成为禹。"这话怎么解释呢?)

曰:凡禹之所以为禹者,以其为仁义法正也。然则仁义法正有可知可能之理。然而涂之人也,皆有可以知仁义法正之质,皆有可以能仁义法正之具,然则其可以为禹明矣。今以仁义法正为固无可知可能之理邪?然则唯②禹不知仁义法正,不能仁义法正也。将使涂之人固无可以知仁义法正之质,而固无可以能仁义法正之具邪?然则涂之人也,且内不可以知父子之义,外不可以知君臣之正。今不然。涂之人者,皆内可以知父子之义,外可以知君臣之正,然则其可以知之质,可以能之具,其在涂之人明矣。今使涂之人者,以其可以知之质,可以能之具,本夫③仁义法正之可知、可能之理,然则其可以为禹,明矣。今使涂之人伏④术为学,专心一志,思索孰察,加日县久⑤,积善而不息,则通于神明,参于天地矣。故圣人者,人之所积而致矣。(【参考译文】回答说:一般说来,禹之所以成为禹,是因为他能实行仁义法度。既然这样,仁义法度就具有可以了解、可以做到的性质,而路上的普通人,也都具有可以了解仁义

---

① 涂:通"途"。涂之人:路上的人,指普通老百姓。禹:指圣贤之人。
② 唯:通"虽"。
③ 本:掌握。夫:那。
④ 伏:通"服"。
⑤ 加日:累日。县:同"悬",维系。

法度的资质，都具有可以做到仁义法度的才具；既然这样，他们可以成为禹也就很明显了。如果认为仁义法度本来就没有可以了解、可以做到的性质，那么，即使是禹也不能了解仁义法度、不能实行仁义法度了。假如路上的人本来就没有可以了解仁义法度的资质，本来就没有可以做到仁义法度的才具，那么，路上的人将内不可能懂得父子之间的礼义，外不可能懂得君臣之间的准则了。实际上不是这样。路上的人都是内能懂得父子之间的礼义，外能懂得君臣之间的准则，那么，那些可以了解仁义法度的资质、可以做到仁义法度的才具，存在于路上的人身上也就很明显的了。现在如果使路上的人用他们可以了解仁义的资质、可以做到仁义的才具，去掌握那具有可以了解、可以做到的仁义，那么，他们可以成为禹也就很明显的了。如果使路上的人信服道术进行学习，专心致志，思考探索仔细审察，日复一日持之以恒，积累善行而永不停息，那就能通于神明，与天地相并列了。所以圣人，是一般的人积累善行而达到的。)

曰："圣可积而致，然而皆不可积，何也？"（【参考译文】有人说："圣人可以通过积累善行而达到，但是一般人都不能积累善行，为什么呢？"）

曰：可以而不可使①也。故小人可以为君子，而不肯为君子；君子可以为小人，而不肯为小人。小人君子者，未尝不可以相为也，然而不相为者，可以而不可使也。故涂之人可以为禹，则然；涂之人能为禹，则未必然也。虽不能为禹，无害可以为禹。足可以遍行天下，然而未尝有遍行天下者也。夫工匠农贾，未尝不可以相为事也，然而未尝能相为事也。用此观之，然则"可以为"，未必"能"也；虽不"能"，无害"可以为"。然则"能不能"之与"可不可"，其不同远矣，其不可以相为，明矣。

---

① 使：迫使，指由别人迫使他去做到。

(【参考译文】回答说：可以做到，却不可强使他们做到。小人可以成为君子而不肯做君子，君子可以成为小人而不肯做小人。小人和君子，未尝不可以互相对调着做，但是他们没有互相对调着做，是因为可以做到却不可强使他们做到啊。所以，路上的普通人可以成为禹，那是对的；路上的人都能成为禹，就不一定对了。虽然没有能成为禹，但并不妨害可以成为禹。脚可以走遍天下，但是还没有能走遍天下的人。工匠、农夫、商人，未尝不可以互相调换着做事，但是没有能互相调换着做事。由此看来，可以做到，不一定就能做到；即使不能做到，也不妨害可以做到。那么，能够不能够与可以不可以，它们的差别是很大的了，他们不可以互相对调，也是很清楚的了。）

七

尧问于舜曰："人情何如？"（【参考译文】尧问舜说："人之常情怎么样？"）

舜对曰："人情甚不美，又何问焉！妻子具而孝衰于亲，嗜欲得而信衰于友，爵禄盈而忠衰于君。人之情乎！人之情乎！甚不美，又何问焉！唯贤者为不然。"（【参考译文】舜回答说："人之常情很不好，又何必问呢？有了妻子儿女，对父母的孝敬就减弱了；嗜好欲望满足了，对朋友的守信就减弱了；爵位俸禄满意了，对君主的忠诚就减弱了。人之常情啊！人之常情啊！很不好，又何必问呢？只有贤德的人不是这样。"）

有圣人之知者，有士君子之知者，有小人之知者，有役夫之知者。多言则文而类，终日议其所以，言之千举万变，其统类一也；是圣人之知也。少言则径而省，伦①而法，若扶之以绳；是

---

① 伦：条理。

士君子之知也。其言也，诏；其行也，悖①；其举事，多悔：是小人之知也。齐给便敏②而无类，杂能旁魄③而无用，析速粹孰④而不急，不恤是非，不论曲直，以期胜人为意，是役夫之知也。（【参考译文】有圣人的智慧，有士君子的智慧，有小人的智慧，有奴仆的智慧。话说得多，但合乎礼义法度，整天谈论他的理由，说起话来旁征博引、千变万化，它的纲纪法度则始终一致，这是圣人的智慧。话说得少，但直截了当而简洁精练，头头是道而有法度，就像用墨线扶持着一样，这是士君子的智慧。说话奉承讨好，行为却与说的相反，做事经常后悔，这是小人的智慧。说话快速敏捷但没有法度，技能驳杂，广博而无用，分析问题迅速、遣词造句熟练但无关紧要，不顾是非，不讲曲直，以希望胜过别人作为心愿，这是奴仆的智慧。）

有上勇者，有中勇者，有下勇者。天下有中⑤，敢直其身；先王有道，敢行其意；上不循于乱世之君，下不俗于乱世之民；仁之所在无贫穷，仁之所亡无富贵⑥；天下知之，则欲与天下同苦乐之；天下不知之，则傀然⑦独立天地之间而不畏：是上勇也。礼恭而意俭，大齐信焉，而轻货财；贤者敢推而尚⑧之，不肖者敢援而废之：是中勇也。轻身而重货，恬祸而广解苟免，不恤是非然不然之情，以期胜人为意：是下勇也。（【参考译文】有上等的勇敢，有中等的勇敢，有下等的勇敢。天下有了中正之道，敢于挺身捍卫；古代的

---

① 悖：违背。其言也诏，其行也悖：指阳奉阴违。
② 齐给便敏：等于说"齐给便利"。
③ 旁魄 [bó]：通"旁薄"、"磅礴"，广大无边。
④ 粹：通"萃"，聚集，指连缀文辞。孰：同"熟"。
⑤ 中：中正之道，指礼义。
⑥ 俗：用作动词，指与世沉浮，以世人之习俗为习俗。一说"俗"为"沿"字之误，与"循"同义。这两句是说：这种人在仁政统治下就会因为与仁德之君志同道合而得志，因而也不会贫穷；如果君主不行仁政，他就不愿同流合污而富贵。
⑦ 傀 [kuǐ] 然：同"块然"、"岿然"。
⑧ 尚：通"上"。

圣王有正道传下来，敢于贯彻执行他们的原则精神；上不依顺动乱时代的君主，下不混同于动乱时代的人民；在仁德存在的地方不顾贫苦穷厄，在仁德丧失的地方不愿富裕高贵；天下人都知道他，就要与天下人同甘共苦；天下人不知道他，就岿然屹立于天地之间而无所畏惧；这是上等的勇敢。礼貌恭敬而心意谦让，重视中正诚信而看轻钱财，对于贤能的人敢于推荐而使他处于高位，对于不贤的人敢于把他拉下来罢免掉；这是中等的勇敢。看轻自己的生命而看重钱财，不在乎闯祸而又多方解脱苟且逃避罪责；不顾是非、正误的实际情况，把希望胜过别人作为自己的心愿，这是下等的勇敢。)

　　繁弱、巨黍古之良弓也；然而不得排檠①则不能自正。桓公之葱、太公之阙、文王之录、庄君之曶、阖闾之干将、莫邪、巨阙、辟闾，此皆古之良剑也；然而不加砥厉则不能利，不得人力则不能断。骅骝、骐骥、纤离、绿耳，此皆古之良马也；然而必前有衔辔之制，后有鞭策之威，加之以造父之驭，然后一日而致千里也。夫人虽有性质美而心辩知，必将求贤师而事之，择良友而友之。得贤师而事之，则所闻者尧舜禹汤之道也；得良友而友之，则所见者忠信敬让之行也。身日进于仁义而不自知也者，靡使然也。今与不善人处，则所闻者欺诬诈伪也，所见者污漫淫邪贪利之行也，身且加于刑戮而不自知者，靡使然也。传曰："不知其子视其友，不知其君视其左右。"靡而已矣！靡而已矣！

(【参考译文】繁弱、钜黍，是古代的良弓；但是得不到矫正器的矫正，就不会自行平正。齐桓公的葱、齐太公的阙，周文王的录、楚庄王的曶［hù］、吴王阖闾的干将、莫邪、巨阙、辟闾，这些都是古代的好剑；但是不加以磨砺就不会锋利，不凭借人力就不能斩断东西。骅骝、骐骥、纤骊、绿耳，这些都是古代的良马；

---

① 排檠［qíng］：矫正弓弩的器具。

但是必须前有马嚼子、马缰绳的控制，后有鞭子的威胁，再给它们加上造父的驾驭，然后才能一天跑得到上千里。人即使有了资质的美好，而且脑子善于辨别理解，也一定要寻找贤能的老师去教育他，选择德才优良的朋友和他们交往。得到了贤能的老师教育，那么所听到的就是尧、舜、禹、汤的正道；得到了德才优良的朋友而和他们交往，那么所看到的就是忠诚守信恭敬谦让的行为；自己一天天地进入到仁义的境界之中而自己也没有察觉到，这是外界接触使他这样的啊。如果和德行不好的人相处，那么所听到的就是欺骗造谣、诡诈说谎，所看到的就是污秽卑鄙、淫乱邪恶、贪图财利的行为，自己将受到刑罚杀戮还没有自我意识到，这也是外界接触使他这样的啊！古书上说："不了解自己的儿子就看看他的朋友怎么样，不了解自己的君主就看看他身边的人怎么样。"不过是外界的接触罢了。)

实性

董仲舒

董仲舒（前179—前104），西汉大儒，专治《春秋公羊传》，曾任博士、江都相和胶西王相，有《春秋繁露》十七卷传世。

本篇选自《春秋繁露》卷十，题为《实性》，意为"核实人性"，即定义"人性"这一概念，也就是文中所说的"正名"。其要点是："性虽出善，而性未可谓善也。"（善虽然出自人性，但人性不能称之为善。）既然"性未可谓善"，所以文中直截了当地批评孟子性善论"过矣"（可见在西汉初年，孟子还不是"圣人"）。那么，"性"又是如何"出善"的呢？他先强调，他所说的"性"是指"中民之性"（也就是一般人的本性），至于"圣人之性"和"斗筲之性"（愚民之性），则不能称为"性"；然后他说："性者，天质之朴也；善者，王教之化也。"意思就是：善是由"王教"从"天质之朴"中"化"出来的，也就是教育的结果。其中的"王教"，大概就基于"圣人之性"——他之所以说"圣人之性不可以名性"，原因就在这里。否则，如若说所有人的本性都是"天质之朴"，那么由谁来"教化"呢？不就有和荀子一样的漏洞了吗？但问题是，说人有三种本性，是不是太武断了？

孔子曰："名不正，则言不顺。"今谓性已善，不几于无教而如其自然！又不顺于为政之道矣。且名者，性之实；实者，性之质。质无教之时，何遽①能善？（【参考译文】孔子说："名称不端正，称说起来就不通顺。"如今有人认为人的本性已经善良，不是近乎不行教化而如同原来的自然状态一样！这种看法又和管理政事的方法不一致。况且名称，是本性的实质；实质，是本性的原初。原初没有接受教化，怎么会一下子变成善呢?）

善如米，性如禾。禾虽出米，而禾未可谓米也。性虽出善，而性未可谓善也。米与善，人之继天而成于外也，非在天所为之内也。天所为，有所至而止。止之内谓之天，止之外谓之王教。王教在性外，而性不得不遂。故曰性有善质，而未能为善也。（【参考译文】善如同米一样，本性如同禾苗一般。禾苗虽然能生出米，但禾苗不可以叫做米。本性虽然可以培养出善，但本性不可以叫作善。米和善，是人继承天命而在上天之外形成的，不是上天自己完成的。上天的作为，达到目标就可以停止。在作为之内停止的叫作上天的本性，在上天作为之外停止的叫作天子教化的结果。天子的教化是在本性之外，而本性不得不顺随教化。所以说本性有善的基础，却没有达到善。）

岂敢异辞，其实然也。天之所为，止于茧麻与禾。以麻为布，以茧为丝，以禾为饭，以性为善，此皆圣人所继天而进也，非情性质朴之能至也，故不可谓性。正朝夕者视北辰，正嫌疑者视圣人。圣人之所名，天下以为正。今按圣人言中，本无性善名，而有善人，吾不得见之矣。使万民之性皆已能善，善人者何为不见也？（【参考译文】哪敢讲和先圣观点不同的话，实质就是如此。上天的作为，只限于蚕茧、桑麻和禾苗。用桑麻织成布帛，用蚕茧抽成丝，用禾苗生成

---

① 遽［jù］：突然。

米，将本性变成善，这些全是圣人继承上天之命而进一步教化而成的，不是人的本性、情感本身就能实现的，所以不能叫做本性。校正早晚时间要观察北斗星，纠正有嫌疑的人就让他观察圣人。圣人所说的话，天下人就认为正确。如今考察圣人的言论中，本来没有性善的说法，若有善人，我也没有见过。假使所有人的本性全已经成善，善人为什么还见不到？)

观孔子言此之意，以为善甚难当。而孟子以为万民性皆能当之，过矣。(【参考译文】考察孔子讲这话的用意，以为善是很难达到的。而孟子却认为所有人的本性都能达到，那是错的。)

圣人之性不可以名性，斗筲①之性又不可以名性；名性者，中民之性。中民之性如茧如卵。卵待覆二十日而后能为雏，茧待缲以涫汤②而后能为丝，性待渐於教诲而后能为善。善，教训之所然也，非质朴之所能至也，故不谓性。(【参考译文】圣人的本性不能称作性，下愚之人的本性又不可以叫做性；称叫本性的，是普通人的本性。普通人的本性如同蚕茧和鸟卵。鸟卵须等到孵化二十天后才能变成雏鸟，蚕茧须等到缲丝放在热水中后才能变成丝，本性须等到逐渐地进行教化之后才能变成善。善，是教化规范才出现的，不是只依靠原来的本质就能具有的，所以不能称之为性。)

性者，宜知名矣，无所待而起，生而所自有也。善所自有，则教训已非性也。是以米出于粟，而粟不可谓米；玉出于璞，而璞不可谓玉；善出于性，而性不可谓善。其比多在物者为然，在性者以为不然，何不通于类也？卵之性未能作雏也，茧之性未能作丝也，麻之性未能为缕也，粟之性未能为米也。(【参考译文】本性是应该知晓的名称，不用等待什么条件就出现，是人生来就具有的。如果善也

---

① 斗筲：指下愚之民。
② 缲：同"缫"，蚕茧用热水浸泡后抽丝。涫汤：即沸水。

是生来就具有的，那么教化和规范才具有的善就不是本性。所以米是从谷子磨出的，但谷子不可说就是米；玉是从璞石中选出的，但璞石不能叫做玉；善从本性中修养而成，而性不能叫做善。这些比喻在许多事物中认为正确，在人的本性上却认为不对，为什么不和各类事物通盘考虑？鸟卵的本性不能说是雏鸟，蚕茧的本性不能看作丝，麻的本性不能看作麻缕，谷子的本性也不能认为是米。）

《春秋》别物之理以正其名，名物必各因其真。真其义也，真其情也，乃以为名。名霣石则后其五，退飞则先其六，此皆其真也。圣人于言，无所苟而已矣。(【参考译文】《春秋》依据区分事物的原则匡正名称，名称和事物本身一定各自依照真实的情况表达。真实地表达各自的意义，真实地表达各自的本性，就依照这样的原则确立名称。称陨然后再说陨石有五块，说鹢鸟后退着飞却先说有六只，这全是表达真实情况。圣人对使用语言，从不马虎而已。）

性者，天质之朴也；善者，王教之化也。无其质，则王教不能化；无其王教，则质朴不能善。质而不以善性，其名不正，故不受也。(【参考译文】人性，是自然具有的东西；善，是君王教化的产物。没有自然本质，天子的教育不能实现；没有天子的教育，自然本质不能成为善。不能用善和性代替自然本质，那样名称就不端正，所以不能接受。）

原性

韩愈

韩愈（768—824），字退之，自谓"郡望昌黎"，世称"韩昌黎"，唐代诗人、文豪，曾任刑部侍郎、吏部侍郎，有《昌黎先生集》《外集》传世。

本篇选自《昌黎先生集》，题名为《原性》，意为"推究人性"（原：初见《汉书·薛宣传》，其中有"原心定罪"，注曰："原，谓寻其本也。"）。文中发挥董仲舒之说，不仅说"性之品有三"，还引入了"情"，同时定"情之品有三"，并称"性之于情，视其品"、"情之于性，视其品"；也就是说，"性"与"情"是相互影响的。继而对孟子性善论、荀子性恶论和扬子性混论均提出质疑，以为"皆举其中而遗其上下者也"，也就是只注意"中品"而忽视了"上品"和"下品"，所以孟子、荀子、扬子都不能自圆其说。那么，关于人性，应该如何看呢？那就是孔子所说"唯上智与下愚不移"，即：上、中、下三品，生来如此，不可改变。然而，这里所说的"性"，其实并不是本性，而是品性——因为若是本性，就不应有个体差异（否则就谈不上"本"），而只有品性，才有高低之分。

性也者，与生俱生也①；情也者，接于物而生也②。(【参考译文】天性，是与生俱来的；情感，是接触事物而产生的。)

性之品③有三，而其所以为性者五；情之品有三，而其所以为情者七。(【参考译文】天性的品位有三等，而可以称为天性的有五种；情感的品位也有三等，而可以称为情感的有七种。)

曰：何也？曰：性之品有上、中、下三。上焉者，善焉而已矣；中焉者，可导而上下也；下焉者，恶焉而已矣。其所以为性者五：曰仁、曰礼、曰信、曰义、曰智。上焉者之于五也，主于一而行于四④；中焉者之于五也，一不少有⑤焉，则少反⑥焉，其于四也，混；下焉者之于五也，反于一而悖于四。性之于情，视其品。(【参考译文】有人问：怎么讲？回答是：天性的品位有上、中、下三等。上等品位，就是善；中等品位，可引导为上下品位；下等品位，就是恶。可以称为天性的有五种，即：仁、礼、信、义、智。对这五种天性，上等品位的人以第一种天性为主导而履行其余四种；中等品位的人不是不太注重、就是稍有违反第一种天性，其余四种也就含混不清；下等品位的人则完全违反第一种天性而有悖其余四种。天性之于情感（的影响）取决于品位。)

情之品有上、中、下三，其所以为情者七：曰喜、曰怒、曰哀、曰惧、曰爱、曰恶、曰欲。上焉者之于七也，动而处其中；中焉者之于七也，有所甚⑦，有所亡⑧，然而求合其中者也；下

---

① 性：人之本性。与生俱生：生来就有。
② 情：人之情感。接于物而生：接触事物而产生。
③ 品：品位。
④ 主于一而行于四：以其中第一种（仁）为主导而履行其余四种。
⑤ 少有：不太有。
⑥ 少反：稍违反。
⑦ 甚：过于。
⑧ 亡：寂灭。

焉者之于七也，亡与甚，直情而行者也。情之于性，视其品。
(【参考译文】情感的品位有上、中、下三等，而可以称为情感的有七种，即：喜、怒、哀、惧、爱、恶、欲。这七种情感，在上等品位的人身上都是很适中的；在中等品位的人身上有的太强烈，有的太微弱，只是合在一起还算适中；在下等品位的人身上则不是太强烈，就是太微弱，所以是凭一时的心情行事。情感之于天性（的影响）取决于品位。）

孟子之言性曰：人之性善；荀子之言性曰：人之性恶；扬子①之言性曰：人之性善恶混。夫始善而进恶，与始恶而进善，与始也混而今也善恶②，皆举其中而遗其上下③者也，得其一而失其二者也。(【参考译文】孟子说到天性时说：人的天性是善的；荀子说到天性时说：人的天性是恶的；扬子说到天性时说：人的天性是善恶相混的。说人的天性始于善而后来才有恶，或者说人的天性始于恶而后来才有善，或者说人的天性始于混而至今又善又恶，都是只提到中等品位而遗忘了上下等品位，只注意到一种品位而忽略了其余两种。）

叔鱼④之生也，其母视之，知其必以贿死；杨食我⑤之生也，叔向之母闻其号⑥也，知必灭其宗；越椒⑦之生也，子文以为大戚⑧，知若敖氏之鬼不食⑨也。人之性果善乎？(【参考译文】叔鱼出

---

① 扬雄，西汉玄学家、辞赋家，有《太玄》《法言》等传世。
② 夫：文言发语词，无义。始善而进恶：由善而变恶（指孟子言性本善）。始恶而进善：由恶而变善（指荀子言性本恶）。始也混而今也善恶：由混而至善恶不明（指扬子言性本混）。
③ 举其中而遗其上下：只注意中等品位而忽略了上等和下等品位。
④ 叔鱼，春秋时晋国大臣，因受贿枉法而被诛杀，为史书所载第一个贪官。
⑤ 杨食我，春秋时晋国大夫，史书所载第一个奸臣，后被晋顷公灭门。
⑥ 叔向，杨食我之父。号：哭声。
⑦ 越椒，春秋时楚国大夫，因谋反而被射杀，为史书所载第一个逆臣。
⑧ 子文，越椒之叔。戚：悲戚。
⑨ 若敖氏之鬼不食：若敖氏（子文、越椒所属宗族）的人死了将无人祭祀（即断子绝孙）。

生时,他母亲一看到他,就知道他必定会死于受贿;杨食我出生时,他的祖母(叔向之母)听到他的哭声,就知道他必定会给宗族带来灭门之灾;越椒出生时,他的叔父子文为此悲伤不止,知道属于自己的这一姓氏的人都将断子绝孙。人的天性果真是善的吗?)

后稷①之生也,其母无灾,其始匍匐②也,则岐岐然、嶷嶷然③;文王之在母④也,母不忧,既生也,傅不勤⑤,既学也,师不烦。人之性果恶乎?(【参考译文】后稷出生时,他的母亲一点不麻烦,而当他刚刚会爬时,就表现得聪慧过人;文王在他母亲腹中时,他母亲无忧无虑,等他出生后,家里的佣人不用忙,等他上学时,不用老师操心。人的天性果真是恶的吗?)

尧之朱、舜之均、文王之管蔡⑥,习非不善也,而卒⑦为奸;瞽瞍之舜、鲧之禹⑧,习非不恶也,而卒为圣。人之性善恶果混乎?(【参考译文】尧的儿子朱、舜的儿子均、文王的儿子管蔡,家里的教养不能说不善,但结果成了坏人;瞽瞍的儿子舜、鲧的儿子禹,家里的教养不能说不恶,但结果成了圣人。人的天性果真是善恶相混的吗?)

故曰:三子⑨之言性也,举其中而遗其上下者也,得其一而失其二者也。(【参考译文】所以说:孟子、荀子、扬子三人谈论人的天性,都

---

① 后稷[jì]:周朝始祖。
② 匍匐:爬行。
③ 岐岐然、嶷[yí]嶷然:幼小聪慧貌。
④ 在母:在母腹未生时。
⑤ 傅[fù]不勤:傅,帮忙的人;勤,操劳。
⑥ 尧之朱、舜之均、文王之管蔡:朱,尧之子;均,舜之子;管蔡,文王之子
⑦ 卒:终。
⑧ 瞽[gǔ]瞍[sǒu]之舜、鲧[gǔn]之禹:瞽瞍,舜之父;鲧,禹之父。
⑨ 三子:指孟子、荀子、扬子。

是只提到中等品位而遗忘了上下等品位,只注意到一种品位而忽略了其余两种。)

曰:然则性之上下者,其终不可移①乎?曰:上之性,就学而易明②;下之性,畏威而寡罪③。是故④上者可教,而下者可制⑤也。其品,则孔子谓不移也。(【参考译文】有人问:既然人的天性有上下之分,是不是永远不可改变?回答是:上等天性的人,只要一学就能明理;下等天性的人,畏惧权威才不犯罪。所以,上等天性的人可以教而成材,下等天性的人可以管而守法。至于品位,则如孔子所说,不可改变。)

曰:今之言性者异于此,何也?曰:今之言者,杂佛老⑥而言也。杂佛老而言也者,奚⑦言而不异!(【参考译文】有人问:当今谈论天性的人,他们的说法和这不一样,为什么?回答是:当今谈论天性的人,他们的说法混杂着佛教和老庄之说。混杂着佛教和老庄之说谈论天性的人,怎么会和我一样!)

---

① 移:移位,改变。
② 就学而易明:一学就很容易明理。
③ 畏威而寡罪:畏惧权威才不犯罪。
④ 是故:所以。
⑤ 制:管制。
⑥ 杂:混杂。佛老:佛教和老庄(灭情见性之说)。
⑦ 奚:怎么会。

扬雄论

苏轼

苏轼（1037—1101），字子瞻，号东坡居士，世称"苏东坡"，北宋诗人、文豪，曾任翰林学士、侍读学士、礼部尚书等职，有《东坡全集》传世。

本篇选自《东坡全集》卷四十七，题为《扬雄论》，其实文中只有两处提到扬雄，主要内容是驳斥韩愈《原性》一文。其要点有三：一、韩愈"未知乎所谓性者，而以夫才者言之"；即：韩愈根本就弄错了，把人的才智当作人的本性来讨论，所以才有所谓"性之品有三"之说，还称此为孔子所说的"上智与下愚不移"，其实"孔子所谓'中人可以上下，而上智与下愚不移'者，是论其才也，而至于言性，则未尝断其善恶，曰'性相近也，习相远也'而已"。二、韩愈"离性以为情，而合才以为性。是故其论终莫能通"；即：韩愈把"性"与"情"弄颠倒了，他所说的"情"，其实就是"性"（"夫所谓情者，乃吾所谓性也"）。三、韩愈"欲以一人之才，定天下之性"；即：韩愈认为只有他一人是对的，其他人都错了，还说其他人是"杂乎佛老"，而实际上，"愈之说，以为性之无与乎情，而喜、怒、哀、乐皆非性者，是愈流入于佛老而不自知也"。

那么，关于人性之善恶，苏轼本人的观点又如何？文中有一段，直接表明了他的看法:"由此观之,则夫善恶者,性之所能之,而非性之所能有也。且夫言性者,安以其善恶为哉!虽然,扬雄之论,则固已近之,曰:'人之性也,善恶混。修其善,则为善人,修其恶,则为恶人。'此其所以为异者,唯其不知性之不能以有夫善恶,而以为善恶之皆出乎性也而已。"不仅表明了他的看法,还说"扬雄之论"与他相近,但又有所不同——也许,这就是此文题名为《扬雄论》的理由。

昔之为性论者多矣,而不能定于一。始孟子以为善,而荀子以为恶,扬子①以为善恶混。而韩愈者,又取夫②三子之说,而折③之以孔子之论,离④性以为三品,曰"中人可以上下,而上智与下愚不移",以为三子者,皆出乎其中,而遗其上下。而天下之所是者,于愈之说⑤为多焉。【参考译文】从前关于人性的议论很多,但是没有统一的认识。最开始孟子认为人性本来是好的,而荀子认为人性本来是坏的,扬雄认为人性是好坏混杂的。而韩愈呢,用了那三人的观点,用孔子的观点来论断,把人性区别为三个种类。他说:"普通人的人性能够变好也能变坏,但是高才智的和愚昧的人的人性不会发生改变。"他认为孟子、荀子和扬雄的观点,都是议论的普通人,而遗漏了才智高的人和愚昧的人。天下认为针对这个问题,大多同意韩愈的说法。)

嗟夫,是未知乎所谓性者,而以夫才者言之。夫性与才相近而不同,其别不啻⑥若白黑之异也。圣人之所与小人共之,而皆

---

① 扬雄,西汉玄学家、辞赋家,有《太玄》《法言》等传世。
② 夫:那。
③ 折:断。
④ 离:分。
⑤ "愈之说"见韩愈《原性》一文。
⑥ 不啻[chì]:不止。

不能逃焉，是真所谓性也。而其才固将有所不同。今夫①木，得土而后生，雨露风气之所养，畅然而遂茂者，是木之所同也，性也。而至于坚者为毂②、柔者为轮，大者为楹③、小者为榱④。榱之不可以为楹，轮之不可以为毂，是岂其性之罪耶？天下之言性者，皆杂乎才而言之，是以⑤纷纷而不能一也。（【参考译文】唉，韩愈是不懂得什么是人性，却把它当成才智来讨论。人性和才智相似但是不同，它们的区别就像黑色白色的分别。圣人和小人共同拥有，都躲避不了的，才是真正的人性。但是才智和人性有本质的区别。比如树木，得到土壤才能生长，雨露、空气给它提供养分，无拘束的生长并最后长得很茂盛，这是树木的共同点，这就是树木的"属性"。结实的做成车轴，柔软的做成车轮，大的做成房梁，小的做成椽子。椽子不能当作房梁，车轮不能当作车轴，难道是它们的属性的原因吗？天下谈论人性的人，都是把人性和才智混淆了说的，所以纷纷杂杂而没有统一的观点。）

孔子所谓"中人可以上下，而上智与下愚不移"者，是论其才也。而至于言性，则未尝断其善恶，曰"性相近也，习相远也"而已。（【参考译文】孔子说的普通人可以变好也可以变坏，但是才智高的和愚昧的人不能改变，是说的人的才智。对于人性来说，却没有判定它的本质是好是坏，他只不过说了"人的品性差不多，习性差别很大"而已。）

韩愈之说，则又有甚者，离性以为情，而合才以为性。是故其论终莫能通。彼以为性者，果泊然而无为耶，则不当复有善恶之说。苟性而有善恶也，则夫所谓情者，乃吾所谓性也。（【参考译文】韩愈的说法，则不限于此，他把人性当成情感，情感加才智作为人性。所

---

① 今夫：就看那（譬如）。
② 毂 [gǔ]：轴。
③ 楹 [yíng]：梁。
④ 榱 [jué]：椽。
⑤ 是以：所以。

以他的论证讲不通。如果说人性真的是指淡泊无为,那么就不该再有善恶的说法。如果人性有善恶之分的话,那么他说的情感,就是我说的人性。)

人生而莫不有饥寒之患、牝牡①之欲。今告乎人曰:饥而食、渴而饮、男女之欲,不出于人之性也,可乎?是天下知其不可也。圣人无是,无由以为圣;而小人无是,无由以为恶。圣人以其喜、怒、哀、惧、爱、恶、欲七者御之,而之乎善;小人以是七者御之,而之乎恶。【参考译文】人生下来都担心饥饿寒冷,都有和异性交配的欲望。如果对人说:饿了吃饭、渴了喝水、男女间的性欲,不是因为人的本性,能行吗?所有人都知道这是不对的。圣人没有"人性",就没法成为圣人;小人没有"人性",就没法成为坏人。圣人把自己的喜怒哀惧爱恶欲这七种情感控制平衡,就成了好人;小人把这七种情感控制不好,就成了坏人。)

由此观之,则夫善恶者,性之所能之,而非性之所能有也。且夫言性者,安以其善恶为哉!虽然,扬雄之论,则固已近之,曰:"人之性也,善恶混。修其善,则为善人;修其恶,则为恶人。"②此其所以为异者,唯其不知性之不能以有夫善恶,而以为善恶之皆出乎性也而已。【参考译文】从这可以看出,善与恶,是人的本性能改变它的,而不是人性具有的属性。况且谈论人性的人,怎么能从善恶方面分析呢!就算如此,扬雄的观点,就差不多很接近了,他说:"人的本性好坏混杂。培养好的方面就是好人,培养坏的方面就是坏人。"这之所以不同,只因为他不懂得人的本性不包括善恶,而以为善恶是属于人性的而已。)

夫太古之初,本非有善恶之论,唯天下之所同安者,圣人指以为善,而一人之所独乐者,则名以为恶。天下之人,固将即其

---

① 牝[pìn]牡:雌雄(男女)。
② 引自扬雄《法言·修身篇第三》。

所乐而行之，孰知夫圣人唯其一人之独乐不能胜天下之所同安，是以有善恶之辨。而诸子之意，将以善恶为圣人之私说，不已疏①乎！（【参考译文】世上才开始有人的时候，并没有善恶之分，只是天下人都能从中得到好处的，圣人把它叫做"善"，而只有少数人得到好处的，圣人把它叫做"恶"。天下的人，就会去做自己能得到好处的事情，却不知道圣人认为一个人得到好处的事情不能压倒多数人得到好处的事情，所以有了善恶的区分。而上面这几个人的观点，都把事情区分成有好有坏看作是圣人出于自己的私心，这不是有漏洞吗！）

而韩愈又欲以书传之所闻昔人之事迹，而折夫三子之论，区区乎以后稷②之岐嶷③，文王之不勤④，瞽、鲧、管蔡⑤之迹而明之。圣人之论性也，将以尽万物之天理，与众人之所共知者，以折天下之疑。而韩愈欲以一人之才，定天下之性，且其言曰"今之言性者，皆杂乎佛老⑥"。愈之说，以为性之无与乎⑦情，而喜、怒、哀、乐皆非性者，是愈流入于佛老而不自知也。（【参考译文】然而韩愈又想用从书籍传记中读来的古人事迹判断孟子、荀子、扬雄三人的观点，用区区几个例子：后稷的年轻英俊，周文王的勤政，瞽、鲧、管蔡的事迹来证明。圣人讨论人性，是穷究万物的原理，用众人都知道的道理，来论断天下人的疑惑。而韩愈却打算凭借自己一人的才智，论定人性，而且他说："如今讨论人性的，都掺杂着佛教和老庄的说法。"韩愈的说法，认为人性和情感没有关系，喜怒哀乐都不属于人性，这是韩愈陷入了佛教和老庄的说法而自己却不知道。）

---

① 疏［shū］：同"疏"（疏漏）。
② 后稷：周朝始祖。
③ 岐嶷［yí］：峻茂之状，喻英俊。
④ 不勤："无不勤"（即勤劳）的省略说法。
⑤ 瞽，舜之父；鲧，禹之父；管蔡，文王之子。
⑥ 佛老：佛教之说和老庄之说。
⑦ 无与乎：无关乎。

论性

王国维

王国维（1877—1927），字静安（亦作静庵），近代学者，博学多才，重要著作有《人间词话》《宋元戏曲史》和自编集《静庵文集》等。

本文选自《静庵文集》（1905），其论点是："古今东西之论性，未有不自相矛盾者。"为何？因为"性之为物，超乎吾人之知识外也"，而"超乎经验之外，吾人固有言论之自由，然至欲说明经验上之事实时，则又不得不自圆其说，而复返于二元论。故古今言性者之自相矛盾，必然之理也"。但本文的价值并不仅限于这些，更在于作者为证明这一观点而对"我国之言性者"所作的一个相当全面的梳理——上起尧舜，下至宋明，其间述及先秦诸子、汉唐大家，可谓一部"中国论性简史"。而其目的，则如作者自己所言，"今略述古人论性之说，而暴露其矛盾，世之学者可以观焉"。

今吾人对一事物，虽互相反对之议论，皆得持之而有故①、

---

① 故：缘故。

言之而成理，则其事物必非吾人所能知者也。二加二为四、二点之间只可引一直线，无论何人，未有能反对之者也。因果之相嬗①、质力之不灭，无论何人，未有能反对之者也。数学及物理学之所以为最确实之知识者，岂不以此矣乎？今《孟子》之言曰："人之性善。"《荀子》之言曰："人之性恶。"二者皆互相反对之说也，然皆持之而有故、言之而成理，然则吾人之于人性固有不可知者在欤？孔子之所以罕言性与命②者，固非无故欤？

且于人性论中，不但得容反对之说而已，于一人之说中，亦不得不自相矛盾：《孟子》曰："人之性善，在求③其放④心而已。"然使之放其心者谁欤？《荀子》曰："人之性恶，其善者，伪⑤也。"然所以能伪者何故欤？汗德⑥曰："道德之于人心，无上之命令也。"何以未几而又有根恶之说⑦欤？叔本华⑧曰："吾人之根本，生活之欲也。"然所谓拒绝生活之欲⑨者，又何自来欤？

古今东西之论性，未有不自相矛盾者。使⑩性之为物，如数及空间之性质然，吾人之知之也既确，而其言之也无不同，则吾

---

① 相嬗［shàn］：相互更替。
② 性与命：人性与命运。
③ 求：找回。
④ 放：丢失。
⑤ 伪：人为。
⑥ 汗德，通译"康德"（1724—1804），德国哲学家、德国古典哲学奠基人。
⑦ 根恶之说：人性本恶之说（康德所倡）。
⑧ 叔本华（1788—1860），德国哲学家。
⑨ 拒绝生活之欲：叔本华所倡之说。
⑩ 使：假使。

人虽昌言①有论人性之权利，可也。试问吾人果有此权利否乎？今论人性者之反对、矛盾如此，则性之为物，固不能不视为超乎吾人之知识外也。

今夫②吾人之所可得而知者，一先天的知识，一后天的知识也。先天的知识，如空间、时间之形式，及悟性之范畴，此不待经验而生，而经验之所由以成立者，自汗德之知识论出后，今日殆为定论矣。后天的知识乃经验上之所教我者，凡一切可以经验之物皆是也。二者之知识皆有确实性，但前者有普遍性及必然性，后者则不然？然其确实则无以异也③。今试问性之为物，果得从先天中或后天中知之乎？先天中所能知者，知识之形式，而不及于知识之材质，而性固一知识之材质也，若谓于后天中知之，则所知者又非性。何则？吾人经验上所知之性，其受遗传与外部之影响者不少，则其非性之本来面目，固已久矣。故断言之曰：性之为物，超乎吾人之知识外也。

人性之超乎吾人之知识外，既如斯矣，于是欲论人性者，非④驰于空想之域，势不得不从经验上推论之。夫经验上之所谓性，固非性之本，然苟⑤执经验上之性以为性，则必先有善恶二元论起焉。何则？善恶之相对立，吾人经验上之事实也，反对之事实，而非相对之事实也。相对之事实，如寒热、厚薄等是。大热曰"热"，小热曰"寒"。大厚曰"厚"，稍厚曰"薄"。善恶

---

① 昌言：同"畅言"。
② 今夫：今天（夫：语气助词，无义，同"啊"、"哪"）。
③ 实则无以异也：实则是没有区别的。
④ 非："除非"的省略说法。
⑤ 苟［gǒu］：如果。

则不然。大善曰"善",小善非"恶";大恶曰"恶",小恶亦非"善"。又积极之事实,而非消极之事实也。有光曰"明",无光曰"暗"。有有曰"有",无有曰"无"。善恶则不然。有善曰"善",无善犹"非恶";有恶曰"恶",无恶犹"非善"。唯其为反对之事实,故善恶二者,不能由其一说明之,唯其为积极之事实,故不能举其一而遗其他。故从经验上立论,不得不盘旋于善恶二元论之胯下,然吾人之知识,必求其说明之统一,而决不以此善恶二元论为满足也。于是性善论、性恶论,及超绝的一元论(即性无善无不善说,及可以为善可以为不善说),接武①而起。

夫立于经验之上以言性,虽所论者非真性,然尚不至于矛盾也。至超乎经验之外而求其说明之统一,则虽反对之说,吾人得持其一,然不至自相矛盾不止。何则?超乎经验之外,吾人固有言论之自由,然至欲说明经验上之事实时,则又不得不自圆其说,而复返于二元论。故古今言性者之自相矛盾,必然之理也。今略述古人论性之说,而暴露其矛盾,世之学者可以观焉。

我国之言性者,古矣。尧之命舜曰:

人心唯危,道心唯微②。

仲虺③之诰汤④曰:

---

① 武:踵。
② 此句大意是:"人之心非常危险,道之心非常微妙。"
③ 仲虺[huī],又叫莱朱,与伊尹并为商汤左、右相,辅佐商汤完成大业。
④ 诰汤:作诰于汤。诰[gào]:古代以大义谕众叫"诰"。汤:即商汤,亦称"成汤",商朝开国君王。

唯天生民，有欲无主乃乱，唯天生聪明时乂①。

《汤诰》则云：

惟皇上帝，降衷于下民。若有恒性，克绥厥猷②惟后。③

此二说互相发明④，而与霍布士⑤之说若合符节⑥，然人性苟恶而不可以为善，虽聪明之君主，亦无以乂之。而聪明之君主，亦天之所生也，又苟有善之恒性，则岂待君主之绥乂之乎？然则二者非互相预想，皆不能持其说，且仲虺之于汤，固所谓见而知之者，不应其说之矛盾如此也。二诰之说，不过举其一面而遗其他面耳。嗣是以后，人又有唱⑦一元之论⑧者。诗曰：

天生蒸民，有物有则。民之秉彝，好是懿德⑨。

---

① 乂[yì]：治理。此句大意是："上天生养人民，人人都有情欲，没有君主，人民就会乱，因此上天又生出聪明的人来治理他们。"
② 克绥厥猷[yóu]：遵循此道。绥：原义为挽手上车的绳索，引申为安抚、顺应之意。猷：道、法则。
③ 此句大意是："天帝将善道赋予下民，使民有常性，那么能顺乎其道的则为天子。"
④ 互相发明：互相生发、说明。
⑤ 霍布士，通译"霍布斯"，17世纪英国政治家、哲学家。
⑥ 若合符节：完全吻合。
⑦ 唱：同"倡"。
⑧ 一元论：近代欧洲哲学界所用术语，意为"万物起于单一本源"，如唯物主义之"物质"、唯心主义之"精神"。与一元论相对，是二元论，意为"世界有两个对立的、不可调和的本源"，如认为世界有物质和精神两个本源；人有善与恶两种本性，等等。
⑨ 此句大意是："上天生养万民，事物都有法则。百姓把握常规，喜爱美好品德。"

刘康公①所谓"民受天地之中以生"者，亦不外《汤诰》之意。至孔子而始唱超绝的一元论，曰：

性相近也，习相远也。

又曰：

唯上知与下愚不移。

此但从经验上推论之，故以之说明经验上之事实，自无所矛盾也。告子本②孔子之人性论，而曰：

生之谓性，性无善无不善也。

又曰：

性犹湍水也，决诸东方则东流，决诸西方则西流。

此说虽为孟子所驳，然实孔子之真意。所谓"湍水"者，性相近之说也，"决诸东方则东流，决诸西方则西流"者，习相远之说也。孟子虽攻击之而主性善论，然其说，则有未能贯通

---

① 刘康公，名季子，为东周诸侯国刘国开国君主。
② 本：根据。

者。其山木之喻，曰：

> 牛山之木尝美矣……是岂山之性也哉？虽存乎人者，岂无仁义之心哉！其所以放其良心者，亦犹斧斤之于木也，旦旦而伐之，可以为美乎？其昼夜之所息，平旦之气，其好恶与人相近也者几希，则其旦昼之所为，有梏亡之矣。梏之反覆，则其夜气不足以存……此岂人之情也哉！①

然则所谓"旦旦伐之"者何欤？所谓"梏亡之"者何欤？无以名之，名之曰"欲"，故曰"养心莫善于寡欲"。然则所谓"欲"者，何自来欤？若自性出何为而与性相矛盾欤？孟子于是以小体、大体说明之曰：

> 耳目之官不思而蔽于物，物交物则引之而已矣。心之官则思，思则得之，不思则不得也，此天之所以与我者。②

顾以③心为天之所与，则耳目二者，独非天之所与欤？孟子

---

① 此段引文大意是："牛山的树木曾经很茂盛……这难道是山的本性吗？即使是人，难道没有仁义之心吗？他之所以丢失了他的善心，也好像刀斧对待树木一般，天天去砍伐它，能茂盛吗？他日夜息养，清晨的气，其好恶几乎人人差不多，可是白天的作为使它束缚泯灭了。反复遭到束缚，那么夜晚息养之气就不足以存留……这难道是人的本来情状吗？"
② 此段引文大意是："耳朵、眼睛的官能是不思考的，所以为事物所蒙蔽，它们与事物相接触只是受到诱导罢了。心的官能是思考，思考便有所得，不思考便无所得。这是上天赋予我们的。"
③ 顾以：就算。

主性善，故不言耳目之欲之出于性，然其意则正如此，故孟子之性论之为二元论，昭然无疑矣。

至荀子反对孟子之说而唱性恶论，曰：

> 礼义法度，是生于圣人之伪，非故生于人之性也。若夫目好色、耳好声、口好味、心好利、骨体肤理好愉佚，是皆生于人之情性者也。感而自然，不待事而后生之者也。夫感而不能然，必且待事而后然者，谓之生于伪，是性伪之所生，其不同之征也。故圣人化性而起伪。①

又曰：

> 古者圣人以人之性恶，以为偏险而不正、悖乱而不治，故为之立君上之势以临之，明礼义以化之，起法政以治之，重刑罚以禁之，使天下皆出于治，合于善。此圣王之治，而礼义之化也。今试去君上之势，无礼义之化；去法政之治，无刑罚之禁，倚而观天下人民之相与也。若是，则夫强者害

---

① 此段引文大意是："圣人深思熟虑、熟悉人为的事情，从而使礼义产生了、使法度建立起来了，那么礼义法度便是产生于圣人的人为努力，而不是原先产生于人的本性。至于那眼睛爱看美色，耳朵爱听音乐，嘴巴爱吃美味，内心爱好财利，身体喜欢舒适安逸，这些才都是产生于人的本性的东西，是一有感觉就自然形成、不依赖于人为的努力就会产生出来的东西。那些并不由感觉形成、一定要依靠努力从事然后才能形成的东西，便叫做产生于人为。这便是先天本性和后天人为所产生的东西及其不同的特征。圣人改变了邪恶的本性而作出了人为的努力，人为的努力作出后就产生了礼义，礼义产生后就制定了法度。那么礼义法度这些东西，便是圣人所创制的了。"

弱而夺之，众者暴寡而哗之，天下之悖乱而相亡，不待顷矣。然则人之性恶，明矣，其善者，伪也。①（《性恶篇》）

吾人且进而评其说之矛盾，其最显著者，区别人与圣人为二是也。且夫圣人独非人也欤哉！常人待圣人出、礼义兴，而后出于治，合于善，则夫最初之圣人，即制作礼义者，又安所待欤？彼说礼之所由起，曰：

人生而有欲，欲而不得则不能无求，求而无度量分界则争，争则乱，乱则穷。先王恶其乱也，故制礼义以分之，以养人之欲，给人之求，此礼之所由起也。②（《礼论篇》）

则所谓礼义者，亦可由欲推演之，然则胡不曰"人恶其乱也，故作礼义以分之"，而必曰"先王"何哉？又其论礼之渊源

---

① 此段引文大意是："古代的圣人认为人的本性是恶的，认为人们是偏邪险恶而不端正、悖逆作乱而不守秩序的，所以给他们确立了君主的权势去统治他们，彰明了礼义去教化他们，建立起法治去管理他们，加重刑罚去限制他们，使天下人都从遵守秩序出发、符合于善良的标准。这就是圣明帝王的治理和礼义的教化。如果抛掉君主的权势，没有礼义的教化，废弃法治的管理，没有刑罚的制约，站在一边观看天下民众的相互交往；那么，那些强大的就会侵害弱小的而掠夺他们，人多的就会欺凌人少的而压制他们，天下人悖逆作乱而各国互相灭亡的局面不等片刻就会出现了。由此看来，人的本性是恶的，就很明显了，他们那些善的行为，则是人为的。"

② 此段引文大意是："人生来就有欲望；如果想要什么而不能得到，就不能没有追求；如果一味追求而没有个标准限度，就不能不发生争夺；一发生争夺就会有祸乱，一有祸乱就会陷入困境。古代的圣王厌恶那祸乱，所以制定了礼义来确定人们的名分，以此来调养人们的欲望、满足人们的要求，使人们的欲望决不会由于物资的原因而不得满足，物资决不会因为人们的欲望而枯竭，使物资和欲望两者在互相制约中增长。这就是礼的起源。"

时,亦含矛盾之说。曰:

> 今人之性,饥而欲饱,寒而欲暖,劳而欲休,此人之情也。今人饥,见长而不敢先食者,将有所让也,劳而不敢求息者,将有所代也。夫子之让乎父,弟之让乎兄,子之代乎父,弟之代乎兄,此二行者,皆反于性而悖于情也。①(《性恶篇》)

然又以三年之丧为称情而立文,曰:

> 凡生乎天地之间者,有血气之属,必有知;有知之属,莫不爱其类。今夫大鸟兽,则失亡其群匹,越月逾时,则必反沿,遇故乡则必徘徊焉、鸣号焉、踯躅焉、踟蹰焉,然后能去之也。小者是燕爵,犹有啁噍之顷焉,然后能去之。故有血气之属,莫知于人,故人之于亲也,至死无穷。

故曰:

> 说豫娩泽,忧患萃恶,是吉凶忧愉之情之发于颜色者也……②(《礼论篇》)

---

① 此段引文大意是:"人的本性,饿了想吃饱,冷了想穿暖,累了想休息,这些就是人的情欲和本性。人饿了,看见父亲兄长而不敢先吃,这是因为要有所谦让;累了,看见父亲兄长而不敢要求休息,这是因为要有所代劳。儿子对父亲谦让,弟弟对哥哥谦让;儿子代替父亲操劳,弟弟代替哥哥操劳;这两种德行,都是违反本性而背离情欲的,但却是孝子的原则、礼义的制度。所以依顺情欲本性就不会推辞谦让了,推辞谦让就违背情欲本性了。"

② 此段引文大意是:"凡是生长在天地之间的,有血气的种属一定有智能,而有智能的种属没有不爱自己同类的。现在那些大的飞禽走兽如果失去了(**转下页**)

此与《孟子》所谓"孩提之童,无不知爱其亲,及所以告夷之"者何异,非所谓感于自然,不待事而后然者欤?则其非反于性而悖于情,明矣。于是荀子性恶之一元论,由自己破灭之。

人性之论,唯盛于儒教之哲学中,至同时之他学派则无之。约而言之,老、庄①主性善,故崇自然,申、韩②主性恶,故尚刑名。然在此诸派中,并无争论及之者。至汉而《淮南子》③奉老子之说,而唱性善论,其言曰:

清净恬愉,人之性也。(《人间训》)

故曰:

乘舟而惑者,不知东西,见斗极则寤矣。夫性,亦人之斗极也。有以自见也,则不失物之情;无以自见也,则动而惑营。④

(接上页)它的群体或配偶,那么过了一个月或超过了一定的时间,就一定会返回合群;经过原来住过的地方,就一定会在那里徘徊周旋,在那里啼鸣吼叫,在那里驻足踏步,在那里来回走动,然后才能离开那里。小的嘛就是燕子麻雀之类也还要在那里唧唧喳喳个一会儿……"所以说"高兴欢乐时和颜悦色容光焕发,忧愁悲伤时面色憔悴愁眉苦脸,这是碰到吉利与不幸时忧愁愉快的心情在脸色上的表现……"

① 老、庄,老子和庄子,先秦道家创始人。
② 申、韩,申不害和韩非,先秦法家创始人。
③ 《淮南子》,西汉刘安著。刘安,刘邦之孙,道学家。
④ 此段引文大意是:"乘船夜航迷失方向而不辨东西南北,在看到了北斗星和北极星后才醒悟。这人的平和淡泊的本性是人心中的北斗星和北极星。能够发现自己的平和、淡泊本性,就不会丧失事物的常情和常理;不能发现自己的平和淡泊本性,就会在外物的诱惑下迷乱。"

又曰：

> 人之性无邪，久湛于俗则易，易而忘本，合于若性。故日月欲明，浮云盖之；河水欲清，沙石灭之。人性欲平，嗜欲害之。①（《齐俗训》）

于是《淮南子》之性善论与《孟子》同，终破裂而为性、欲二元论。

同时，董仲舒②亦论人性曰：

> 性之名非生欤？如其生之自然之资之谓性，性者质也。诘性之质于善之名，能中之与？既不能中矣，而尚谓之质善，何哉？……故性比于禾，善比于米。米出禾中，而禾未可全为米也；善出性中，而性未可全为善也。善与米，人之所继天而成于外，非在天之所为之内也。③（《春秋繁露·深察名号篇》）

---

① 此段引文大意是："人的本性本来清正无邪，但长期处于坏的习俗中就会濡染而改变，一旦改变也就遗忘掉了原本的本性，反而能和他周围的人群合拍了。所以说，日月总是想发光明的，但浮云遮盖了它；河水原本应是清澈的，但泥沙污浊了它；人的天性应是平和的，但欲念扰乱了它。"

② 董仲舒，西汉儒学家，著有《春秋繁露》等。

③ 此段引文大意是："反映本性的名称不是本性吗？如同生来俱有的资质叫做本性。本性就是本质。诘问生来俱有的资质对美善的名称，能符合吗？既然不能符合，还要叫做本质美善，为什么？……所以本性和禾苗相类似，善良和米相类似。米从禾苗中产生，但是禾苗不可能全转化为米。善良是由本性中产生，但本性不能全转化为善良。善良与米，是人继承上天的启示之外完成的，不是在上天的作为之内完成的。"

其论法全似《荀子》，而其意则与告子同。然董子亦非能久持此超绝的一元论者。夫彼之形而上学，固阴阳二元论也。其言曰：

> 阳天之德，阴天之刑……阳常居实位，而行于盛；阴常居空虚，而行于末。①（《阳尊阴卑篇》）

故曰：

> 天两有阴阳之施，身亦两有贪仁之性。②（《深察名号篇》）

由此二元论，而一面主性恶之说曰：

> 民之号，取之瞑也。使性而已善，则何故以瞑为号？以瞑者言，弗扶将，则颠陷猖狂，安能善？③（《深察名号篇》）

（刘向④谓"仲舒作书美荀卿⑤"，非无据也）。然一面又谓

---

① 此段引文大意是："阳气是上天的德，阴气是上天的刑……阳气经常居处在充实的位置而在旺盛时实行，阴气经常居处在空虚的位置而在没有办法时实行。"
② 此段引文大意是："上天同时有阴阳二气施放，身也同时有贪婪、仁爱的本性。"
③ 此段引文大意是："民的称呼，由冥暗不明取来。假使本性已经是善的，为什么用昏冥作为称呼？用冥称呼，是说如果不扶持，就要仆倒、放纵无拘束，怎么能做到善？"
④ 刘向，西汉经学家，著有《新序》《说苑》《列女传》等。
⑤ 此句意为"董仲舒写书赞扬荀子之说"。荀卿，即荀况。

天覆育万物，既化而生之，有养而成之。察于天之意无穷极之仁也。人之受命于天也，取仁于天而仁也。①（《王道通三篇》）

又曰：

阴之行不得干春夏，而月之魄常厌于日光。乍全乍伤，天之禁阴如此，安得不损其欲而辍其情以应天？②（《深察名号篇》）

夫人受命于天，取仁于天，捐情辍欲，乃合天道，则又近于性善之说。要之，仲舒之说，欲调和孟、荀二家，而不免以苟且灭裂终者也。至扬雄③出，遂唱性善恶混之二元论。至唐之中叶，伦理学上后提起人性论之问题。韩愈之《原性》、李翱④之《复性书》，皆有名于世。愈区别性与情为二，翱虽谓情由性出，而又以为性善而情恶。其根据薄弱，实无足言者。至宋之王安石，复绍述⑤告子之说。其《性情论》曰：

---

① 此段引文大意是："上天抚育万物，教化并使之生长，又养育并使之完成生长，所以事业的功绩无穷无尽，周而复始，所有的事全归于奉献给人类。考察上天的用意，是无边无际的仁爱。人是从上天接受使命，从上天取得仁爱而成为有仁爱的人。"
② 此段引文大意是："阴气运行不能干扰春夏，月光常被日光掩盖。忽然完全忽然损伤，上天像这样禁止阴气，人类怎么能不减损自己的欲望而停止自己的追求来回应上天？"
③ 扬雄，西汉玄学家，著有《太玄》《法言》等。
④ 李翱，唐代儒学家。
⑤ 绍述：继承。

性、情，一也。七情之未发于外，而存于心者，性也。七情之发于外者，情也。性者，情之本；情者，性之用也。故性、情，一也。

又曰：

君子之所以为君子者，无非情；小人之所以为小人者，无非情；情而当于理，则圣贤也；不当于理，则小人也。

同时，苏轼亦批评韩愈之说，而唱超绝的一元论，又下善之界说。其《扬雄论》曰：

……性者，果泊然而无所为耶，则不当复有善恶之说。苟性之有善恶也，则夫所谓情者，乃吾所谓性也。人生而莫不有饥寒之患，牝牡之欲，今告于人曰：饥而食，渴而饮，男女之欲，不出于人之性也，可乎？是天下知其不可也。圣人无是，无由以为圣；而小人无是，无由以为恶。圣人以其喜、怒、哀、惧、爱、恶、欲七者御之，而之乎善，小人以是七者御之而之乎恶。由是观之，善恶者，性之所能之，而非性所能有也。且夫言性又安以其善恶为哉？虽然，扬雄之论，则固已近之，曰："人之性也，善恶混。修其善，则为善人；修其恶，则为恶人。"此其所以为异者。唯其不知性之不能以有善恶，而以为善恶之皆出于性而已。夫太古之初，本非有善恶之论，唯天下之所同安者，圣人指以为善，而一人之所独乐者,则名以为恶。天下之人,固将即其所乐而行之,孰知圣人唯以其一人之所独乐,不能胜天下之所同安,是以有善恶之辨也。①(《东坡全集》卷四十七)

苏、王二子,盖知性之不能赋以善恶之名,故遁而为此超绝的一元论也。

综观以上之人性论,除董仲舒外,皆就性论性,而不涉于形而上学之问题。至宋代哲学兴(苏、王二氏,虽宋人,然于周、张之思想全不相涉),而各由其形而上学以建设人性论。周子②之语,最为广漠。且《太极图说》曰:

无极而太极。太极动而生阳,动极而静,静则生阴,静极复动。一动一静,互为其根,分阴分阳,两仪立焉。阳变阴合,而生水、火、木、金、土;五气顺布,四时行焉。无

---

① 此段引文大意是:"如果说人性真的是指淡泊无为,那么就不该再有善恶的说法,如果人性有善恶之分的话,那么他说的情感,就是我说的人性。人生下来都担心饥饿寒冷,都有和异性交配的欲望。如果对人说:饿了吃饭,渴了喝水,男女间的性欲,不是因为人的本性,能行吗?所有人都知道这是不对的。圣人没有'人性',就没法成为圣人;小人没有'人性',就没法成为坏人。圣人把自己的喜怒哀惧爱恶欲这七种情感控制平衡,就成了好人;小人把这七种情感控制不好,就成了坏人。从这可以看出,好坏、善恶,人的本性能改变它,并不是人性具有的属性。况且谈论人性的人,怎么能从善恶方面分析呢!就算如此,扬雄的观点,就差不多很接近了。他说:'人的本性好坏混杂。培养好的方面就是好人,培养坏的方面就是坏人。'这之所以不同,只因为他不懂得人的本性不包括善恶,而以为善恶是属于人性的而已。世上才开始有人的时候,并没有善恶之分,只是天下人都能从中得到好处的,圣人把它叫做'善',而只有少数人得到好处的,圣人把它叫做'恶'。天下的人,就会去做自己能得到好处的事情,却不知道圣人认为一个人得到好处的事情不能压倒多数人得到好处的事情,所以有了善恶的区分。"

② 周子,周敦颐,号"濂溪",北宋理学家。

极之真，二五之精，妙合而凝，乾①道成男，坤②道成女。二气交感，化生万物，万物生生，而变化无穷焉。唯人也，得其秀而最灵。形既生矣，神发知矣。五性感动，而善恶分，万物出矣。

又曰：

诚无为，几善恶。③（《通书·诚几德章》）

几者，动之微；诚者，即前所谓太极也。太极动而后有阴阳，人性动而后有善恶。当其未动时，初无善恶之可言。所谓秀而最灵者，以才言之，而非以善恶言之也。此实超绝的一元论，与苏氏所谓"善恶者，性之所能之，而非性所能有者"无异。然周子又谓：

诚者圣人之本，纯粹至善者也。（《通书·诚上》）

然人之本体既善，则其动也何以有善恶之区别乎？周子未尝

---

① 乾 [qián]：天。
② 坤：地。
③ 诚无为，几善恶：梁启超解释说："濂溪的话，简单而费解。《通书·诚几德章》说：'诚无为，几善恶。'这是解性的话。他主张人性二元，有善有恶。《太极图说》又云：'无极而太极，太极动而生阳。动极而静，静而生阴。'他以为有一个超绝的东西，无善无恶，即诚无为。动而生阴，即几善恶。几者，动之微也。动了过后，由超绝的一元，变为阴阳善恶的二元。董子所谓天，即周子所谓太极。周子这种'诚无为、几善恶'的话，很简单。究竟对不对，另是一个问题。我们应知道的，就是二程、张、朱后来都走的这条路。"

说明之。故其性善之论，实由其乐天之性质与尊崇道德之念出，而非有名学上必然之根据也。

横渠张子①亦由其形而上学而演绎人性论。其言曰：

> 太虚无形，气之本体，其聚其散，变化之客形尔。至静无感，性之渊源，有识有知，物交之客感尔。（《正蒙·太和篇》）

即谓人之性与太虚同体，善恶之名无自而加之。此张子之本意也。又曰：

> 气本之虚，则湛而无形；感而生，则聚而有象。有象斯有对，对必反其为；有反斯有仇，仇必和而解。（《太和篇》）

此即海额尔②之辩证法所谓"由正生反，由反生合"者也。"象"者，海氏之所谓"正"，"对"者"反"也，"和解"者正反之"合"也。故曰：

> 太虚为清，清则无碍，无碍故神；反清为浊，浊则碍，碍则形。（《太和篇》）

---

① 横渠张子：张载，人称"横渠先生"（因居横渠镇），北宋理学家。
② 海额尔，通译"黑格尔"，19世纪德国哲学家。

形而后有气质之性善，反之则天地之性存焉。故气质之性，君子有所不性焉。(《诚明篇》)

又曰：

湛一气之本，攻取气之欲。(同上)

由是观之，彼于形而上学，立太虚之一元，而于其发现也，分为形、神之二元。善出于神，恶出于形，而形又出于神、合于神，故二者之中，神其本体，而形其客形也。故曰：

一物两体气也。一故神，两故化。(《参两篇》)

然形既从神出，则气质之性，何以与天地之性相反欤？又气质之性，何以不得谓之性欤？此又张子所不能说明也。

至明道程子①之说曰：

生生之谓易，此天之所以为道也。天只是以生为道，继此生理者，只是善，便有一个元的意思。元者善之长，万物皆有善意便是。继之者善也，成之者性也。却待他万物自成其性须得。(《二程全书》卷二)

---

① 明道程子：程颢，号"明道"，北宋理学家。

又曰：

> 论性不论气，不备；论气不论性，不明，二之则不是。（《二程全书》卷二）

由是观之，明道之所谓"性"，兼气而言之。其所谓"善"，乃生生之意，即广义之善，而非孟子所谓"性善"之"善"也。故曰：

> 生之谓性，性即气，气即性，生之谓也。人生气禀，理有善恶，然不是性中元有此两物相对而生。有自幼而恶，有自幼而善，气禀有然也。善固性也，然恶亦不可不谓之性。善生之谓性，人生而静，以上不容说。才说性时，便已不是性也。（《二程全书》卷二）

按明道于此语意未明，盖既以生为性，而性中非有善恶二者相对，则当云"善固出于性也，而恶亦不可谓之出于性"。又当云"人生而静，以上不容说善恶，才说善恶，便不是性"。然明道不敢反对孟子，故为此暧昧之语，然其真意，则正与告子同。然明道他日又混视广义之善与狭义之善，而反覆性善之说。故明道之性论，于宋儒中最为薄弱者也。

至伊川①纠正明道之说，分性与气为二，而唱性善论曰：

---

① 伊川：程颐，号"伊川"，程颢之弟，北宋理学家。

性出于天，才出于气。气清则才清，气浊则才浊。才则有善有不善，性则无不善。(《近思录·道体类》)

又曰：

性无不善，而有善有不善者，才也。性即是理，理则自尧、舜至于途人一也。才禀于气，气有清浊，禀其清者为贤，禀其浊者为愚。(《二程全书》卷十九)

盖欲主张性善之说，则气质之性之易趋于恶，此说之一大障碍也。于是非置气于性之外，则不能持其说。故伊川之说，离气而言性，则得持其性善之一元论。若置气于性中，则纯然空间的善恶二元论也。

朱子①继伊川之说，而主张理、气之二元论。其形而上学之见解曰：

天地之间有理有气。理者，形而上之道也，生物之本也。气者，形而下之器也，生物之具也。是以人物之生，必禀此理，然后有性，必禀此气然后有形。(《学的》上)

又曰：

---

① 朱子：朱熹，南宋理学家。

> 天下未有无理之气，亦未有无气之理。(《语类》卷一)

而此理，伊川已言之曰：

> 离阴阳则无道。阴阳，气也，形而下也。道，太虚也，形而上也。(《性理会通》卷二十六)

但于人性上伊川所目为气者，朱子直谓之性。即性之纯乎理者，谓之天地之性。其杂乎气者，谓之气质之性。而二者又非可离而为二也，故曰：

> 性非气质，则无所寄。气非天性，则无所成。(《语类》卷四)

又曰：

> 论天地之性，则专主理，论气质之性，则以理与气杂而言之。(《学的》上)

而性如水然，气则盛水之器也。故曰：

> 水皆清也，以净器盛之则清，以不净器盛之则臭，以淤泥之器盛之则浊。(《语类》卷四)

故由朱子之说，理无不善，而气则有善有不善。故朱子之性论，与伊川同，不得不谓之二元论也。

朱子又自其理、气二元论，而演绎其理、欲二元论曰：

> 有个天理，便有个人欲。盖缘这个天理，须有个安顿处。才安顿得不恰好，便有人欲出来。（《性理会通》卷五十）

象山陆子①起而驳之曰：

> 天理、人欲之分，语极有病。自《礼记》有此言，而后人袭之。《记》曰："人生而静，天之性也。感于物而动，性之欲也。"若是，则动亦是，静亦是，岂有天理、物欲之分；动若不是，则静亦不是，岂有动静之间哉！（《全集》三十五）

又驳人心、道心之说曰：

> 心，一也，安得有二心？（《全集》三十四）

此全立于告子之地位，而为超绝的一元论也。然此非象山之真意，象山固绝对的性善论者也。其告学者曰：

---

① 象山陆子：陆九渊，号"象山"，南宋理学家。

> 汝耳自聪，目自明，事父自能孝，事兄自能悌。(《全集》三十四)

故曰：

> 人生皆善；其不善者，迁于物也。(同上，三十二)

然试问人之所以迁于物者如何，象山亦归之于气质。曰：

> 气质偏弱，则耳目之官不思而蔽于物。物交物，则引之而已。(同上)

故陆子之意，与伊川同，别气于性，而以性为善。若合性与气而言之，则亦为二元论。阳明王子①亦承象山之说而言性善，然以格去物欲为致良知之第一大事业。故古今之持性善论，而不蹈于孟子之矛盾者，殆未之有也。

呜呼！善恶之相对立，吾人经验上之事实也。自生民以来至于今，世界之事变，孰非此善恶二性之争斗乎？政治与道德、宗教与哲学，孰非由此而起乎？故世界之宗教，无不著二神教之色彩。野蛮之神②，虽多至不可稽③，然不外二种，即有爱而祀之者、有畏而祀之者，即善神与恶神是已。至文明国之宗教，于上

---

① 阳明王子：王守仁，号"阳明"，明代理学家。
② 野蛮之神：野蛮人敬奉的神。
③ 稽：查（数）。

帝之外，其不豫想恶魔者殆稀①也。在印度之婆罗门教，则造世界之神谓之"梵天"（Brahma），维持世界者谓之"吠舍那"（Aishnu），而破坏之者谓之"湿婆"（Siva）。以为今日乃湿婆之治世，梵天与吠舍那之治世已过去矣。其后乃有三位一体之说，此则犹论理学之由二元论而变为超绝的一元论也。迤②印度以西，则波斯③之火教，立阿尔穆兹（Orrnuzd）与阿利曼（Ahriman）之二神。阿尔穆兹，善神也，光明之神也，平和之神也；阿利曼，则主恶与暗黑及争斗。犹太教之耶和华（Jehovah）与撒旦（Satan）实自此出者也。希腊神语中之亚波箩（Apolo）与地哇尼速斯（Dionysus）④之关系，亦颇似之。嗣是⑤以后，基督教之理知派，亦承此思想，谓世界万物之形式为神，而其物质则堕落之魔鬼也。暗黑且恶之魔鬼，与光明且善之神相对抗，而各欲加其势力于人，现在之世界，即神与魔鬼之战地也。夫所谓神者，非吾人善性之写象⑥乎？所谓魔鬼者，非吾人恶性之小影⑦乎？他⑧如犹太、基督二教之堕落之说，佛教及基督教之忏悔之说，皆示善恶二性之争斗。盖人性苟善，则堕落之说为妄，既恶矣，又安知堕落之为恶乎？善则无事于忏悔，恶而知所以忏

---

① 殆稀：很少。
② 迤［yǐ］：延（至）。
③ 波斯：西亚古国，即今伊朗。
④ 亚波箩，通译"阿波罗"，希腊神话中的日神。地哇尼速斯，通译"狄奥尼索斯"，希腊神话中的酒神。
⑤ 嗣是：自此。
⑥ 写象：写照。
⑦ 小影：缩影。
⑧ 他：其他。

悔，则其善端之存在，又不可诬①也。夫岂独宗教而已，历史之所纪述②、诗人之所悲歌，又孰非此善恶二性之争斗乎？但前者主纪外界之争，后者主述内界之争，过此以往③，则吾不知其区别也。吾人之经验上善恶二性之相对立如此，故由经验以推论人性者，虽不知与性果有当与否，然尚不与经验相矛盾，故得而持其说也。超绝的一元论，亦务与经验上之事实相调和，故亦不见有显著之矛盾。至执性善、性恶之一元论者，当其就性言性时，以性为吾人不可经验之一物故，故皆得而持其说。然欲以之说明经验，或应用于修身之事业，则矛盾即随之而起。余故表而出之，使后之学者勿徒为此无益之议论也。

---

① 诬：妄说。
② 纪述：纪实性叙述。
③ 过此以往：除此之外。

孟子性善论及其他

胡适

胡适(1891—1962),字适之,中国现代学者、作家、"新文化运动"倡导者,重要著作有《中国古代哲学史》《中国哲学史大纲》《胡适文存》《胡适文存二集》《胡适文存三集》《胡适文存四集》和《先秦名学史》等。

本文选自《中国古代哲学史》(1918)第十篇第二章,题目为编者所加。该书原是作者在北大授课的讲义,因而以"述"为主,偶尔辅之以"论"。本文先"讲述"孟子的性善论,归纳为两个要点:一是孟子认为,"人的本质是善的",因为"人同具官能"、"人同具'善端'"、"人同具良知良能";二是孟子认为,"人的不善,都由于'不能尽其才'",因为"由于外力的影响"、"由于自暴自弃"、"由于'以小害大,以贱害贵'"。继而"讲述"孟子的人生观和教育哲学,以及这两者与性善论的关系,大意是:孟子人生观的核心是"一种平等主义",并由此衍生出民权思想,而"这种重民轻君的议论,也是从他的性善论上生出来的";孟子教育哲学有"三大要点"——即"自动的"、"养性的"、"标准的"——而这三大要点,无一不和他的性善论密切相关。

这里需要注意的是:作者是在"讲述"孟子的性善论、人生观和教育哲学，并不表示他"赞同"孟子的学说。实际上，"讲述"的目的是为了"透彻地了解"，因为只有这样才能有效地予以"批判"——这才是当时"新文化运动"对"旧文化"、对"孔孟之道"的态度，也是当时北大之所以要开这门课的原因所在。

一、性 善 论

孟子同时有几种论性的学说。《告子篇》说：

> 告子曰："性无善无不善也。"或曰："性可以为善，可以为不善。是故文武兴则民好善，幽厉兴则民好暴。"或曰："有性善，有性不善。是故以尧为君而有象，以瞽瞍为父而有舜……"今日性善，然则彼皆非欤？[①]

孟子总答这三条说道：

> 乃若其情[②]，则可以为善矣。乃所谓善也。若夫为不善，非才之罪也。恻隐之心，人皆有之。羞恶之心，人皆有之。恭敬之心，人皆有之。是非之心，人皆有之。恻隐之

[①] 此段引文的大意是："告子说：'本性没有善，没有不善。'有人说：'本性可以成为善，可以成为不善。所以，文王、武王在位，民众就崇尚善；幽王、厉王在位，民众就崇尚暴。'有人说：'有的人本性善，有的人本性不善。所以，尧这样的君主却有象，瞽瞍这样的父亲却有舜……'如今认为性善，那么他们都错了吗？"

[②] 翟灏《孟子考异》引《四书辨疑》云："下文二才字与此情字上下相应，情乃才字之误。"适按：孟子用情字与才字同意。《告子篇》"牛山之木"一章中云："人见其濯濯也，以为未尝有材焉，此岂山之性也哉。"又云："人见其禽兽也，而以为未尝有才焉，此岂人之情也哉。"可以为证。——作者原注

心,仁也。羞恶之心,义也。恭敬之心,礼也。是非之心,智也。仁义礼智非由外铄我也,我固有之也,弗思耳矣。故曰求则得之,舍则失之。或相倍蓰而无算者,不能尽其才者也。①

这一段可算得孟子说性善的总论。《滕文公篇》说:"孟子道性善,言必称尧舜。"此可见性善论在孟子哲学中可算得中心问题。如今且仔细把他说性善的理论分条陈说如下:

(1) 人的本质同是善的。上文引《孟子》一段中的"才"便是材料的材。孟子叫做"性"的,只是人本来的质料,所以孟子书中"性"字、"才"字、"情"字可以互相通用②。孟子的大旨只是说这天生的本质,含有善的"可能性"。如今先看这本质所含是哪几项善的可能性。

(甲) 人同具官能。第一项便是天生的官能。孟子以为无论何人的官能,都有根本相同的可能性。他说:

故凡同类者举相似也,何独至于人而疑之?圣人与我同

---

① 此段引文的大意是:"按人们的性情是能够成为善的,这就是我所说的善。至于成为不善,不是资质的罪过。同情之心人人都有,羞耻之心人人都有,恭敬之心人人都有,是非之心人人都有。同情之心属仁,羞耻之心属义,恭敬之心属礼,是非之心属智。仁、义、礼、智不是从外面注入的,是我本来就有的,只是未曾去领悟罢了。所以说,求索就得到,放弃就失去,有的人相差一倍、五倍甚至无数倍的,就是没能充分发挥他们资质的缘故。"

② 汉儒董仲舒《春秋繁露·深察名号》篇曰:"如其生之自然之资,谓之性。性者,质也。"又曰:"天地之所生,谓之性情。……情亦性也。"可供参证。——作者原注

类者，故龙子曰："不知足而为屦，我知其不为蒉也。"屦之相似，天下之足同也。口之于味，有同耆也，易牙先得我口之所耆者也。如使口之于味也，其性与人殊，若犬马之与我不同类也，则天下何耆皆从易牙之于味也？至于味，天下期于易牙，是天下之口相似也。惟耳亦然，至于声，天下期于师旷，是天下之耳相似也。惟目亦然，至于子都，天下莫不知其姣也，不知子都之姣者无目者也。故曰，口之于味也有同耆焉，耳之于声也有同听焉，目之于色也有同美焉。至于心，独无所同然乎？心之所同然者何也？谓理也，义也。圣人先得我心之所同然耳，故理义之悦我心犹刍豢之悦我口。（《告子》）①

（乙）人同具"善端"。董仲舒说②："性有善端，童之爱父母。善于禽兽，则谓之善。此孟子之善。"③ 这话说孟子的大旨

---

① 此段引文的大意是："所以，凡是同类的东西大体相同，为何唯独对于人就疑惑了呢？圣人与吾辈是同类，所以龙子说：'不知道脚的形状去编草鞋，我知道不会做成筐子。'草鞋相似，因为普天之下的脚形状相同。口对于滋味，有相同的嗜好，易牙先得知了我们口味的嗜好。假使口对于滋味，其特性依人相异，就如同狗马与我们不同类一样，那么，何以天下的嗜好都随从易牙的口味呢？讲到滋味，天下就期望于易牙，可见天下的口味是相似的。耳朵也是如此，讲到声音，天下就期望于师旷，可见天下的耳力是相似的。眼睛也是如此，讲到子都，天下没有人不知道他美丽的，不知道子都美丽的是没有眼睛的人。所以说，口对于滋味有相同的嗜好，耳对于声音有相同的听觉，眼对于容貌有相同的美感。讲到内心，唯独就没有相同之处吗？内心的相同之处是什么呢？是理，是义。圣人先得知了我们内心的相同之处，因此理义愉悦我们的内心犹如猪肉、牛肉愉悦我们的口味一样。"

② 引书同上。——作者原注

③ 此段引文的大意是："本性有善的开端，所以孩童就爱自己的父母，对禽兽善良，就称之为善。这是孟子的善。"

很切当。孟子说人性本有种种"善端",有触即发,不待教育。他说:

> 人皆有不忍人之心。……今人乍见孺子将入于井,皆有怵惕恻隐之心:非所以内交于孺子之父母也;非所以要誉于乡党朋友也;非恶其声而然也。由是观之,无恻隐之心,非人也;无羞恶之心,非人也;无辞让之心,非人也;无是非之心,非人也。恻隐之心,仁之端也;羞恶之心,义之端也;辞让之心,礼之端也;是非之心,智之端也。人之有是四端也,犹其有四体也。(《公孙丑》)①

(丙)人同具良知良能。孟子的知识论全是"生知"(Knowledge *a priori*)一派。所以他说四端都是"我固有之也,非由外铄我也"。四端之中,恻隐之心、羞恶之心和恭敬之心都近于感情的方面。至于是非之心,便近于知识的方面了。孟子自己却不曾有这种分别。他似乎把四端包在"良知良能"之中,而"良知良能"却不止这四端。他说:

---

① 此段引文的大意是:"每个人都有怜悯体恤别人的心情。……今天有人突然看见一个小孩要掉进井里面去了,必然会产生惊惧同情的心理——这不是因为要想去和这孩子的父母拉关系,不是因为要想在乡邻朋友中博取声誉,也不是因为厌恶这孩子的哭叫声才产生这种惊惧同情心理的。由此看来,没有同情心,简直不是人;没有羞耻心,简直不是人;没有谦让心,简直不是人;没有是非心,简直不是人。同情心是仁的发端,羞耻心是义的发端;谦让心是礼的发端;是非心是智的发端。人有这四种发端,就像有四肢一样。"

> 人之所不学而能者，其良能也。所不虑而知者，其良知也。孩提之童，无不知爱其亲也。及其长也，无不知敬其兄也。亲亲，仁也。敬长，义也。①（《尽心》）

良字有善义。孟子既然把一切不学而能不虑而知的都认为"良"，所以他说：

> 大人者，不失其赤子之心者也。（《离娄》）

以上所说三种（官能、善端及一切良知、良能），都包含在孟子叫做"性"的里面。孟子以为这三种都有善的可能性，所以说性是善的。

（2）人的不善，都由于"不能尽其才"。人性既然是善的，一切不善的，自然都不是性的本质。孟子以为人性虽有种种善的可能性，但是人多不能使这些可能性充分发达。正如《中庸》所说："惟天下至诚为能尽其性。"天下人有几个这样"至诚"的圣人？因此便有许多人渐渐的把本来的善性湮没了，渐渐的变成恶人。并非性有善恶，只是因为人不能充分发达本来的善性，以致如此。所以他说：

> 若夫为不善，非其才之罪也。……或相倍蓰而无算者，

---

① 此段引文的大意是："人不学而有的能力，是本能。不用考虑而知道的事情，是自身的意识。孩子没有不知道爱自己亲人和长辈的，没有不知道尊敬兄长的。爱亲人，是仁的表现，尊敬长者，是义的表现。"

不能尽其才者也。①

推原人所以"不能尽其才"的缘故，约有三种：
（甲）由于外力的影响。孟子说：

> 人性之善也，犹水之就下也。人无有不善，水无有不下。今夫水，搏而跃之，可使过颡；激而行之，可使在山。是岂水之性哉？其势则然也。人之可使为不善，其性亦犹是也。（《告子》）②

> 富岁，子弟多赖；凶岁，子弟多暴，非天之降才尔殊也，其所以陷溺其心者然也。今夫麰麦，播种而耰之，其地同，树之时又同，浡然而生，到于日至之时皆熟矣。虽有不同，则地有肥硗，雨露之养、人事之不齐也。（同上）③

这种议论，认定外界境遇对于个人的影响，和现时的生物进化论颇相符合。

---

① 此段引文的大意是："至于成为不善，不是资质的罪过。……有的人相差一倍、五倍甚至无数倍的，就是没能充分发挥他们资质的缘故。"
② 此段引文的大意是："人的本性趋向善，犹如水趋向下流。人没有不善的，水没有不向下的。如果水受拍打而飞溅起来，能使它高过额头；堵住通道而让水倒行，能使它流上山冈。这难道是水的本性吗？乃是情势如此。人之所以能使他做出不善的行为，其本性也犹如这样受到了逼迫。"
③ 此段引文的大意是："丰收年成，子弟大多懒惰；灾荒年成，子弟大多横暴，并非天生的资质如此不同，是由于他们的内心遭到损害、迷惑的缘故。例如大麦，播下种子耙了地，如果土地相同，栽种的时节也相同，便蓬勃地生长，到了夏至时节都成熟了。即使有所不同，就是土地有肥有瘠，雨露滋养、所下功夫的不一致罢了。"

（乙）由于自暴自弃。外界的势力，还有时可以无害于本性。即举舜的一生为例：

> 舜之居深山之中，与木石居，与鹿豕游，其所以异于深山之野人者，几希。及其闻一善言，见一善行，若决江河，沛然莫之能御也。①（《尽心》）

但是，人若自己暴弃自己的可能性，不肯向善，那就不可救了。所以他说：

> 自暴者，不可与有言也。自弃者，不可与有为也。言非礼义，谓之自暴也。吾身不能居仁由义，谓之自弃也。②（《离娄》）

又说：

> 虽存乎人者，岂无仁义之心哉？其所以放其良心者，亦犹斧斤之于木也，旦旦而伐之，可以为美乎，其日夜之所

---

① 此段引文的大意是："舜居住在深山的时候，和树木、石头共处，和鹿、猪打交道，他和深山里的普通人不同的地方很少；等到他听到一句善良的言语，见到一次善良的行为，便受到触动，像打开缺口的江河，气势充沛，没有谁能阻挡得了。"

② 此段引文的大意是："自己戕害自己的人，不可能同他有什么话说。自己抛弃自己的人，不可能同他有所作为。说话诋毁礼义，这叫自己戕害自己。自认为不能守仁行义，这叫自己抛弃自己。"

息,平旦之气,其好恶与人相近也者几希,则其旦昼之所为有梏亡之矣。梏之反覆,则其夜气不足以存,夜气不足以存则其违禽兽不远矣。人见其禽兽也,而以为未尝有才焉者,是岂人之情也哉?①(《告子》)

(丙)由于"以小害大,以贱害贵"。还有一个"不得尽其才"的原因,是由于"养"得错了。孟子说:

体有贵贱,有小大。无以小害大,无以贱害贵。养其小者为小人,养其大者为大人。②(《告子》)

哪一体是大的贵的?哪一体是小的贱的呢?孟子说:

耳目之官不思,而蔽于物,物交物则引之而已矣。心之官则思,思则得之,不思则不得也。此天之所与我者。先立乎其大者,则其小者弗能夺也,此为大人而已矣。③

---

① 此段引文的大意是:"即使是人,难道没有仁义之心吗?他之所以丢失了他的善心,也好像刀斧对待树木一般,天天去砍伐它,能茂盛吗?他日夜息养,清晨的气,其好恶几乎人人差不多,可是白天的作为使它束缚泯灭了。反复遭到束缚,那么夜晚息养之气就不足以存留,夜晚息养之气不足以存留就和禽兽相差不远了。人们见他如同禽兽,便以为不曾有过好的资质,这难道是人的本来情状吗?"

② 此段引文的大意是:"身体有重要的部分,有次要的部分;有小的部分,也有大的部分。不要因为小的部分而损害大的部分,不要因为次要部分而损害重要的部分。护养小的部分的是小人,护养大的部分的是大人。"

③ 此段引文的大意是:"耳朵、眼睛的官能是不思考的,所以为事物所蒙蔽,它们与事物相接触只是受到诱导罢了。心的官能是思考,思考便有所得,不思考便无所得。这是上天赋予我们的。先确立主要的东西,次要的东西就无法与它争夺了,之所以成为君子仅此而已。"

(《告子》)

其实这种议论，大有流弊。人的心思并不是独立于耳目五官之外的，耳目五官不灵的，还有什么心思可说？中国古来的读书人的大病根正在专用记忆力，却不管别的官能，到后来只变成一班四肢不灵、五官不灵的废物！

以上说孟子论性善完了。

二、个人的位置

上章说，《大学》《中庸》的儒学已把个人位置抬高了，到了孟子更把人看得十分重要。他信人性是善的，又以为人生都有良知良能和种种"善端"。所以他说：

万物皆备于我矣。反身而诚，乐莫大焉！①（《尽心》）

更看他论"浩然之气"：

其为气也，至大至刚，以直养而无害，则塞于天地之间。②（《公孙丑》）

---

① 此段引文的大意是："万物我都具备了。反躬自问诚实无欺，便是最大的快乐。"
② 此段引文的大意是："它作为一种气，最为盛大，最为刚强，靠正直去培养它而不伤害它，就会充塞天地之间。"

又看他论"大丈夫":

> 居天下之广居,立天下之正位,行天下之大道。得志与民由之,不得志独行其道。富贵不能淫,贫贱不能移,威武不能屈;此之谓大丈夫。(《滕文公》)

因为他把个人的人格,看得如此之重;因为他以为人性都是善的,所以他有一种平等主义。他说:

> 圣人与我同类者。(《告子》)
> 何以异于人哉?尧舜与人同耳。(《离娄》)
> 彼丈夫也,我丈夫也。吾何畏彼哉?(《滕文公》)
> 舜何人也,予何人也。有为者亦若是。(同上)

但他的平等主义,只是说人格平等,并不是说人的才智德行都平等。孟子很明白经济学上"分功"的道理。即如《滕文公篇》"许行"一章,说社会中"有大人之事,有小人之事","或劳心、或劳力",说的何等明白!

又如孟子的政治学说很带有民权的意味。他说:

> 民为贵,社稷次之,君为轻。
> 君之视民如土芥,则臣视君如寇仇。

这种重民轻君的议论,也是从他的性善论上生出来的。

三、教 育 哲 学

孟子的性善论,不但影响到他的人生观,并且大有影响于他的教育哲学。他的教育学说有三大要点,都于后世的教育学说大有关系。

(甲)自动的　孟子深信人性本善,所以不主张被动的和逼迫的教育,只主张各人自动的教育。他说:

君子深造之以道,欲其自得之也。自得之,则居之安。居之安,则资之深。资之深,则取之左右逢其源。故君子欲其自得之也。① (《离娄》)

《公孙丑篇》论养气的一段,可以与此印证:

必有事焉而勿止。心勿忘,勿助长也。无若宋人然,宋人有悯其苗之不长而揠之者,芒芒然归,谓其人曰:"今日病矣!予助苗长矣!"其子趋而往视之,苗则槁矣。天下之不助苗长者,寡矣。以为无益而舍之者,不耘苗者也。助之长者,揠苗者也。非徒无益,而

---

① 此段引文的大意是:"君子遵循一定的方法来加深造诣,是希望自己有所收获。自己有所收获,就能够掌握牢固;掌握得牢固,就能够积累深厚;积累得深厚,用起来就能够左右逢源。"

又害之。①

孟子说"君子之所以教者五",那第一种是"有如时雨化之者"。不耘苗也不好,揠苗也不好,最好是及时的雨露。

(乙)养性的　人性既本来是善的,教育的宗旨只是要使这本来的善性充分发达。孟子说:

> 人之所以异于禽兽者几希,庶民去之,君子存之。②(《离娄》)

教育只是要保存这"人之所以异于禽兽"的人性。《孟子》书中说此点最多,不用细举了。

(丙)标准的　教育虽是自动的,却不可没有标准。孟子说:

> 羿之教人射必志于彀,学者亦必志于彀。大匠诲人必以规矩,学者亦必以规矩。③(《告子》)

---

① 此段引文的大意是:"一定要培养它,不能停止下来。心里不能忘记它,也不妄自助长它。不要像宋国人那样:宋国有个担心他的禾苗不长而去拔高它的人,昏昏沉沉地回到家中,对家里人说:'今天累极了,我帮助禾苗长高啦!'他的儿子赶忙跑到田里去看,禾苗已经枯死了。天下不助苗生长的人实在很少啊。以为(培养浩然之气)没有用处而放弃的人,就像是不给禾苗锄草的懒汉;妄自帮助它生长的,就像拔苗助长的人,非但没有好处,反而危害了它。"

② 此段引文的大意是:"人和禽兽的差异就那么一点,普通人抛弃它,君子保存它。"

③ 此段引文的大意是:"羿教人射技,必定要求拉满弓,学习的人也必定致力于拉满弓。大匠教人必定依据规矩,学习的人也必定要依据规矩。"

又说：

> 大匠不为拙工改废绳墨，羿不为拙射废其彀率。君子引而不发，跃如也。中道而立，能者从之。①（《尽心》）

这标准的教育法，依孟子说来，是教育的最捷径。他说：

> 圣人既竭目力焉，继之以规矩准绳，以为方圆平直，不可胜用也。既竭耳力焉，继之以六律正五音，不可胜用也。②（《离娄》）

前人出了多少力，才造出这种种标准。我们用了这些标准，便可不劳而得前人的益处了。这是标准的教育法的原理。

---

① 此段引文的大意是："高明的工匠不因为拙劣的工人而改变或者废弃规矩，羿绝不因为拙劣的射手而改变拉弓的标准。君子张满了弓而不发箭，只做出要射的样子。他恰到好处地做出样子，有能力学习的人便跟着他做。"
② 此段引文的大意是："圣人既用尽了目力，又用圆规、曲尺、水准、绳墨等来制作方的、圆的、平的、直的东西，那些东西便用之不尽了；圣人既用尽了听力，又用六律来校正五音，各种音阶也就运用无穷了。"

荀子性恶论与教育学说

胡适

　　本文选自《中国古代哲学史》(1918)第十一篇第二章，题目系编者所加。这里"讲述"的是荀子的性恶论及其教育学说，大意是：荀子在庄子和孟子之外又立一说：庄子推崇天道，荀子推崇人治；孟子认为性善，荀子认为性恶。而荀子学说的核心概念，就是一个字——伪。这个"伪"字，在上古时代还用其本义，即"人为"的意思，与"真"(即"天然"的意思)相对应。不过，荀子说性恶，并非说不应抗恶；恰恰相反，他说性恶就是为了抗恶。而要抗恶，就必须要有礼义法度，所以他强调"礼治"，也就是社会要有等级和规矩。而等级和规矩是由人制定的(非"天然"的)，所以他说："其善者，伪也。"基于此，荀子的教育学说也与孟子相对立。孟子偏重"自得"(因为他认为人性本善)，荀子偏重"积善"(因为他认为人性本恶)，所以他说，即便是圣人，也是积善而成的，并非天然所得："涂之人百姓积善而全尽，谓之圣人。"

　　当然，同样需要注意的是，作者是在"讲述"荀子的性恶论，并非表示他"赞同"荀子的学说。荀子的学说虽然处处与孟子相对立，但仍是儒学的一部分，仍是"新文化运动"必须予以批判的"旧文化"。

一、性 恶 论

　　荀子论天，极力推开天道，注重人治。荀子论性，也极力压倒天性，注重人为。他的天论是对庄子发的，他的性论是对孟子发的。孟子说人性是善的，荀子说：

> 人之性恶，其善者，伪也。①（《性恶》）

这是荀子性恶论的大旨。如今且先看什么叫做"性"，什么叫做"伪"。荀子说：

> 不可学，不可事，而在人者，谓之性；可学而能，可事而成之在人者，谓之伪。②（同上）

又说：

> 生之所以然者，谓之性。性之和所生，精合感应，不事而自然，谓之性。性之好恶喜怒哀乐，谓之情。情然而心为之择，谓之虑。心虑而能为之动，谓之伪（所以能之在人者，谓之能）。虑积焉，能习焉，而后成，谓之伪。③（《正名》）

---

① 此段引文的大意是："人的本性是恶的，他们那些善的行为，则是人为的。"
② 此段引文的大意是："人身上不可能学到、不可能人为造作的东西，叫作本性；人身上可以学会、可以通过努力从事而做到的，叫作人为。"
③ 此段引文的大意是："人生下来之所以这样叫做天性。天性的和气所产生的、精神接触外物感受的反应、不经人为努力而自然形成的东西叫作本性。本性中的爱好、厌恶、喜悦、愤怒、悲哀、快乐叫作感情。感情是这样，而心灵给它进行选择，叫作思虑。心灵思虑后，官能为之而行动，叫作人为。思虑不断积累，官能反复练习，而后形成一种常规，也叫作人为。"

依这几条界说看来，性只是天生成的，伪只是人力做的（"伪"字本训"人为"）。后来的儒者读了"人之性恶，其善者，伪也"，把"伪"字看做真伪的伪，便大骂荀卿，不肯再往下读了。所以，荀卿受了许多冤枉。中国自古以来的哲学家都崇拜"天然"过于"人为"。老子、孔子、墨子、庄子、孟子，都是如此。大家都以为凡是"天然的"都比"人为的"好。后来渐渐的把一切"天然的"都看作"真的"，一切"人为的"都是"假的"。所以，后来"真"字竟可代"天"字（例如《庄子·大宗师》："而已反其真，而我犹为人猗。"以真对人，犹以天对人也。又此篇屡用"真人"皆作"天然的人"解。如曰"不以心捐道，不以人助天，是之谓真人"，又"而况其真乎？"郭注曰："夫真者，不假于物，而自然者也。"此更明显矣），而"伪"字竟变成"讹"字（《广雅·释诂》："伪，为也。"《诗·兔爰》："尚无造。"笺云："造，伪也。"此伪字本义）。独有荀子极力反对这种崇拜天然的学说，以为"人为的"比"天然的"更好。所以他的性论，说性是恶的，一切善都是人为的结果。这样推崇"人为"过于"天然"，乃是荀子哲学的一大特色。

如今且看荀子的性恶论有何根据？他说：

> 今人之性，生而有好利焉。顺是，故争夺生而辞让亡焉，生而有疾恶焉。顺是，故残贼生而忠信亡焉。生而有耳目之欲，有好声色焉。顺是，故淫乱生和礼义文理亡焉。然则从人之性，顺人之情，必出于争夺，合于犯分乱理，而归于暴。是故必将有师法之化，礼义之道，然后出于辞让，合于文理，而归于治。

用此观之，则人之性恶，明矣，其善者，伪也。①（《性恶》）

这是说人的天性有种种情欲，若顺着情欲做去，定做出恶事来，可见得人性本恶。因为人性本恶，故必须有礼义法度，"以矫饰人之情性而正之，以扰化人之情性而导之"方才可以为善。可见人的善行，全靠人为。故又说：

故枸木必将待檃栝、烝矫然后直；钝金必将待砻厉然后利；今人之性恶，必将待师法然后正，得礼义然后治。……故性善则去圣王、息礼义矣。性恶则兴圣王、贵礼义矣。故檃栝之生，为枸木也；绳墨之起，为不直也；立君上，明礼义，为性恶也。②（同上）

这是说人所以必须君上礼义，正是性恶之证。

---

① 此段引文的大意是："人的本性，一生下来就有喜欢财利之心，依顺这种人性，所以争抢掠夺就产生而推辞谦让就消失了；一生下来就有妒忌憎恨的心理，依顺这种人性，所以残杀陷害就产生而忠诚守信就消失了；一生下来就有耳朵、眼睛的贪欲，有喜欢音乐、美色的本能，依顺这种人性，所以淫荡混乱就产生而礼义法度就消失了。这样看来，放纵人的本性，依顺人的情欲，就一定会出现争抢掠夺，一定会和违犯等级名分、扰乱礼义法度的行为合流，而最终趋向于暴乱。所以一定要有了师长和法度的教化、礼义的引导，然后人们才会从推辞谦让出发，遵守礼法，而最终趋向于安定太平。由此看来，人的本性是恶的，就很明显了，他们那些善的行为，则是人为的。"

② 此段引文的大意是："所以弯曲的木料一定要依靠整形器进行熏蒸、矫正，然后才能挺直；不锋利的金属器具一定要依靠磨砺，然后才能锋利。人性之恶，一定要依靠师长和法度的教化才能端正，要得到礼义的引导才能治理好。……认为人的本性善良，那就会摒除圣明的帝王、取消礼义了；认为人性之恶，就会拥护圣明的帝王、推崇礼义了。整形器的产生，是因为有弯曲的木料；墨线墨斗的出现，是因为有不直的东西；置立君主，彰明礼义，是因为人的本性恶。"

孟子把"性"字来包含一切"善端",如恻隐之心之类,故说性是善的。荀子把"性"来包含一切"恶端",如好利之心、耳目之欲之类,故说性是恶的。这都是由于根本观点不同之故。孟子又以为人性含有"良知良能",故说性善。荀子又不认此说。他说人人虽有一种"可以知之质,可以能之具"(此即吾所谓"可能性"),但是"可以知"未必就知,"可以能"未必就能。故说:

> 夫工匠农贾,未尝不可以相为事也,然而未尝能相为事也。用此观之,然则"可以为"未必为"能"也。虽不"能",无害"可以为",然则"能不能"之与"可不可",其不同远矣。①(同上)

例如"目可以见,耳可以听"。但是"可以见"未必就能见得"明","可以听"未必就能听得"聪"。这都是驳孟子"良知良能"之说。依此说来,荀子虽说性恶,其实是说性可善可恶。

二、教育学说

孟子说性善,故他的教育学说偏重"自得"一方面。荀子说性恶,故他的教育学说趋向"积善"一方面。他说:

---

① 此段引文的大意是:"工匠、农夫、商人,未尝不可以互相调换着做事,但是没有能互相调换着做事。由此看来,可以做到,不一定就能做到;即使不能做到,也不妨害可以做到。那么,能够不能够与可以不可以,它们的差别是很大的了。"

性也者，吾所不能为也，然而可化也。情也者，非吾所有也，然而可为也。注错习俗，所以化性也；并一而不二，所以成积也。习俗移志，安久移质。……涂之人百姓积善而全尽，谓之圣人。彼求之而后得，为之而后成，积之而后高，尽之而后圣。故圣人也者，人之所积也。人积耨耕而为农夫，积斫削而为工匠，积反货而为商贾，积礼义而为君子。工匠之子莫不继事，而都国之民安习其服。居楚而楚，居越而越，居夏而夏，是非天性也，积靡使然也。①（《儒效》）

荀子书中说这"积"字最多。因为人性只有一些"可以知之质，可以能之具"，正如一张白纸，本来没有什么东西，所以须要一点一滴的"积"起来，才可以有学问，才可以有道德。所以荀子的教育学说只是要人积善。他说"学不可以已"（《劝学》），又说："骐骥一跃，不能十步；驽马十驾，功在不舍。锲而舍之，朽木不折；锲而不舍，金石可镂。"（同）

---

① 此段引文的大意是："本性这种东西，是我们所不能造就的，却是可以改变的；感情这种东西，不是我们固有的，却是可以培养的。对人的安排措置以及习惯风俗，是用来改变本性的；专心致志地学习而不三心二意，是用来造成知识积累的。风俗习惯能改变人的思想，安守习俗的时间长了就会改变人的本质。……路上的普通老百姓积累善行而达到了尽善尽美就叫做圣人。这些都是努力追求以后才得到的，努力做了才成功的，不断积累以后才高超的，尽善尽美以后才圣明的。所以圣人这种人，实是普通人德行的积累。人积累了锄草耕地的本领就成为农夫，积累了砍削的技巧就成为工匠，积累了贩卖货物的经验就成为商人，积累了合乎礼义的德行就成为君子。工匠的儿子无不继承父亲的事业，而都里的居民都安心习惯于本地的习俗，居住在楚国就像楚国人一样生活，居住在越国就像越国人一样生活，居住在中原各国就像中原各国的人一样生活。这不是天生的本性，而是后天的积习和磨炼使他们这样的啊。"

荀子的教育学说以为学问须要变化气质，增益身心。不能如此，不足为学。他说：

> 君子之学也，入乎耳，著乎心，布乎四体，形乎动静；端而言，蠕而动，一可以为法则。小人之学也，入乎耳，出乎口；口耳之间，则四寸耳，易足以美七尺之躯哉？①（同）

又说：

> 不闻不若闻之，闻之不若见之，见之不若知之，知之不若行之。学至于行之而已矣。行之，明也。明之为圣人。圣人也者，本仁义，当是非，齐言行，不失毫厘。无它道焉，已乎行之矣。②（《儒效》）

这是荀子的知行合一说。

---

① 此段引文的大意是："君子学习，是听在耳里，记在心里，表现在威仪的举止和符合礼仪的行动上。一举一动，哪怕是极细微的言行，都可以垂范于人。小人学习是从耳听从嘴出，相距不过四寸而已，怎么能够完美他的七尺之躯呢？"

② 此段引文的大意是："没有听到不如听到，听到不如见到，见到不如理解，理解不如实行。学习到了实行也就到头了。实行，才能明白事理，明白了事理就是圣人。圣人这种人，以仁义为根本，能恰当地判断是非，能使言行保持一致，不差丝毫，这并没有其他的窍门，就在于他能把学到的东西付诸行动罢了。"

儒家人性观及其政治论

梁启超

梁启超（1873—1929），字卓如，号任公，中国近代学者、作家，学识渊博，著述宏富，在史学、哲学、文学、伦理学、宗教学等诸多方面均有建树，尤以史学研究为专长，著有《清代学术概论》《中国历史研究法》《中国近三百年学术史》《先秦政治思想史》《中国文化史》《饮冰室合集》等，为学界所敬重。

本文节选自《先秦政治思想史》（1922）第六、第七章，题目系编者所加。这里的"儒家人性观"以孟子的性善说和荀子的性恶说为代表，而按作者的看法，孟子和荀子言性，均为其政治论开道：孟子言性善，故而强调仁义、排斥功利，继而言仁政；荀子言性恶，故而强调礼义、制衡人欲，继而言礼治。由此可见，要断定"仁政"与"礼治"孰优孰劣，先要断定人性是善是恶；然而人性是善是恶，其实是永远不会有定论的——因为很可能，这是个伪命题。

儒家政治思想，其根本始终一贯。惟自孔子以后经二百余年之发挥光大，自宜应时代之要求，为分化的发展，其末流则孟子、荀卿①两大家，皆承孔子之绪②，而持论时有异同，盖缘两家对于人性之观察异其出发点。孔子但言"性相近，习相远"，所注重者在养成良"习"而止，而性之本质如何，未尝剖论。至孟子主张性善，荀卿主张性恶，所认之性既异，则所以成"习"之具亦自异，故同一儒家言而间有出入焉。然亦因此而于本宗之根本义益能为局部细密的发明③，故今于两家特点更分别论之。

一、孟子人性观及其政治论

儒家政治论，本有唯心主义的倾向，而孟子为尤甚。"生于其心，害于其政；发于其政，害于其事。"（《公孙丑上》《滕文公下》）此语最为孟子乐道。"正人心"、"格君心"等文句，书中屡见不一。孟子所以认心力如此其伟大者，皆从其性善论出来。故曰：

> 人皆有不忍人之心。先王有不忍人之心，斯有不忍人之政矣。以不忍人之心，行不忍人之政，治天下可运诸掌。④（《公孙丑上》）

---

① 荀卿，即荀子。
② 绪：开端。
③ 发明：发现、明了。
④ 此段引文的大意是："人都有不忍伤害别人的心。先王有不忍伤害别人的心，才有不忍伤害别人的政治。用不忍伤害别人的心，施行不忍伤害别人的政治，那么治理天下就会像在手掌中转动它那么容易。"

何故不忍人之心，效力如此其伟大耶？孟子以为人类心理有共通之点，此点即为全人类沟通之秘钥。其言曰：

> 故凡同类者举相似也，何独至于人而疑之？……口之于味也，有同嗜焉；耳之于声也，有同听焉；目之于色也，有同美焉。至于心，独无所同然乎！①（《告子上》）

何谓心之所同然？

> 恻隐之心，人皆有之；羞恶之心，人皆有之；辞让之心，人皆有之；是非之心，人皆有之。（《告子上》）
>
> ……恻隐之心，仁之端也；羞恶之心，义之端也；辞让之心，礼之端也；是非之心，智之端也。……凡有四端于我者，知皆扩而充之矣。若火之始然，泉之始达，苟能充之，足以保四海……②（《公孙丑上》）

人皆有同类的心，而心皆有善端③，人人各将此心扩大而充满其量，则彼我人格相接触，遂形成普遍圆满的人格。故曰"苟

---

① 此段引文的大意是："所以，凡是同类的东西大体相同，为何唯独对于人就疑惑了呢？……口对于滋味有相同的嗜好，耳对于声音有相同的听觉，眼对于容貌有相同的美感。讲到内心，唯独就没有相同之处吗？"

② 此段引文的大意是："……同情心是仁的开端，羞耻心是义的开端，谦让心是礼的开端，是非心是智的开端。……凡自身保有这四种开端的，就懂得扩大充实它们。像火刚刚燃起，泉水刚刚涌出一样，如果能扩充它们，就足以安定天下……"

③ 善端：善之端倪。儒家称"四善端"，即：恻隐之心、羞恶之心、恭敬之心、是非之心；孟子认为这是"仁义礼智"四德的源头，是人之为人的根据。

能充之，足以保四海"也。此为孟子人生哲学政治哲学之总出发点。其要义已散见前数章中，可勿再述。

孟子之最大特色，在排斥功利主义。孔子虽有"君子喻义，小人喻利"之言，然《易传》言"利者义之和"，言"以美利利天下"，《大学》言"乐其乐而利其利"，并未尝绝对的以"利"字为含有恶属性，至孟子乃公然排斥之。全书发端记与梁惠王问答。即昌言①：

> ……何必曰利，亦有仁义而已矣。王曰："何以利吾国？"大夫曰："何以利吾家？"士庶人曰："何以利吾身？"上下交征利，而国危矣。万乘之国，弑其君者，必千乘之家。千乘之国，弑其君者，必百乘之家。万取千焉，千取百焉，不为不多矣。苟为后义而先利，不夺不餍。②（《梁惠王上》）

宋牼③将以利不利之说说④秦楚罢兵，孟子谓"其号不可"。其言曰：

---

① 昌言：同"畅言"。
② 此段引文的大意是："……为什么定要说到那利呢？只有仁义就够了。大王说：'怎样有利于我的国家？'大夫说：'怎样有利于我的封邑？'士人平民说：'怎样有利于我自身？'上上下下互相争夺利益，那国家就危险了。在拥有万辆兵车的国家，杀掉国君的，必定是国内拥有千辆兵车的大夫；在拥有千辆兵车的国家，杀掉国君的，必定是国内拥有百辆兵车的大夫。在拥有万辆兵车的国家里，这些大夫拥有千辆兵车；在拥有千辆兵车的国家里，这些大夫拥有百辆兵车，不算不多了，如果轻义而重利，他们不夺取是绝对不会满足的。"
③ 宋牼［kēng］：战国时期宋国人，"宋尹学派"代表人物，亦名宋钘、宋荣、宋荣子，他和尹文合创此学派，故名。
④ 说［shuì］：游说、劝说。

先生以利说秦楚之王，秦楚之王悦于利以罢三军之师，是三军之士，乐罢而悦于利也。为人臣者，怀利以事其君；为人子者，怀利以事其父；为人弟者，怀利以事其兄。是君臣父子兄弟，终去仁义，怀利以相接，然而不亡者，未之有也。……何必曰利。①（《告子下》）

书中此一类语句甚多，不必枚举。要之，此为孟子学说中极主要的精神，可以断言：后此董仲舒所谓"正其谊不谋其利，明其道不计其功"，即从此出。此种学说在两千年社会中，虽保有相当势力，然真能实践者已不多。及近十余年泰西②功利主义派哲学输入，浮薄者或曲解其说以自便，于是孟董此学，几成为嘲侮之鹄③。今不能不重新彻底评定其价值。

营私罔利④之当排斥，此常识所同认，无俟多辨⑤也。儒家——就中⑥孟子所以大声疾呼以言利为不可者，并非专指一件具体的牟利之事而言，乃是言人类行为不可以利为动机。申言之，则凡计较利害——打算盘的意思，都根本反对，认为是"怀

---

① 此段引文的大意是："先生用利去劝说秦王楚王，秦王楚王因为有利而高兴，于是停止军事行动；军队的官兵也因为有利而高兴，于是乐于罢兵。做臣下的心怀利害关系来侍奉君主，做儿子的心怀利害关系来侍奉父亲，做弟弟的心怀利害关系来侍奉哥哥，这就会使君臣之间、父子之间、兄弟之间都完全去掉仁义，心怀利害关系来互相对待，这样不使国家灭亡的，是没有的。……何必要去谈利呢？"
② 泰西：西欧。
③ 鹄[hú]：鹄的（目标）。
④ 罔利：牟利。
⑤ 无俟[sì]多辨：无须多说。
⑥ 就中：其中。

利以相接"，认为可以招社会之灭亡。此种见解，与近世（就中，美国人尤甚）实用哲学者流专重"效率"之观念正相反。究竟此两极端的两派见解孰为正当耶？吾侪①毫不迟疑的赞成儒家言。吾侪确信"人生"的意义不是用算盘可以算得出来。吾侪确信人类只是为生活而生活，并非为求得何种效率而生活。有绝无效率的事或效率极小的事，吾侪理应做或乐意做者，还是做去。反是，虽常人所指为效率极大者（无论为常识所认的效率或为科学方法分析评定的效率），吾侪有许多不能发见其与人生意义有何等关系。是故吾侪于效率主义，已根本怀疑。即让一步，谓效率不容蔑视，然吾侪仍确信效率之为物不能专以物质的为计算标准，最少亦要通算精神、物质之总和（实则此总和是算不出来的）。又确信人类全体的效率，并非由一个一个人、一件一件事的效率相加或相乘可以求得。所以吾侪对于现代最流行的效率论，认为是极端浅薄的见解，绝对不能解决人生问题。

"利"的性质，有比效率观念更低下一层者，是为权利观念。权利观念，可谓为欧美政治思想之唯一的原素。彼都所谓人权、所谓爱国、所谓阶级斗争……等种种活动，无一不导源于此。乃至社会组织中最简单、最密切者，如父子、夫妇相互之关系，皆以此观念行之。此种观念，入到吾侪中国人脑中，直是②无从理解。父子夫妇间，何故有彼我权利之可言，吾侪真不能领略此中妙谛。此妙谛既未领略，则从妙谛推演出来之人对人权

---

① 吾侪［chái］：我们。
② 直是：简直是。

利、地方对地方权利、机关对机关权利、阶级对阶级权利，乃至国对国权利，吾侪一切皆不能了解。既不能了解，而又艳羡此"时髦"学说，谓他人所以致富强者在此，必欲采之以为我之装饰品。于是如邯郸学步，新未成而故已失。比年①之蜩螗沸羹②不可终日者，岂不以此耶？我且勿论，彼欧美人固充分了解此观念，恃以为③组织社会之骨干者也。然其社会所以优越于我者何在？吾侪苦未能发明④，即彼都⑤人士亦窃窃焉⑥疑之，由孟子之言，则直是"交征利"、"怀利以相接"、"不夺不餍"、"然而不亡者，未之有也"。质而言之，权利观念，全由彼我对抗而生，与通彼我之"仁"的观念绝对不相容。而权利之为物，其本质含有无限的膨胀性，从无自认为满足之一日。诚有如孟子所谓"万取千、千取百而不餍"者，彼此扩张权利之结果，只有"争夺相杀谓之人患"（《礼运》）之一途而已。置社会组织于此观念之上而能久安，未之前闻。欧洲识者，或痛论彼都现代文明之将即灭亡，殆以此也。我儒家之言则曰：

能以礼让为国，夫何有？⑦（《论语》）

---

① 比年：多年。
② 蜩［tiáo］螗［táng］沸羹：（成语）喻嘈杂混乱（蜩螗：蝉。沸羹：翻滚的开水）。典出《诗经·大雅·荡》："如蜩如螗，如沸如羹。"
③ 恃［shì］以为：据此作为。
④ 发明：发现、明了。
⑤ 彼都：彼等。
⑥ 窃窃焉：私下里。
⑦ 此段引文的大意是："能够用礼让原则来治理国家，那还有什么（困难）呢？"

此语入欧洲人脑中,其不能了解也,或正与我之不了解权利同。彼欲以交争的精神建设彼之社会,我欲以交让的精神建设我之社会。彼笑我懦,我怜彼犷,既不相喻,亦各行其是而已。

……

孟子言仁政,言保民。今世学者极欧美政论之流,或疑其奖励国民依赖根性,非知治本,吾以为此苛论也。孟子应时主之问,自当因其地位而责之以善。所谓"与父言慈与子言孝"。不主张仁政,将主张虐政耶?不主张保民,将主张残民耶?且无政府则已,有政府,则其政府无论以何种分子何种形式组织,未有不宜以仁政保民为职志者也。然则孟子之言,何流弊之有?孟子言政,其所予政府权限并不大。消极的保护人民生计之安全,积极的导引人民道德之向上,曷尝于民政有所障耶?

二、荀子人性观及其政治论

荀子与孟子,同为儒家大师,其政治论之归宿点全同,而出发点则小异。孟子信性善,故注重精神上之扩充。荀子信性恶,故注重物质上之调剂。荀子论社会起源,最为精审。其言曰:

> 水火有气而无生,草木有生而无知,禽兽有知而无义,人有生有气有知亦且有义,故最为天下贵也。力不若牛,走不若马,而牛马为用何也?曰:人能群彼不能群也。人何以

能群？曰：分。分何以能行？曰：义。故义以分则和，和则一，一则多力，多力则强，强则胜物。①（《王制》）

此言人之所以贵于万物者，以其能组织社会。社会成立，则和而一，故能强有力以制服自然。社会何以能成立？在有分际。分际何以如此其重要？荀子曰：

万物同宇而异体，无宜而有用为人②，数也。人伦并处，同求而异道，同欲而异知，生也③，皆有可也。知愚同，所可异也。知愚分，势同而知异。行私而无祸。纵欲而不穷，则民心奋而不可说也。……天下害生纵欲，欲恶同物，欲多而物寡，寡则必争矣。……离居不相待则穷，群而无分则争，穷者患也，争者祸也。救患除祸，莫若明分使群矣。④（《富国》）

---

① 此段引文的大意是："水火有气却没有生命，草木有生命却没有知觉，禽兽有知觉却不讲道义；人有气、有生命、有知觉，而且讲究道义，所以人最为天下所贵重。人的力气不如牛，奔跑不如马，但牛马却被人役使，为什么呢？就是因为：人能结合成社会群体，而它们不能结合成社会群体。人为什么能结合成社会群体？就是因为有等级名分。等级名分为什么能实行？就是因为有道义。所以，根据道义确定了名分，人们就能和睦协调；和睦协调，就能团结一致；团结一致，力量就大；力量大了，就强盛；强盛了，就能战胜外物。"
② 王念孙曰："为"读曰"于"，古同声通用，言万物于人虽无一定之宜，而皆有用于人。——作者原注
③ 王念孙曰："生"读为"性"。——作者原注
④ 此段引文的大意是："万物并存于宇宙之中而形体各不相同，它们不能主动地迎合人们的需要却对人都有用，这是一条客观规律。人类群居在一起，同样有追求而思想原则却不同，同样有欲望而智慧却不同，这是人的本性。人们都有所认可，这是智者和蠢人相同的；但各人所认可的事物是不同的，这是智者和蠢人的区别。如果人们地位相同而智慧不同，谋取私利而不受惩罚，随心 **（转下页）**

又曰：

礼起于何也？曰：人生而有欲。欲而不得则不能无求，求而无度量分界则不能不争，争则乱，乱则穷。先王恶其乱也，故制礼义以分之，以养人之欲，给人之求。使欲必不穷乎物，物必不屈于欲，两者相持而长。是礼之所起也。①（《礼论》）

又曰：

分均则不遍，势齐则不壹，众齐则不使，……夫两贵之不能相事，两贱之不能相使，是天数也。势位齐而欲恶同，物不能澹②，则必争，争则必乱，乱则穷矣。先王恶其乱也，故制礼义以分之。使有贫富贵贱之等足以相兼临者，

(接上页) 所欲而不会碰壁，那么人们将奋起竞争，求取私欲，而不可说服了。……天下的祸害就会因为各人的为所欲为而不断发生。人们需要和厌弃同样的东西，可是需要的多而东西少，东西少就一定会发生争夺了。……如果离群索居而不互相依靠就会陷入困境，如果群居而没有名分规定就会发生争夺。陷于困境，是一种祸患；争夺，是一种灾难。要消除祸患免除灾难，就没有比明确各人的名分、使人们结合成社会群体更好的了。"

① 此段引文的大意是："礼是在什么情况下产生的呢？回答说：人生来就有欲望；如果想要什么而不能得到，就不能没有追求；如果一味追求而没有个标准限度，就不能不发生争夺；一发生争夺就会有祸乱，一有祸乱就会陷入困境。古代的圣王厌恶那祸乱，所以制定了礼义来确定人们的名分，以此来调养人们的欲望、满足人们的要求，使人们的欲望决不会由于物资的原因而不得满足，物资决不会因为人们的欲望而枯竭，使物资和欲望两者在互相制约中增长。这就是礼的起源。"

② 杨注云：读"澹"为"赡"。——作者原注

是养天下之本也。《书》曰:"维齐非齐。"此之谓也。①（《王制》）

　　此数章之文极重要，盖荀子政论全部之出发点。今分数层研究之。第一层，从纯物质方面说，人类不能离物质而生活，而物质不能为无限量的增加，故常不足以充展人类之欲望（欲多物寡，物不能赡）。第二层，从人性方面说，孟子言"辞让之心人皆有之"。荀子正与相反，谓争夺之心，人皆有之（纵欲而不穷，不能不争）。第三层，从社会组织动机说，既不能不为社会的生活（离居不相待则穷），然生活自由的相接触，争端必起（群而无分则争）。第四层，从社会组织理法说，惟有使各人在某种限度内为相当的享用，庶物质分配不至竭蹶（以度量分界，养人之欲，给人之求）。第五层，从社会组织实际说，承认社会不平等（有贫安贵贱之等，维齐非齐），谓只能于不平等中求秩序，生活不能离开物质，理甚易明。孔子说富之教之，孟子说恒产恒心，未尝不见及此点。荀子从人性不能无欲说起，由欲有求，由求有争，因此不能不有度量分界以

---

① 此段引文的大意是："名分职位相等了就谁也不能统率谁，势位权力相等了就谁也不能统一谁，大家平等了就谁也不能役使谁。自从有了天有了地，就有了上和下的差别；英明的帝王一登上王位，治理国家就有了一定的等级制度。两个同样高贵的人不能互相侍奉，两个同样卑贱的人不能互相役使，这是合乎自然的道理。如果人们的权势地位相等，而爱好与厌恶又相同，那么由于财物不能满足需要，就一定会发生争夺；一发生争夺就一定会混乱，社会混乱就会陷入困境了。古代的圣王痛恨这种混乱，所以制定了礼义来分别他们，使人们有贫穷与富裕、高贵与卑贱的差别，使自己能够凭借这些来全面统治他们，这是统治天下的根本原则。《尚书》上说：'要整齐划一，在于不整齐划一。'说的就是这个道理。"

济其穷。剖析极为精审，而颇与唯物史观派之论调相近，盖彼生战国末，受法家者流影响不少也。荀子不承认"欲望"是人类恶德，但以为要有一种"度量分界"，方不致以我个人过度的欲望，侵害别人分内的欲望。此种度量分界，名之曰礼。儒家之礼治主义，得荀子然后大成，亦至荀子而渐滋流弊，今更当一评骘①之。《坊记》云：

> 礼者，因人之情而为之节文以为民坊者也。②

"人之情"固不可拂③，然漫无节制，流弊斯滋。故子游曰：

> 有直情而径行者，夷狄之道也。礼道则不然，人喜则斯陶，斯陶咏，咏斯犹④，犹斯舞，愠斯戚，戚斯叹，叹斯辟⑤，辟斯踊矣。品节斯，斯之谓礼。⑥（《檀弓》）

礼者，因人之情欲而加以品节，使不致一纵而无极，实为陶

---

① 评骘[zhì]：评定。
② 此段引文的大意是："所谓礼，就是顺应人的这种情况而为之制定控制的标准，以作为防止百姓越轨的提防。"
③ 拂：抹去。
④ 郑注：犹当为摇声之误也。——作者原注
⑤ 郑注：辟，拊心也。——作者原注
⑥ 此段引文的大意是："有凭着性子任意所为的，那是野蛮人之道。礼之道则不是这样，人心里高兴就想发抒表现出来，想表现所以歌咏，歌咏就不由得身体摇动，摇动就不由得舞蹈起来，舞到极致就会生发出愠怒，愠怒到极致就是哀戚，哀戚就会叹息，叹息不已则用手捶胸，捶胸犹不足达哀戚之情就会顿足跳跃。有品德节操，才称得上礼。"

养人格之一妙用。故孔子曰："礼之用，和为贵。"又曰："恭而无礼则劳，慎而无礼则葸，勇而无礼则乱，直而无礼则绞。"①通观《论语》所言礼，大率皆从情神修养方面立言，未尝以之为量度物质工具。荀子有感于人类物质欲望之不能无限制也，于是应用孔门所谓礼者以立其度量分界（此盖孔门弟子早有一派，非创自荀子，特荀子集其大成耳），其下礼之定义曰：

礼者，断长续短，损有余，益不足，达爱敬之文，而滋成行义之美者也。（《礼论》）②

"断长续短，损有余，益不足"云者，明明从物质方面说，故曰：

人之情，食欲有刍豢，衣欲有文绣，行欲有舆马，又欲夫余财蓄积之富也。然而穷年累世不知足，是人之情也。今人之生也，方知蓄鸡狗猪彘，又畜牛羊，然而食不敢有酒肉。余刀布，有囷窌③，然而衣不敢有丝帛。约者有筐箧之藏，然而行不敢有舆马。是何也？非不欲也。几不④长虑顾

---

① 此段引文的大意是："恭敬而不符合礼的规定，就会烦扰不安；谨慎而不符合礼的规定，就会畏缩拘谨；勇猛而不符合礼的规定，违法作乱；直率而不符合礼的规定，就会尖刻伤人。"
② 此段引文的大意是："礼，是截长补短，减损有余而弥补不足的，使爱怜恭敬的仪式能完全实施从而养成美好的德行道义的。"
③ 囷[qūn]窌[pào]：谷仓与地窖，泛指粮仓。
④ 王念孙谓此二字涉下文而衍。——作者原注

后而恐无以继之故也。……今夫偷生浅知之属，曾此而不知也。粮食大侈，不顾其后，俄则屈安穷矣①。是其所以不免于冻饿操瓢囊为沟壑中瘠者也。况②夫先王之道仁义之统诗书礼乐之分乎。彼固天下之大虑也，将为天下生民之属长虑顾后而保万世也。……③（《荣辱》）

荀子以为人类总不容纵物质上无垫之欲，个人有然，社会亦有然。政治家之责任，在将全社会物质之量，通盘筹算，使人人不致以目前"太侈"之享用，招将来之"屈穷"，所谓"欲必不穷乎物，物必不屈于欲"也。其专从分配问题言生计，正与孟子同，而所论比孟子尤切实而缜密。然则其分配之法如何？荀子曰：

夫贵为天子，富有天下，是人情之所同欲也。然则从人之欲，则势不能容，物不能赡也。故先王案为之制礼义以分之，使有贵贱之等，长幼之差，知愚能不能之分，皆使人载

---

① 杨注云：安，语助也，犹言屈然穷。案：荀子书中"安"字或"案"字多作语助词用。——作者原注
② 况：当训"譬"。——作者原注
③ 此段引文的大意是："人的本性是，吃要有肉食，穿要有丝绸，行要有车马，还要有剩余积蓄的财富；可是却一辈子也不会知足，这就是人的本性。现今人们的生活，已知道畜养鸡狗猪和牛羊，可是吃不敢有酒肉；有剩余的钱财和存粮，可是穿不敢有丝帛；筐箧之中储藏应有尽有，可是行不敢有车马。这是什么缘故？不是不想。不就是从长远考虑担心以后没有接续的缘故吗……现在偷生无知之辈，竟然连这个道理都不懂，挥霍浪费粮食，不顾其后，很快就耗尽用光，这是他们难免于冻饿，拿着讨饭瓢囊饿死于沟壑之中的道理；何况先王的治国方略、仁义的纲领、诗书礼乐的规定呢！那是安定天下深谋远虑，将会为天下的民众们长虑顾后确保万世永存啊。……"

其事而各得其宜，然后使谷禄多少，厚薄之称。……故或禄天下而不自以为多，或监门御旅抱关击柝而不自以为寡，故曰：儳①而齐，枉而顺，不同而一。②（《荣辱》）

荀子所谓度量分界：（一）贵贱，（二）贫富（《王制篇》所说），（三）长幼，（四）知愚，（五）能不能。以为人类身份、境遇、年龄、材质上万有不齐，各应于其不齐者以为物质上享用之差等，是谓"各得其宜"，是谓义。将此义演为公认共循之制度，是谓礼。荀子以为持此礼义以治天下，则：

以治情则利，以为名则荣，以群则和，以独则足。③（《荣辱》）

是故孔子言礼专主"节"（《论语》所谓不以礼节之亦不可行），荀子言礼专主"分"。荀子以为只须将礼制定，教人"各安本分"，则在社会上相处，不致起争夺（以群则和），为个人计，亦可以知足少恼（以独则足）。彼承认人类天然不平等，而

---

① 儳［chán］：不整齐。
② 此段引文的大意是："贵为天子，富有天下，是人们本性共同追求的，可是如果顺从人的欲望，那么客观上不能容许，物质上也不能满足，因此，先王于是为这制定礼义以区分他们，使人们有贵贱等级，长幼差别，聪明愚笨、能与不能的区别，使人们都能够担负起自己的事情而各得其所，然后，让俸禄的多少厚薄与之相称。……因此，有人食天下俸禄自己还不以为多，有人监守城门迎接宾客，看守关隘打更报时自己也不认为少。因此说：不齐而齐，不直而直，不同而同。"
③ 此段引文的大意是："用它来陶冶情操则有利，用它来博取声名则荣，有它来与人相处则可和谐，用它来独善其身则可自得其乐。"

谓各还其不平等之分际，斯为真平等。故曰："维齐非齐。"然则荀子此说之价值何如？曰：长幼、知愚、能不能之差别，吾侪绝对承认之。至于贵贱、贫富之差别，非先天所宜有，其理甚明。此差别从何而来？惜荀子未有以告吾侪。推荀子之意，自然谓以知愚、能不能作贵贱、贫富之标准。此说吾侪固认为合理，然此合理之标准何以能实现？惜荀子未能予吾侪以满意之保障也。以吾观之，孔子固亦主张差等，然其所谓差等者与后儒异。孔子注重"亲亲之杀①"，即同情心随其环距之远近而有浓淡强弱，此为不可争之事实。故孔子因而利导之，若夫身份上之差等，此为封建制度下相沿之旧，孔子虽未尝竭力排斥，然固非以之为重。孔门中子夏一派，始专从此方面言差等。而荀子更扬其波，《礼论》篇中历陈天子应如何、诸侯应如何、大夫应如何、士应如何、庶人应如何；《戴记》中《礼器》《郊特牲》《玉藻》等篇，皆同此论调，断断②于贵贱之礼数。其书出荀子前抑出其后，虽未能具断，要之皆荀子一派之所谓礼，与孔子盖有间③矣。

荀子生战国末，时法家已成立，思想之互为影响者不少，故荀子所谓礼，与当时法家所谓法者，其性质实极相逼近。荀子曰：

礼岂不至矣哉。立隆以为极，而天下莫之能损益也。……故绳墨诚陈矣，则不可欺以曲直；衡诚县矣，则不

---

① 亲亲之杀：全文为："亲亲之杀，尊贤之等，礼所生也。"此处的"杀"，意为"限制"。
② 断断 [yín]：争辩貌。
③ 盖有间：很有距离（不同）。

可欺以轻重；规矩诚设矣，则不可欺以方圆；君子审于礼，则不可欺以诈伪。故绳者，直之至；衡者，平之至；规矩者，方圆之至；礼者，人道之极也。①（《礼论》）

法家之言曰："有权衡者不可欺以轻重，有尺寸者不可差以长短，有法度者不可诳以诈伪。"（马总《意林》引《慎子》②）两文语意若合符节，不过其功用一归诸礼、一归诸法而已。究竟两说谁是耶？吾宁取法家。何也？如荀子说，纯以计较效率为出发点，既计效率，则用礼之效率不如用法，吾敢昌言也。法度严明，诈伪不售，吾能信之，谓"审礼则不可欺以诈"，则礼之名义为人所盗用，饰貌而无实者，吾侪可以触目而举证矣。故荀子之言，不彻底之言也。《慎子》又曰："一兔走，百人追之；积兔于市，过而不顾；非不欲兔，分定不可争也。"荀子之以分言礼，其立脚点正与此同。质言之，则将权力之争夺变为权利之认定而已。认定权利，以立度量分界，洵为③法治根本精神。

……

---

① 此段引文的大意是："礼难道不是登峰造极了吗？圣人确立了发展到高度成熟的礼制而把它作为最高的准则，因而天下没有谁再能增减改变它。……所以木工的墨线真正拉出来了，就不可能再用曲直来搞欺骗；秤真正挂起来了，就不可能再用轻重来搞欺骗；圆规角尺真正设置了，就不可能再用方圆来搞欺骗；君子对礼了解得明白清楚，就不可能再用诡诈来欺骗他。所以墨线这种东西，是直的极点；秤这种东西，是平的极点，圆规角尺这种东西，是方与圆的极点；礼这种东西，是社会道德规范的极点。"

② 《慎子》：战国时慎到的著作，《汉书·艺文志》法家类著录《慎子》42篇，早佚，现仅残存"威德"、"因循"、"民杂"、"德立"、"君人"、"知忠"、"君臣"七篇以及一些佚文。慎到，赵国人，先秦法家代表人物。

③ 洵为：实为。

孟子之性善论

傅斯年

傅斯年（1896—1950），字孟真，语言学家、历史学家，曾任国立北京大学代理校长，重要著作有《中国古代文学史讲义》《史学方法导论》《东北史纲》和《性命古训辩证》等。

本文节选自《性命古训辩证》（1940）中卷第8章，题目系原书所有，要点有三：（一）孟子思想是儒学式微、墨学兴盛时的"新儒学"，因而与孔子之正传相去甚远。（二）孟子把"四性端"即恻隐之心、羞恶之心、恭敬之心、是非之心，认作"四善端"即仁、义、礼、智，其逻辑是：前者"人皆有之"，所以，后者也"人皆有之"；后者即"善"，所以，人性本善。（三）孟子把恶归之于外因，即"放心"（丧失本性）；所以，重在"养心"，即"求其放心而已矣"，也就是找回丧失之本性，如此而已。

今于说孟子性善论之前，先述孟子思想所发生之环境。墨翟①

---

① 墨翟[dí]：尊称"墨子"，春秋末战国初期鲁国学者，墨家学说创始人。

之时，孔学鼎盛，"墨子学儒者之业，受孔子之术，以为其礼烦扰而不悦，厚葬靡财而贫民，久服伤生而害事，故背周道而用夏政"（《淮南·要略》）。盖务反儒者之所为也。孟轲之时，"杨朱、墨翟之言盈天下，天下之言不归杨则归墨"。孟子以为杨朱之言性（生），徒纵口耳之欲，养其一体即忘其全也，遂恶养小以失大，且以为性中有命焉。今杨义不存，孟子言之激于杨氏而出者，不可尽知，然其激于墨氏而出者，则以墨义未亡，大体可考。墨子立万民之利以为第三表①，孟子则闻利字若必洗耳然，以为此字一出乎心，其后患不可收拾。其务相反如此。墨子以为上天兼有世人，兼而食之，遂兼而爱之。孟子以为"人之于身也兼所爱，兼所爱则兼所养"。其受墨说影响之辞气又如此。此虽小节，然尤足证其影响之甚也。若夫孔子，以为杞宋不足征②，周监于二代，乃从后王之政③。墨子侈言远古，不信而征，复立仪范虞夏④之义，以为第一表⑤。孟子在墨子之后，乃不能上返之于孔子，而下迁就⑥于墨说，从而侈谈洪荒⑦，不自知其与彼"尽信书则不如无书"之义相违也。故孟子者，在性格、在言谈、在逻辑，皆非孔子之正传，且时与《论语》之义相背，彼

---

① 表：通"标"，表帜、标志。
② 杞宋不足征：原文出自《论语·八佾》："夏礼吾能言之，杞不足征也；殷礼吾能言之，宋不足征也。文献不足故也。足，则吾能征之矣。"
③ 周监于二代，乃从后王之政：原文出自《论语·八佾》："周监于二代，郁郁乎文哉，吾从周。"
④ 仪范虞夏：仿效夏代。夏、商、周，史称"三代"，中国最古老的朝代。
⑤ 第一表：第一要义。
⑥ 迁就：迎合。
⑦ 洪荒：混沌、蒙昧的状态，借指远古时代。

虽以去圣为近①，愿乐孔子，实则纯是战国风习中之人，墨学磅礴后激动以出之新儒学也。

在性论上，孟子全与孔子不同，此义宋儒②明知之，而非宋儒所敢明言也。孔子之人性说，以大齐为断，以中性为解③，又谓必济之以④学而后可以致德行，其中绝无性善论之含义，且其劝学乃如荀子。孟子舍宗教而就伦理，罕言天志而侈言人性，墨子以为仁义自天出者，孟子皆以为自人出矣。墨孟皆道德论者。道德论者，必为道德立一大本，墨子之大本，天也，孟子之大本，人也，从天志以兼爱，与夫扩充性端⑤以为仁义，其结构同也。是则孟子之性善说，亦反墨、反宗教后应有之一种道学态度矣。

当孟子时，论人生所赋之质者不一其说，则孟子之亟言性也，亦时代之所尚，特其质言性善者是其创作耳。当时告子以为"性无善无不善"，此邻于⑥道家之说。又或以为"性可以为善，可以为不善，是故文武兴则民好善，幽厉兴则民好暴"，此似同于孔子之本说。又或以为"有性善，有性不善，是故以尧为君而有象，以瞽瞍为父而有舜"，此则孔子所指"上智下愚不移"之例外也（以上或说皆见《告子篇》上）。今孟子皆非之，与孔子

---

① 去圣为近：离圣人（孔子）很近。
② 宋儒：宋代儒家，即理学家，指程颢、程颐、朱熹、陆九渊等人。
③ 以大齐为断，以中性为解：以"大齐"为断言，以"中性"为解释。大齐：大致相同。中性：一般性。
④ 济之以：借助于。
⑤ 性端：即孟子所谓"四善端"，即：恻隐之心、羞恶之心、恭敬之心、是非之心。
⑥ 邻于：接近于。

迥不侔①矣。

告子"性超善恶"之说，以为仁义自外习成，非生之所具，欲之仁义，必矫揉②之然后可。孟子性善之说，以为仁、义、礼、智皆出于内心，即皆生来之禀赋，故以性为善，其为恶者，人为也。《孟子》书中立此义者多，引其辨析微妙者一章：

> 孟季子问公都子曰："何以义内也？"
>
> 曰："行吾敬，故谓之内也。"
>
> "乡人长于伯兄一岁，则谁敬？"
>
> 曰："敬兄。"
>
> "酌则谁先？"
>
> 曰："先酌乡人。"
>
> "所敬在此，所长在彼，果在外，非由内也。"
>
> 公都子不能答，以告孟子。
>
> 孟子曰："敬叔父乎，敬弟乎？彼将曰'敬叔父'。曰'弟为尸，则谁敬'，彼将曰'敬弟'。子曰'恶在其敬叔父也'，彼将曰'在位故也'。子亦曰'在位故也，庸敬在兄，斯须之敬在乡人'。"
>
> 季子闻之，曰："敬叔父则敬，敬弟则敬，果在外，非由内也。"

---

① 侔：相等。
② 矫揉：（动词）矫正。

公都子曰:"冬日则饮汤,夏日则饮水,然则饮食亦在外也?"①(《告子上》)

义者,是非之辩,所以论于行事者也,孟季子重言行事之本身,以为因外界之等差而异其义方②,故认为义外;孟子重言其动机,以为虽外迹不齐,而其本自我,故认为义内。自今日视之,此等议论,皆字面之辩耳。虽然,欧洲哲学家免于字面之辩者又几人乎?

今更引《孟子》论性各章中最能代表其立说者之一章:

孟子曰:"乃若其情,则可以为善矣,乃所谓善也。若夫为不善,非才之罪也。恻隐之心人皆有之,羞恶之心人皆有之,恭敬之心人皆有之,是非之心人皆有之。恻隐之心仁也,羞恶之心义也,恭敬之心礼也,是非之心智也。仁、义、礼、智非由外铄我也,我固有之也,弗思耳矣。故曰求则得之,舍则失之,或相倍蓰而无算者,不能尽

---

① 此段引文的大意是:"孟季子问公都子说:'为什么说义是内在的呢?'公都子说:'它施行我的敬意,所以说是内在的。'孟季子说:'乡里人比兄长大一岁,你敬谁?'公都子说:'敬重兄长。'孟季子说:'饮酒给谁先斟呢?'公都子说:'先斟乡里人。'孟季子说:'所敬的是兄长,所尊的是乡里人,可见义毕竟是外在的,不是由内发出的。'公都子不能应答,把这事告诉了孟子。孟子说:'敬叔父,还是敬弟弟呢,他会说"敬叔父"。你说"弟弟担任了受祭的尸,那敬谁呢",他会说"敬弟弟"。你说"那么叔父敬在哪儿呢",他会说"这是因为弟弟处在尸位的缘故"。你也说"因为所处地位的缘故,平常该敬兄长,那一会儿该敬乡里人"。'孟季子听了,说:'要敬重叔父的时候就敬重叔父,要敬重弟弟的时候就敬重弟弟,可见义毕竟是外在的,不是由内发出的。'公都子说:'冬天喝热水,夏天喝凉水,那么饮食也是外在的吗?'"

② 义方:行事应该遵守的规范和道理。

其材者也。"①（《告子上》）

夫曰"可以为善"，即等于说不必定为善也，其可以为善者，仁、义、礼、智之端皆具于内，扩而充之，斯善矣。其不为善者，由于不知扩充本心，外物诱之，遂陷于不义，所谓不能尽其材也。此说以善为内，以恶为外，俨然后世心学一派之说，而与李习之②复性之说至近矣。孟子既以人之为善之动机具于内，乃必有良知良能论：

孟子曰："人之所不学而能者，其良能也，所不虑而知者，其良知也。孩提之童，无不知爱其亲也，及其长也，无不知敬其兄也。亲亲，仁也，敬长，义也。无他，达之天下也。"③（《尽心上》）

而此良知良能又是尽人所有者，人之生性本无不同也。

---

① 此段引文的大意是："孟子说：'按人们的性情是能够成为善的，这就是我所说的善。至于成为不善，不是资质的罪过。同情之心人人都有，羞耻之心人人都有，恭敬之心人人都有，是非之心人人都有。同情之心属仁，羞耻之心属义，恭敬之心属礼，是非之心属智。仁、义、礼、智不是从外面注入的，是我本来就有的，只是未曾去领悟罢了。所以说，求索就得到，放弃就失去，有的人相差一倍、五倍甚至无数倍的，就是没能充分发挥他们资质的缘故。'"
② 李翱，字习之，唐代儒学家，《复性书》为其名文。
③ 此段引文的大意是："孟子说：'人不经学习就能做的，那是良能；不经思考就能知道的，那是良知。年幼的孩子，没有不知道要爱他们父母的；长大后，没有不知道要敬重他们兄长的。爱父母就是仁，敬兄长就是义，这没有别的原因，只因为（仁和义）是通行于天下的。'"

孟子曰:"富岁,子弟多赖;凶岁,子弟多暴,非天之降才尔殊也,其所以陷溺其心者然也。今夫麰麦,播种而耰之,其地同,树之时又同,浡然而生,到于日至之时皆熟矣。虽有不同,则地有肥硗,雨露之养、人事之不齐也。故凡同类者举相似也,何独至于人而疑之?圣人与我同类者,故龙子曰:'不知足而为屦,我知其不为蒉也。'屦之相似,天下之足同也。口之于味,有同耆也,易牙先得我口之所耆者也。如使口之于味也,其性与人殊,若犬马之与我不同类也,则天下何耆皆从易牙之于味也?至于味,天下期于易牙,是天下之口相似也。惟耳亦然,至于声,天下期于师旷,是天下之耳相似也。惟目亦然,至于子都,天下莫不知其姣也,不知子都之姣者无目者也。故曰,口之于味也有同耆焉,耳之于声也有同听焉,目之于色也有同美焉。至于心,独无所同然乎?心之所同然者何也?谓理也,义也。……故理义之悦我心犹刍豢之悦我口。"①(《告子上》)

---

① 此段引文的大意是:"孟子说:'丰收年成,子弟大多懒惰;灾荒年成,子弟大多横暴,并非天生的资质如此不同,是由于他们的内心遭到损害、迷惑的缘故。例如大麦,播下种子耙了地,如果土地相同,栽种的时节也相同,便蓬勃地生长,到了夏至时节都成熟了。即使有所不同,就是土地有肥有瘠,雨露滋养、所下功夫的不一致罢了。所以,凡是同类的东西大体相同,为何唯独对于人就疑惑了呢?圣人与吾辈是同类,所以龙子说:"不知道脚的形状去编草鞋,我知道不会做成筐子。"草鞋相似,因为普天之下的脚形状相同。口对于滋味,有相同的嗜好,易牙先得知了我们口味的嗜好。假使口对于滋味,其特性依人相异,就如同狗马与我们不同类一样,那么,何以天下的嗜好都随从易牙的口味呢?讲到滋味,天下就期望于易牙,可见天下的口味是相似的。耳朵也是如此,讲到声音,天下就期望于师旷,可见天下的耳力是相似的。眼睛也是如此,讲到子都,天下没有人不知道他美丽的,不知道子都美丽的是没有眼睛的人。所以说,口对于滋味有相同的嗜好,耳对于声音有相同的听觉,眼对于容貌有相同的美感。讲到内心,唯独就没有相同之处吗?内心的相同之处是什么呢?是理,是义。……因**(转下页)**

既以为天下之人心同,又以为万物皆备于我。以为万物皆备于我,而孟子之性善论造最高峰矣。

孟子曰:"万物皆备于我矣。返身而诚,乐莫大焉。强恕而行,求仁莫近焉。"①(《尽心上》)

古无"真"字,后世所谓"真",古人所谓"诚"也。至于为恶之端,孟子皆归之于外物:

孟子曰:"牛山之木尝美矣,以其郊于大国也,斧斤伐之,可以为美乎?是其日夜之所息,雨露之所润,非无萌蘖之生焉,牛羊又从而牧之,是以若彼濯濯也。人见其濯濯也,以为未尝有材焉,此岂山之性也哉,虽存乎人者,岂无仁义之心哉?其所以放其良心者,亦犹斧斤之于木也,旦旦而伐之,可以为美乎,其日夜之所息,平旦之气,其好恶与人相近也者几希,则其旦昼之所为有梏亡之矣。梏之反覆,则其夜气不足以存,夜气不足以存则其违禽兽不远矣。人见其禽兽也,而以为未尝有才焉者,是岂人之情也哉?故苟得其养,无物不长;苟失其养,无物不消。孔子曰:'操则存,舍则亡,出入无时,莫知其乡。'

(接上页)此理义愉悦我们的内心犹如猪肉、牛肉愉悦我们的口味一样。'"
① 此段引文的大意是:"孟子说:'万物之理我都具备了。反问自己,所具备的道理是实实在在存在的,快乐没有比这更大的了。努力按推己及人的恕道去做,求仁的道路没有比这更近的了。'"

惟心之谓欤！"①（《告子上》）

孟子既以善为内，以恶为外，故其教育论在乎"养心"、"放心②"，而不重视力学③，其言学问亦仅谓"求④其放心而已矣"。此亦性善说之所必至，犹之⑤劝学为性恶论者之所必取也。

孟子之论性如此，自必有尽心之教育说、养生之社会论、民贵之政治论，此三事似不相干，实为一贯。盖有性善之假定，三义方可树立也。不观乎《厄米尔》之作者与《民约论》之作者在欧洲亦为一人⑥乎？

---

① 此段引文的大意是："孟子说：'牛山的树木曾经很茂盛，因为邻近大都市，被刀斧所砍伐，能茂盛吗？它日夜息养，为雨露所滋润，并非没有新条嫩芽长出来，但牛羊又随之放牧在上面，所以变成那样光秃秃了。人们见它光秃秃的，便以为不曾有过木材，这难道是山的本性吗？即使是人，难道没有仁义之心吗？他之所以丢失了他的善心，也好像刀斧对待树木一般，天天去砍伐它，能茂盛吗？他日夜息养，清晨的气，其好恶几乎人人差不多，可是白天的作为使它束缚泯灭了。反复遭到束缚，那么夜晚息养之气就不足以存留，夜晚息养之气不足以存留就和禽兽相差不远了。人们见他如同禽兽，便以为不曾有过好的资质，这难道是人的本来情状吗？因此，假如得到应有的养育，没有事物不生长；假如失去应有的养育，没有事物不消亡。孔子说"把握就存留，舍弃就失去，出入没有一定，无法知晓它的去向"，是指人心而言的吧！'"
② 放心：丧失本性。
③ 力学：努力求学。
④ 求：找回。
⑤ 犹之：就如。
⑥ 指卢梭，18世纪法国启蒙哲学家，《厄米尔》（通译《埃米尔》）和《民约论》（通译《社会契约论》）均为其名著；前者是教育学名著，后者是社会政治学名著。

荀子之性恶论

傅斯年

本文节选自《性命古训辨证》(1940) 中卷第9章，题目系原书所有，要点有四：（一）荀子言性恶，旨在反孟子之论，故而将法家之说掺入儒学，创建以"礼"为要义的新说。（二）荀子性恶论主要出自《性恶》和《天论》，而此两篇中的两个关键词"性"和"伪"，一直以来语义不清，其实这是后世之讹，原本应作"生"和"为"；如此，"义理顺而显矣"。（三）荀子性恶论，其实是说不通的，因为人性中若毫无善之可能，那又怎能使其善呢？（四）荀子劝学说以性恶论为根据，其中四义——"慎立"、"专一"、"隆礼"、"贵全"——均是从外向内的"约律主义"，也就是强制性的，其核心是"隆礼"（即对"礼"的推崇），而所谓"礼"，就是等级与规矩。

以荀卿、韩非①之言为证，孟子之言，彼时盖盈天下矣。荀子起于诸儒间，争儒氏正统，在战国风尚中，非有新义不足以上说下教，自易于务反孟子之论，以立其说。若返之于孔子之旧谊②，尽弃孟氏之新说，在理为直截之路，然荀子去孔子数百

---

① 荀卿，即荀子。韩非，亦称"韩非子"或"韩子"，战国时期法家学者。
② 谊：同"义"。

年，时代之变已大，有不可以尽返者；且荀卿赵人，诸儒名家，自子游①而外，大略为邹鲁之士，其为齐卫人者不多见，若三晋，则自昔有其独立之学风（魏在三晋中，较能接受东方学风），乃法家之宗邦，而非儒术之灵土。

荀卿生长于是邦，曾西游秦，南仕楚，皆非儒术炽盛之地，其游学于齐，年已五十，虽其响慕②儒学必有直接或间接之邹鲁师承，而其早岁环境之影响终不能无所显露。今观《荀子·陈义》，其最引人注意者为援法入儒③。荀氏以隆礼④为立身施政之第一要义，彼所谓礼，实包括法家所谓法（《修身篇》："礼者，法之大分，类之纪纲也。"如此界说礼字，在儒家全为新说），彼所取术⑤，亦综核名实⑥，其道肃然⑦，欲一天下于一政权、一思想也。其弟子有韩非、李斯⑧之伦者，是应然，非偶然。

今知荀子之学，一面直返于孔子之旧，一面援法而入以成儒家之新，则于荀子之天人论，可观其窍妙⑨矣。荀子以性恶论著闻，昔人以不解荀子所谓"人性恶，其为善者，伪也"之字义，遂多所误会。关于"伪"字者，清代汉学家已矫正杨注⑩之失，

---

① 子游，孔子弟子，"孔门十哲"之一。
② 响慕：向往、仰慕。
③ 援法入儒：把法家学说掺入儒学。
④ 隆礼：推崇礼。
⑤ 术：方法。
⑥ 名实：名称与实质。
⑦ 肃然：严厉。
⑧ 李斯：秦朝丞相，助秦始皇一统天下。
⑨ 窍妙：同"巧妙"。
⑩ 杨倞［jìng］，唐代学者，其《荀子注》为历代权威注本。

郝懿行①以为即是"为"字，其说无以易矣，而《性恶》《天论》两篇中之"性"字应是"生"字，前人尚无言之者，故荀子所以对言"性"、"伪"之故犹不显，其语意犹未澈②也。今将两篇中之"性"字一齐作"生"字读，则义理顺而显矣。

荀子以为，人之生也，本恶，其能为善者，人为之功也；从人生来所禀赋，则为恶，法圣王之制作③以矫揉④生质，则为善。其言曰：（文中一切"性"字皆应读如"生"字，一切"伪"字皆应读如"为"字，荀子原本必如此。）

人之性（生）恶，其善者，伪（为）也。

今人之性（生），生而有好利焉，顺是，故争夺生而辞让亡焉。生而有疾恶焉，顺是，故残贼生而忠信亡焉。生而有耳目之欲，好声色焉，顺是，故淫乱生而礼义文理亡焉。然则从人之性（生），顺人之情，必出于争夺，合于犯分乱理而归于暴。故必将有师法之化，礼义之道，然后出于辞让，合于文理而归于治。用此观之，然则人之性（生）恶，明矣，其善者，伪（为）也。

故枸木必将待檃栝烝矫然后直，钝金必将待砻厉然后利。今人之性（生）恶，必将待师法然后正，得礼义然后治。……

孟子曰："人之学者，其性（生）善。"曰：是不然，是不

---

① 郝懿行，清嘉庆年间学者。
② 澈：清楚。
③ 法圣王之制作：遵循圣人所制定的礼义。
④ 矫揉：矫正。

及知人之性（生），而不祭乎人之性（生）伪（为）之分者也。凡性（生）者，天之就也，不可学，不可事。礼义者，圣人之所生也，人之所学而能，所事而成者也。不可学，不可事，而在人者，谓之性（生），可学而能，可事而成之在人者，谓之伪（为），是性（生）伪（为）之分也。……

问者曰：人之性（生）恶，则礼义恶生？应之曰：凡礼义者是生于圣人之伪（为），非故生于人之性（生）也。故陶人埏埴而为器，然则器生于工人之伪（为），非故生于陶（据王念孙说补陶字）人之性（生）也。故工人斲木而成器，然则器生于工人之伪（为），非故生于工人之性（生）也。圣人积思虑，习伪（为）故，以生礼义，而起法度，然则礼义法度者，是生于圣人之伪（为），非故生于人之性（生）也。若夫目好色，耳好声，口好味，心好利，骨体理肤好愉佚，是皆生于人之情性（生）者也，感而自然，不待事而后生之者也。夫感而不能然，必且待事而后然者，谓之伪（为）。是性（生）伪（为）之所生，其不同之征也。

故圣人化性（生）而起伪（为）。伪（为）起而生礼义，礼义生而制法度。则然礼义法度者，是圣人之所生也。故圣人之所以同于众，其不异于众者，性（生）也，所以异而过众者，伪（为）也。……凡人之欲为善者，为性（生）恶也。……故性（生）善则去圣王、息礼义矣；性（生）恶，则与圣王、贵礼义矣。故隐栝之生，为枸木也，绳墨之起，为不直也，立君上，明礼义，为性（生）恶也。……（《性恶篇》，篇中若干"性"字尽读为"生"字，固似勉强，然若一律作名词看，则无不可矣。）①

既知荀子书中之"性"字本写作"生"字，其"伪"字本

---

① 此段引文的大意是："人的本性是恶的，他们那些善的行为，则是人为的。人的本性，一生下来就有喜欢财利之心，依顺这种人性，所以争抢掠夺就产生而推辞谦让就消失了；一生下来就有妒忌憎恨的心理，依顺这种人性，所以残杀陷害就产生而忠诚守信就消失了；一生下来就有耳朵、眼睛的贪欲，有喜欢音乐、美色的本能，依顺这种人性，所以淫荡混乱就产生而礼义法度就消失了。这样看来，放纵人的本性，依顺人的情欲，就一定会出现争抢掠夺，一定会和违犯等级名分、扰乱礼义法度的行为合流，而最终趋向于暴乱。所以一定要有了师长和法度的教化、礼义的引导，然后人们才会从推辞谦让出发，遵守礼法，而最终趋向于安定太平。由此看来，人的本性是恶的，就很明显了，他们那些善的行为，则是人为的。所以弯曲的木料一定要依靠整形器进行熏蒸、矫正，然后才能挺直；不锋利的金属器具一定要依靠磨砺，然后才能锋利。人性之恶，一定要依靠师长和法度的教化才能端正，要得到礼义的引导才能治理好。……孟子说：'人们要学习的，是那本性的善。'我说：这是不对的。这是还没有能够了解人的本性，而且也不明白人的先天本性和后天人为之间的区别的一种说法。大凡本性，是天然造就的，是不可能学到的，是不可能人为造作的。礼义，才是圣人创建的，是人们学了才会、努力从事才能做到的。人身上不可能学到、不可能人为造作的东西，叫做本性；人身上可以学会、可以通过努力从事而做到的，叫做人为。这就是先天本性和后天人为的区别。……有人问：'人的本性是恶的，那么礼义是从哪里产生出来的呢？'我回答他说：所有的礼义，都产生于圣人的人为努力，而不是原先产生于人的本性。制作陶器的人搅拌揉制黏土而制成陶器，那么陶器产生于陶器工人的人为努力，而不是原先产生于人的本性。木工砍削木材而制成木器，那么木器产生于工人的人为努力，而不是原先产生于人的本性。圣人深思熟虑、熟悉人为的事情，从而使礼义产生了、使法度建立起来了，那么礼义法度便是产生于圣人的人为努力，而不是原先产生于人的本性。至于那眼睛爱看美色，耳朵爱听音乐，嘴巴爱吃美味，内心喜好财利，身体喜欢舒适安逸，这些才都是产生于人的本性的东西，是一有感觉就自然形成、不依赖于人为的努力就会产生出来的东西。那些并不由感觉形成、一定要依靠努力从事然后才能形成的东西，便叫做产生于人为。这便是先天本性和后天人为所产生的东西及其不同的特征。圣人改变了恶的本性而作出了人为的努力，人为的努力作出后就产生了礼义，礼义产生后就制定了法度。那么礼义法度这些东西，便是圣人所创制的了。圣人和众人相同的是先天的本性；圣人和众人不同的是后天的人为努力。……一般地说，人们想行善，正是因为其本性恶的缘故。……认为人的本性善，那就会摒除圣明的帝王、取消礼义了；认为人的本性恶，就会拥护圣明的帝王、推崇礼义了。整形器的产生，是因为有弯曲的木料；墨线墨斗的出现，是因为有不直的东西；置立君主，彰明礼义，是因为人的本性恶。"

写作"为"字，则其性恶论所发挥者，义显而理充。如荀子之说，人之生也其本质为恶，故必待人工始可就于礼义，如以为人之生也，善，则可不待人工而自善，犹之乎木不待矫揉而自直，不需乎圣王之制礼义，不取乎学问以修身也，固无是理也。无是理，则生来本恶，明矣。

彼以"生"、"为"为对峙，以恶归之天生，以善归之人为。若以后代语言达其意，则荀子盖以为人之所以为善者，人工之力，历代圣人之积累，以学问得之，以力行致之，若从其本生之自然，则但可趋于恶而不能趋于善也。此义有其实理，在西方若干宗教、若干哲学有与此近似之大假定。近代论人之学，或分自然与文化为二个范畴（此为德国之习用名词），其以文化为扩充自然者，近于放性主义，其以文化为克服自然者，近于制性主义也。

孟子曰："乃若其情，则可以为善矣，若夫为不善，非才之罪也。"如反其词以质孟子曰："乃若其情，则可以为恶矣，若夫不为恶，非才之功也。"孟子将何以答之乎？夫曰"可以"，则等于说"非定"，谓"定"则事实无证，谓"非定"，则性善之论自摇矣。此等语气，皆孟子之逻辑功夫远不如荀子处。孟子之词，放而无律，今若为卢前王后之班①，则孟子之词，宜在淳于髡②之上，荀卿之下也。

其实荀子之说，今日观之亦有其过度处。设若诘荀子云：

---

① 卢前王后之班：优劣之排列（"卢前王后"语出杨炯。初唐，人称王勃、杨炯、卢照邻、骆宾王为"四杰"，杨炯闻之，愤然道："吾愧在卢前，耻居王后。"）。

② 淳于髡［kūn］，战国时儒家学者，年长于孟子。

"人之生质中若无为善之可能,则虽有充分之人工,又焉能为善?木固待矫揉然后可以为直,金固待冶者然后可以为兵,然而木固有其可以矫揉以成直之性,金固有其可以冶锻以成利器之性,木虽矫揉不能成利器,金虽有良冶不能成珠玉也。夫以为性善,是忘其可以为恶,以为性恶,是忘其可以为善矣。"吾不知荀子如何答此难也。荀子之致此缺陷,亦有其故。荀子抨击之对象,孟子之性善说,非性无善无不善之说也,设如荀子与道家辩论,或变其战争之焦点,而稍修改其词,亦未可知也。此亦论生于反之例也。(《礼论篇》云:"性者本始材朴也,伪者文理隆盛也。无性则伪之无所加,无伪则性不能自美。……性伪,合而天下治。"已与性恶论微不同。)自今日论之,生质者,自然界之事实;善恶者,人伦中之取舍也。自然在先,人伦在后,今以人之伦义倒名自然事实,是以后事定前事矣。人为人之需要而别善恶,天不为人之需要而生人,故善恶非所以名生质者也。且善恶因时、因地、因等、因人而变,人性之变则非如此之速而无定也。虽然,自自然人变为文化人,需要累世之积业,无限之努力,多方之影响,故放心之事少,克己之端多,以大体言,荀说自近于实在,今人固不当执泥当时之词名而忽其大义也。

有荀子之性恶论,自必有荀子之劝学说。性善则"求其放心",斯为学问之全道;性恶则非有外工克服一身之自然趋势不可也。孟、荀二氏之性论为极端相反者,其修身论遂亦极端相反,其学问之对象遂亦极端相反。此皆系统哲学家所必然;不然,则为自身矛盾矣。

寻荀子之教育说,皆在用外功克服生质,其书即以《劝学》

为首（此虽后人编定，亦缘后人知荀学之首重在此）。此《劝学》之一篇，在荀书中最有严整组织，首尾历陈四义。

其一义曰，善假于物而慎其所立：

> 干、越、夷、貉之子，生而同声，长而异俗，教使之然也……吾尝终日而思矣，不如须臾之所学也。吾尝跂而望矣，不如登高之博见也。登高而招，臂非加长也，而见者远，顺风而呼，声非加疾也，而闻者彰。假舆马者，非利足也，而致千里，假舟楫者，非能水也，而绝江河。君子生非异也，善假于物也。……西方有木焉，名曰射干，茎长四寸，生于高山之上，而临百仞之渊，木茎非能长也，所立者然也。……故君子居必择乡，游必就士，所以防邪僻而近中正也。……平地若一，水就湿也，草木畴生，禽兽群焉，物各从其类也。……君子慎其所立乎！①

此言必凭借往事之成绩，方可后来居上，必立身于身好之环

---

① 此段引文的大意是："干、越、夷、貉之人，刚生下来啼哭的声音是一样的，而长大后风俗习性却不相同，这是教育使之如此……我曾经一天到晚地冥思苦想，比不上片刻学到的知识；我曾经踮起脚向远处望，不如登到高处见得广。登到高处招手，手臂并没有加长，可是远处的人却能看见；顺着风喊，声音并没有加大，可是听的人却能听得很楚。借助车马的人，并不是脚走得快，却可以达到千里之外，借助舟船的人，并不善于游泳，却可以横渡长江黄河。君子的资质秉性跟一般人没什么不同，善于借助外物罢了。……西方有种叫'射干'的草，只有四寸高，却能俯瞰百里之遥，不是草能长高，而是因为它长在了高山之巅。蓬草长在麻地里，不用扶持也能挺立住。……所以君子居住要选择好的环境，交友要选择有道德的人，才能够防微杜渐保其中庸正直……低洼易湿，草木丛生，野兽成群，万物皆以类聚……君子为人处世不能不保持谨慎！"

荀子之性恶论 | 267

境，方可就善远恶。

其二义曰，用心必专一，此言治学之方也：

> 锲而舍之，朽木不折，锲而不舍，金石可镂。蚓无爪牙之利，筋骨之强，上食埃土，下饮黄泉，用心一也。蟹六跪而二螯，非蛇蟺之穴无可寄托者，用心躁也。是故无冥冥之志者，无昭昭之明，无惛惛之道者，无赫赫之功。……目不能两视而明，耳不能两听而聪。……故君子结于一也。①

其三义曰隆礼，此言治学之对象也。

> 学恶乎始，恶乎终？曰，其数则始乎诵经，终乎读礼，其义则始乎为士，终乎为圣人。真积力久则入学，至乎没而后止也。……礼者，法之大分，类之纲纪也，学至乎礼而止矣。……将原先王，本仁义，则礼正其经纬蹊径也。……不道（王念孙曰："道者，由也。"）礼宪，以诗书为之，譬之犹以指测河也，以戈舂黍也，以锥飡壶也，不可以得之矣。

---

① 此段引文的大意是："刻几下就停下来了，腐烂的木头也刻不断。不停地刻下去，金石也能雕刻成功。蚯蚓没有锐利的爪子和牙齿，强健的筋骨，却能向上吃到泥土，向下可以喝到土壤里的水，这是由于它用心专一啊。螃蟹有六条腿，两个蟹钳，如果没有蛇、鳝的洞穴，就无处存身，这是因为它用心浮躁啊。因此没有刻苦钻研的心志，学习上就不会有显著成绩；没有埋头苦干的实践，事业上就不会有巨大成就。……眼睛不能同时看两样东西而看明白，耳朵不能同时听两种声音而听清楚。……所以君子的意志坚定专一。"

故隆礼虽未明，法士也；不隆礼虽察辩，散儒也。①

其四义曰贵全，贵全者，谓不为一曲之儒，且必一贯以求其无矛盾，此言所以示大儒之标准也。

> 君子知夫不全不粹之不足以为美也，故诵数以贯之，思索以通之，为其人以处之，除其害者以持养之。使目非是无欲见也，使耳非是无欲闻也，使口非是无欲言也，使心非是无欲虑也。……是故权利不能倾也，群众不能移也，天下不能荡也。生由乎是，死由乎是，夫是之谓德操。德操然后能定，能定然后能应，能定能应夫是之谓成人。天见其明，地见其光，君子贵其全也。②

---

① 此段引文的大意是："学习究竟应从何入手又如何结束呢？答：按其途径而言，应该从诵读《诗》《书》等经典入手到《礼记》结束；就其意义而言，则从做书生入手到成为圣人结束。真诚力行，这样长期积累，必能深入体会到其中的乐趣，学到死方能后已。……《礼记》是法制的前提、各种条例的总纲，所以要学到《礼经》才算结束，才算达到了道德之顶峰。……要穷究圣人的智慧，寻求仁义的根本，从礼法入手才是能够融会贯通的捷径。……如果不究礼法，仅凭《诗经》《尚书》去立身行事，就如同用手指测量河水，用戈舂黍米，用锥子到饭壶里取东西吃一样，是办不到的。所以，尊崇礼仪，即使对学问不能透彻明了，不失为有道德有修养之士；不尚礼仪，即使明察善辩，也不过是身心散漫无真实修养的浅陋儒生而已。"

② 此段引文的大意是："君子知道学得不全不精就不算是完美，所以诵读群书以求融会贯通，用思考和探索去理解，效仿良师益友来实践，去掉自己错误的习惯性情来保持养护。使眼不是正确的就不想看，耳不是正确的就不想听，嘴不是正确的就不想说，心不是正确的就不愿去思虑。……如果做到了这般地步，那么，在权力私欲面前就不会有邪念，人多势众也不会屈服，天下万物都不能动摇信念。活着是如此，到死也不变。这就叫做有德行、有操守。有德行和操守，才能做到坚定不移，有坚定不移然后才有随机应对。能做到坚定不移和随机应对，那就是成熟完美的人了。到那时天显现出它的光明，大地显现出它的广阔，君子的可贵则在于他德行的完美无缺。"

荀子之性恶论 | 269

此虽仅示大儒之标准，其词义乃为约律主义所充满，足证荀子之教育论，乃全为外物主义，绝不取内心论者任何一端以为说。

荀子既言学不可以已，非外功不足以成善人，此与尽心率性之说已极相反，至于所学之对象，孟子以为求其放心，荀子则以为隆礼，亦极端相反。荀子所谓礼者兼括当时人所谓"法"（《修身篇》曰："故学也者，礼法也。"又曰："故非礼是无法也。"），凡先圣之遗训，后王之明教，人事之条理，事节之平正，皆荀子所谓"礼"也（参见《修身》《正名》《礼论》各篇）。故荀子之学礼，外学而非内也，节目①之学而非笼统之义也。孟子"反身而观，乐莫大焉"，荀子及逐物而一一求其情理平直，成为一贯，以为学问之资（在此义上，程、朱②之格物说与荀子为近）。至其论学问之用于身也，无处不见约律主义，无处不是"克己复礼"之气象，与孟子诚如冰炭矣。

荀子之论学，虽与孟子相违，然并非超脱于儒家之外，而实为孔子之正传，盖孟子别走新路，荀子又返其本源也。自孔子"克己复礼"之说引申之到极端，必有以性伪分善恶之论。自"非生而知之，好古，敏以求之"之说发挥之，其义将如《劝学》之篇。颜渊③曰："夫子博我以文，约我以礼。"此固荀子言学之方也（参见《劝学》《修身》等篇）。若夫"非礼勿视，非

---

① 节目：具体。
② 程、朱：二程（程颢、程颐）、朱熹，宋代理学家。
③ 颜渊，名回，字子渊，孔子最得意的弟子，不幸早死，后被列为七十二贤之首。

礼勿听，非礼勿言，非礼勿动"，以及"好仁不好学，其蔽也，愚；好知不好学，其蔽也，荡……"等语，皆是荀学之根本。孟子尊孔子为集大成，然引其说者盖鲜，其义尤多不相干，若荀子，则为《论语》注脚者多篇矣。虽荀子严肃庄厉之气象非如孔子之和易，其立说之本质则一系相承者颇多耳。

言学言教，孔、荀所同，言性则孔、荀表面上颇似不类。若考其实在，二者有不相干，无相违也。孔子以为性相近，而习相远，此亦荀子所其言也。孔子别上智下愚，中人而上、中人而下，此非谓生质有善恶也，言其材有差别也。盖孔子时尚无性善、性不善之问题，孔子之学论固重人事工夫，其设教之本仍立天道之范畴，以义归之于天，斯无需乎以善归之于性，故孔子时当无此一争端也。

迨①宗教之义既衰，学者乃舍天道而争人性，不得不为义之为物言其本源，不能不为善之为体标其所出，于是乃有性善、性恶之争。言性善，则孟子以义以善归于人之生质；言性恶，则荀子以义以善归之先王后圣之明表。孔子时既无此题，其立说亦无设此题之需要。故孔、荀在此一事上是不相干而不可谓相违也。若其克己复礼之说，极度引申，可到性恶论，则亦甚有联系矣。

---

① 迨［dài］：等到。

关于人的观念

林语堂

林语堂（1895—1976），原名林和乐，又名林玉堂，中国现代学者、作家，重要作品有小说《京华烟云》《风声鹤唳》、散文集《剪拂集》《大荒集》《无所不谈》《吾国吾民》《读书的艺术》和《生活的艺术》等。

本文选自《生活的艺术》（1937），原文为英文，此处是译文。文中说到了三种关于人的观念：一是基督徒的观念，即认为人是生来有罪的，所以人生就是赎罪，以期死后获得上帝的宽恕，灵魂重返天堂；二是古希腊人的观念，即认为人是欲望、情感和思想的混合物，但他们也相信灵魂不朽，只是不像基督徒那样，相信还有天堂；三是中国人的观念，即认为人是天、地、人"三灵"中的一"灵"，与天地共存，所以中国人相信，人生就是顺应自然，就是"人家生我们，我们生人家"，就是生儿育女、传宗接代。

在这三种关于人的观念中，基督徒的观念是最理想主义的，其次是古希腊人，介于理想主义和世俗主义之间，而中国人的观念，则是最世俗主义的。

关于人的观念，世上有好几种：即传统的基督教观念、希腊的异教徒观念和中国人的道教和孔教的观念（因为佛教的观念太悲观了，所以我不把它包括进去）。这些观念，由它们深湛的讽喻意义上说来，并没有什么分别，尤其是在具有高深的生物学和人类智识的现代人，给予它们一种广义的解释后，更不能分其轩轾①，可是在它们原来的形式上，分别仍是存在的。

一

依传统的正统基督教观念，人是完善的、天真的、愚笨的、快乐的赤裸着身体在伊甸园里生活。后来人类有了智识和智慧，于是堕落了，这就是痛苦的起因。所谓痛苦，主要的是由于（一）男人方面的流汗工作；（二）女人方面的生男育女的疼痛。为要显示人的缺点起见，基督教又引进一种人的新成分，和原来的天真完美相对照。这种新成分就是魔鬼，它大概是由肉体方面去活动；而人较高尚的天性则由灵魂方面去活动，我不知道"灵魂"在基督教神学里是什么时候发明的，但是这"灵魂"变成了一种实物，而不是一种机能，变成了一种实质，而不是一种状态；它把灵魂不值拯救的禽兽和人明确地划分了。在这里，逻辑便发生了问题，因为"魔鬼"的来源必须解释，然而当中世纪的神学家，用他们平常的学者逻辑去研讨这个问题时，他们便陷入了进退维谷的境界。他们不能承认"非上帝"的"魔鬼"和上帝并存永生。所以在无可奈何中，他们只得说"魔鬼"一定

---

① 轩轾：（车）前高后低曰"轩"，前低后高曰"轾"，后泛指高低。

是一个堕落的天使，但是这又引起了罪恶的来源问题（因为另外总得有一个"魔鬼"来引诱这个天使去堕落啊）。因此，这种理论便不能使人满意，他们也只好随它去了。虽然如此，这理论却产生了神灵和肉体相对的奇怪观念；这个玄妙的观念至今存在，对于我们的人生观和幸福还有着很大的影响。

接踵而至的，便是"赎罪"的理论，这理论依然是由牺牲的观念假借而来；从这个理论推想起来，上帝好像是一个喜欢人间烟火嗅味的神，不愿意无代价赦免人的罪恶。基督教有了这种理论，人一下子就可以寻到一个可以赦免一切罪恶的方法，因此人又找到了获得完美的方法。基督教思想中最奇突的一点就是完美观念。因为基督教是从上古世界的崩溃中所产生，所以有一种着重来世的倾向，拯救问题替代了人生幸福问题，或者替代了简朴生活本身问题。这观念的含义就是人要怎样才能脱离这个腐败、混乱和灭亡中的世界，而到另一个世界里去。因此，就有了永生的观念。这和"创世记"里上帝不要人永生的原始说法是矛盾的。根据《创世记》的记载，亚当和夏娃所以被逐出伊甸园，并不是像一般人所相信的那样，为了偷尝善恶树的果子，而是为了上帝怕他们再度违背命令，去偷吃生命树的果子，因而得到永生：

> 耶和华上帝说：那人已经和我们相似，能知道善恶，现在恐怕他又伸手去摘生命树的果子吃，就永远活着。
> 耶和华上帝便打发他出伊甸园，去耕种他身所自出之土。
> 于是把他赶了出去，又在伊甸园的东边安设四面转动能发火焰的剑，去把守生命树的道路。

善恶树似乎是在乐园的正中央,生命树却是在靠近东门的地方,据我们知道在那边基路伯还驻守着,以防人侵犯。

总之,现在还存有一种以为人是完全堕落的信念,今生的享乐就是罪恶,以为刻苦就是美德,以为人除了被一种外来的伟大力量所拯救外,不能自救。罪恶仍是今日通行的基督教教义的根本理论。教士在讲道的时候,第一步是使人体会到罪恶的存在,以及人本性的不良(是传教士应用藏在袖子里的现成药方时的必要条件)。总之,如果你不先使一个人相信他是罪人,你便不能劝诱他做基督教徒。有人曾说过一句颇为刻薄的话:"我国的宗教已经成为一种罪恶的反省,体面的人士不敢再走进教堂了。"

二

希腊的异教世界是一个绝对不同的世界,所以他们对于人的观念亦异。最值得注意的就是:希腊人要他们的神成为凡人一般,而基督教徒则反之,要使凡人跟神一样。在奥林匹克那些确是些快乐的、好色的、谈恋爱、会说谎、好吵架,也会背誓的急性易怒的家伙;正像希腊人那样的喜欢打猎,驾马车,掷标枪——他们也很喜欢结婚,而且生了许多的私生子。讲到神和人的区别,神不过具有在天上会打雷在地上会培养植物的能力而已,他们都是永生的,喝花蜜酿的仙酒而不喝酒——不过用来酿成的果实是差不多的。我们觉得可以和这班人亲近,我们可以背了一个行李,和阿波罗(Apollo,司日轮、音乐、诗、医疗、预言之神)或雅典娜(Athene,司智慧、技艺、战争之神)一同去行猎。或在路上拉住墨丘利（Mercury，商人、旅客、盗贼、狡猾者之保护神）和他闲谈，正如和美国西方联合电报局的送差闲谈一样。如果谈得很有趣的话，我们可以想象出麦考里说："不错，好的，对不起，我要走了，要把这封电报送到七十二号街去。"希腊人并不神圣，可是希腊的神却具有人性。这些神跟基督教完美的上帝相较起来是多么不同啊！希腊的神不过是另一个种族的人，是一族能够永生的巨人，同时地球上的人却不能够。由于这个背景，便产生一切关于得墨忒耳（Demeter，司农业的女神）、普洛塞庇娜（Proserpina，地狱的女王）和俄尔甫斯（Orpheus，音乐的鼻祖）等的绝美故事。希腊人对神的信仰是理所当然的，甚至苏格拉底将饮毒酒的时候，也举杯向神祷告，求神使他快一点到另一个世界里去。这点很像孔子的态度。在那个时候，人们的态度必须是这样的；至于希腊精神如果在现代，其对于人和上帝将取什么态度，我们不幸没有知道的机会。希腊的异教世界不是现代的，而现代的基督教世界也不是希腊的，这是很可惜的。

　　大体说来，希腊人承认人是总有一死的，有时还要受残酷命运所支配。人一接受了这种命运后，便感到十分愉快。因为希腊人酷爱这个人生和这个宇宙，他们除了专心致志，科学地去理解物质世界外，也应注意于理解人生的真美善。希腊人的思想里没有类似伊甸园式的"黄金时代"，也没有人堕落的讽喻；希腊人自己不过是丢卡利翁[①]（Deucalion）和他的妻子皮拉（Pyrrha）

[①] 丢卡利翁，古希腊神话中的人物。

在洪水后，走下平原时，从地上拾起来向后抛去的石子所变成的人罢了。他们对疾病和忧虑是用滑稽的方法去解释；他们以为疾病和忧虑似一个少妇有一种难于压制的欲望，想打开一箱珍宝——潘多拉的箱子。希腊人的想象是美丽的。他们大都把人性就当人性看待，但是基督徒或许会说他们是被"总有一死"的命运所支配。但是总有一死的命运是美丽的，人在这里可以理解，人生可以让自由推究的精神去发展。有些诡辩家认为人性本善，有些却认为人性本恶，可是他们的理论总没有像霍布斯①和卢梭②的互相矛盾。最后，柏拉图认为人似乎是欲望、情感和思想的混合物。理想的人生便是在理论、智慧、真正理解的指导下，三方面和谐地在一起生活。柏拉图认为"思想"是不朽的，不过个人的灵魂之或贱或贵，根据他们是否爱好正义、学问、节制和美而定。在苏格拉底的心目中，灵魂也是一种独立和不朽的存在；他在《费多篇》③（Phaedo）里告诉我们说："当灵魂独自存在时，由肉体解放出来，而肉体也由灵魂解放出来的时候，那时除死亡之外还有什么呢？"相信人的灵魂不朽，显然是基督教徒、希腊人、道教和儒教的观念上相同的地方。相信灵魂不朽的现代人，当然不能抓住这一点当做话题。苏格拉底对灵魂不朽的信仰，在现代人看来，也许认为毫无意义，因为他的许多理论根据，如化身转世之类，是现代人所不能接受的。

---

① 霍布斯，17世纪英国哲学家，认为人性本恶。
② 卢梭，18世纪法国哲学家，认为人性本善。
③ 《费多篇》是柏拉图《对话录》中的一篇。在所有"对话录"中，柏拉图都以他的老师苏格拉底的名义和别人对话（在柏拉图写"对话录"时，苏格拉底已死）；所以，这里的"苏格拉底"，其实是柏拉图本人。

三

关于中国人对于人的观念：人是造物之主，"万物之灵"。在儒家看来，人和天、地并列成为"三灵"。如果以灵魂说为背景讲起来，世间万物都有生命，或都有神灵依附，风和雷是神灵的本身，每一大山和河流都有神灵统治，而且可说即是属于这个神灵的；每一种花都有花神，在天上管理季节，看顾它们盛开凋谢。还有一个百花仙子，他的生辰是在二月十二日。每棵柳树、松树、柏树，每一只狐狸或乌龟活了很长的岁月，达到了很高的年龄，就变成精。

在这种用灵魂说为背景之下，人自然也被视为神灵的具体表现。这神灵和宇宙间的一切生物一样，是由雄性的、主动的、正的，或阳的成分，和雌性的、被动的、负的，或阴的成分，结合而产生出来的——在事实上不过是对阴阳电原理的一种玄妙的猜测罢了。附在人身上的这种灵性叫做"魄"；离开人身随处飘荡时叫做"魂"（一个人有坚强的个性或是精力充沛时，便称之为有"魄力"）。人死后，"魂"依旧四处飘荡。魂是不常扰人的，但如果没有人埋葬或祭祀死者，那么神灵便会变成"无祀孤魂"来缠扰人家，因此，中国人便定七月十五日为"祭亡日"，以祭祀那些溺死的和客死异乡的鬼。更甚的，假使死者是被杀的或冤枉死的，那鬼魂便到处飘荡骚扰，直到雪冤之后，方才停止。

人既是神灵的具体表现，所以在世的时候，当然须有一些活力或神经力（vital energy or nervous energy），这些东西无所谓好坏，只不过是一些和人的生活不能分离的天赋的性质而已。一切男女都有热烈的感情，自然的欲望，高尚的意志，以及良知；他们也有性欲、饥饿、愤怒，并且受着疾病、疼痛、苦恼和死亡的支配。文化的用处，便在怎样使这些热情和欲望能够和谐地表现。这就是儒家的观念，依这种观念，我们假使能够和这种天赋的本性过着和谐的生活，那么，便可以和天地并列（关于这一点，我将在第六章末再讲）。然而，佛教对于人的肉体情欲的观念，和中世纪基督教很相同——以为这些情欲是必须割弃的讨厌东西。太聪慧或思想过度的男女有时会默契这个观念，因而去做和尚或尼姑；但在大体上说来，儒家的健全意识并不赞成这种行为。同样，佛教的观念也有点近于道教的意味，认为红颜薄命是"被谪下凡的神女"，因为她们动了凡心，或是在天上失了职，所以被贬入尘世来受这命运注定的人间痛苦。

人的智能被认为是一种潜力之类。这种智能即我们所谓"精神"，这"精"字的意义和狐狸精的"精"字相同。我在前面已经说过，英语中和"精神"意义最相近的是 Vitality（活力）或 nervous energy（神经力），这种东西在人生中每天有许多不同的时候，正像潮水那样地涨落不定。一个人生下来就有热情、欲望和这种精神。这些在幼年、壮年、老年和死亡各时期中循着不同的路线而流行。孔子说："少之时，血气未定，戒之在色；及其壮也，血气方刚，戒之在斗；及其老也，血气既衰，戒之在得。"反过来讲，就是说少年爱色、壮年好斗、老年嗜财。

当着这个身体的、智能的，和道德的资产混合物，中国人对于人本身所抱的一般态度，可以归纳到"让我们做合理近情的人"这句话里。就是一种中庸之道,不希望太多,也不太少。好像人是介乎天地之间,介乎理想主义和现实主义之间,介乎崇高的思想和卑鄙的情欲之间。这样的介乎中间,便是人性的本质;渴求智识和渴求清水,喜欢一个好的思想和喜爱一盆美味的笋炒肉,吟哦一句美丽的诗词和向慕一个美丽的女人,这些都是人的常情。因之我们感到人间总是一个不完美的世界。要把这社会加以改良,机会当然是有的,但是中国人并不想得到完全的和平,也不想达到快乐的顶点。这里有个故事可做证明。有一个人从幽冥降生到人间去,他对阎王说:"如果你要我回到人间,你须答应我的条件。""什么条件呢?"阎王问。那人回答说:"我要做宰相的儿子、状元的父亲;我的住宅四周要有一万亩地,有鱼池,有各种花果,我要有一位美丽的太太,和一些娇艳的婢妾,她们都须待我很好;我要满屋珠宝,满仓五谷,满箱金银,而我自己要做公卿,一生荣华富贵,活到一百岁。"阎王说:"如果人间有这样的人可做,我自己也要去投生,不让你去了!"

然而,合理近情的态度,就是说:我们既有了这种人的天性,那么就让我们开始做人吧。何况要逃避这个命运,根本是办不到的。不管热情和本能本来是好是坏,空口争论是没有什么用处的。或者我们反而倒有被束缚的危险。这种近情合理的态度造成了一种宽恕的哲学,觉得人的错误和谬行都是可以获得宽恕的,不论是法律上的、道德上的或政治上的,都可以认为是"一般的人性"或"人之常情"。至少,那批有教养的、心胸旷达的、遵循合理近情的精神而生活的学者,都抱着这种态度。中国人甚至以为天或上帝也是一个颇为合理近情的人物,他们以为你只要过着合理近情的生活，依着你的良知行事，你就不必再有所怕惧，他们认为良心的安宁是最大的福气，认为一个心地光明磊落的人，连鬼怪也不能侵犯他。所以，只要有一个合理近情的上帝来担任管理那些不合理不近情者的任务，世界便太平无事，诸事顺利了。专制者死了；卖国者自杀了；唯利是图者变卖他的财产了；有权有势，拥有古董的收藏家（他们是利欲熏心，靠权势来剥削人家的）的儿子们，把他们父亲用尽心机搜罗得来的珍宝，一起变卖，四散地藏在别人的家庭里了；杀人凶犯伏法了，遭辱的女人得到报复的机会了，难得有个被压迫者会喊着说："老天爷瞎了眼睛！"（正义不伸）在道家和儒家两方面，最后都以为哲学的结论和它的最高理想，即必须对自然完全理解，以及必须和自然和谐；如果要用一个名词以便分类的话，我们可以把这种哲学称为"合理的自然主义"（reasonable naturalism），一个合理的自然主义者于是便带着兽性的满足在这世界上生活下去。目不识丁的中国妇人说："人家生我们，我们生人家，另外还有什么事可做呢？"

"人家生我们，我们生人家"，这一句话蕴藏着一种可怕的哲学。由于这种说法，人生将变成一种生物学的程序，而永生的问题便绝口不必谈了。这正和一个搀着孙儿到糖果店里去、一面在想着五年或十年后便要回到坟墓里去的中国祖父一样，他们在这世间最大的希望就是不至于生下羞辱门第的子孙来。中国人的人生理想，就是这样一些观念组合起来的。

欧阳健　译

《欧美经典死亡小说精选》　　　　刘文荣选编
定价：35 元

　　爱与死被认为是文学的永恒主题，更是欧美小说的常用题材，所以死亡小说和情爱小说一样引人注目。这类小说往往通过主人公临终时的心理描写，或回顾人生，或感叹人生，沉思"生之虚空，死之冷酷"，读之令人感慨万千。本书所收小说均出自欧美经典作家之手，如［法］维克多·雨果的《死囚末日记》、［俄］列夫·托尔斯泰的《伊凡·伊里奇之死》等，均为脍炙人口的名作。

《欧美经典悲情小说精选》　　　　刘文荣选编
定价：35 元

　　悲情小说，或写爱情悲剧，或写亲情悲剧，读之令人惆怅。令人悲伤，但惆怅、悲伤之余，又令人感悟，令人超脱，可谓高级艺术享受。

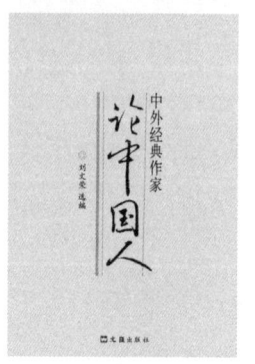

《中外经典作家论中国人》　　　　刘文荣选编
定价：48 元

　　本书收集 27 位中外经典作家的 42 篇论中国人的文章，分"外国篇"和"中国篇"两个部分。"外国篇"收有康德、黑格尔、托尔斯泰等 16 位外国经典作家的 18 篇文章；"中国篇"收有梁启超、胡适、鲁迅、沈从文等 11 位中国经典作家的 24 篇文章。这些文章，较全面地反映了三百年来西方人的中国观，以及近百年来中国人的自我认识。

《伍尔夫读书随笔》(精)

[英] 弗吉尼亚·伍尔夫著
刘文荣译
定价：28 元

怎样读小说？怎样读诗歌？读书有何价值？书里有两种女人？有没有女性莎士比亚？女性写作生来有局限？托尔斯泰的小说好在哪里？《简·爱》和《呼啸山庄》有何缺陷？……如果你对这些问题感兴趣，那就听听弗吉尼亚·伍尔夫——"20 世纪最佳女作家"——如何说。

《毛姆读书随笔》(精)　　[英] W. S. 毛姆著
刘文荣译
定价：28.80 元

读书是求知，还是消遣？小说家该不该讲故事？畅销书一定是好书，还是一定是坏书？狄更斯为何会写出《大卫·科波菲尔》这样感人的书？巴尔扎克是怎样一个人？这和他写《高老头》有关系吗？为什么说托尔斯泰的《战争与和平》是最伟大的小说？读哲学书、宗教书有意义吗？能让我们懂得生活吗？……如果你对这些问题感兴趣，那就听听大作家毛姆怎么说——或许，你会深受启发。

《经典作家谈书与读书》　　刘文荣主编
定价：25 元

本书为文选，共选入中外 18 位经典作家的 22 篇谈书与读书的文章，论述精辟，风格多样，读之既获教益，又是美文欣赏。所选作家中，外国作家 12 位，均是历代大师，如：培根、蒙田、叔本华、爱默生等；中国作家 6 位，皆为近现代名家，如：梁启超、胡适、鲁迅等。